地球人ライダー
松尾清晴

【ワルキューレ1500cc】

オートバイ
地球ひとり旅

シベリア横断・中央アジア編

CHOEISHA

書きとめてきた旅日記12冊・バイクの松尾

はじめに

　2000 年 10 月走り始めた。すべての旅を終わらせたのは 2019 年 10 月。この旅 19 年間になった。驚いたのは「ええー」もう 23 年も前になってしまっている。自分の中では最近のことのように思っていたのに！　早いものだとびっくり驚いた。しかしコロナ騒動の直前に終わらせることができたことはかろうじてセーフでラッキーだったともいえる。

　2003 年 6 月富山・伏木港からロシアにわたってウラジオストックから走り出した。「シベリア横断〜中央アジア〜パキスタンの旅」の始まりである。
　ハバロフスクを過ぎたあたりからジャリ道が深くなって怖くて走れない。途中から列車に載せてチタまで運んだ。約 1 万キロ走ってモスクワ到着。モスクワでギアが壊れて部品到着を待つ。

　中央アジア壮大な麦畑のカザフスタン、キルギス、東西の要所といわれる青いタイルのウズベキスタン。この国でこれから走る 8 ヵ国のビザを取る。タジキスタン。トルクメニスタンでは国境で丸一日かかった。又カードを使えず所持金 6000 円。カードはイランも同じ使えず。ビデオカメラを売ってお金を工面。お金おろしにイランから隣のアゼルバイジャンまで 2000 キロ（北海道から九州の距離）3 泊 4 日走った。ワンリッターガソリン 6 円だったので助かった。

イランからパキスタンに入国。スライマン山脈越えカラコルムハイウェイを走る。名ばかりの「ハイウェイ」は 6000 〜 7000m 級の中腹をびくびくする山岳道路走る。中国国境フンジュラブ峠 4900m についた。パキスタンには 4 カ月滞在した。今回からつたない文章を補うのに全ページカラー写真にしました。

推 薦 御 礼

　出版するにあたってプロ冒険家の阿部雅龍氏に推薦をお願いした。次の冒険に向けて厳しい鍛錬中にもかかわらず承諾していただいた。

　申し訳なく思います。ありがとうございました。心より感謝申し上げます。

【推薦者・阿部雅龍氏プロフィール】

　プロ冒険家・夢を追う男・足掛け 20 年。

　単独かつ人力で北極・南極・アマゾンなど世界を冒険する。

　第 26 回植村直己冒険賞・受賞者。

お 詫 び

　今回も日記をそのまま写したものです。名前や写真そのまま載せましたことお許しください。

感 謝

　刑務所からも新しい巻が出たら送ってほしいと定期注文を頂いています。ありがたいことです。またお粗末な文章で誤字脱字があってもどんなに笑われてもかまわないのでそのまま今回も刊行してほしいとお願いした。快く承諾していただいた鳥影社に感謝です。ありがとうございました。

オートバイ地球ひとり旅
シベリア横断・中央アジア編
目　次

オートバイ地球ひとり旅

19年140ヵ国・39万キロ

バイクの松尾

笑われて・笑わせて・道に迷い・親切に泣いた

陸路国境238ヶ所　赤道直下4ヵ所・南の果て2ヵ所・北の果て2ヵ所

③ 2003年3月4日〜2004年5月12日

シベリア横断・中央アジア編

イラク戦争反対！　イラクの旅（再録）
2003年3月4日〜3月12日

走る直前イラク戦争反対、バクダッドに飛ぶ

殺されて今は亡きフセイン大統領。
イラクの紙幣「５００」１種類だ
けだった

2003年3月4日火曜

　これまで61カ国走ってきたオートバイの旅。2000年10月からヨーロッパ・中東・東欧・北欧などを一年・続いて2002年8月までアメリカ北・南・カナダ・アラスカなど一年、あわせて2年間走り終えた。アラスカでの交通事故も完全に治り身体も次の旅にそなえてそこ、そこ鍛えてきた。これからのオートバイの旅は2003年6月からシベリア横断してモスクワまで走る。モスクワから折り返してカザフスタンに入り中央アジアの国々を走ろうと計画を立て具体的に計画を練っていた。

「イラク戦争反対」で「イラク・バクダッド」に「向う」

　ところが3月の初めアメリカのおかしい動きが気になってきた。実は2001年ニューヨーク・マンハッタン9.11ビル爆破に遭遇した。ヨーロッパを一年間走ったあとアメリカに渡る。オランダから船で送ったオートバイがニューヨークに到着するまで日本に一時帰国するため「ケネディ空港」9月11日・9時15分発サンフランシスコ行飛行機に搭乗していた。くわしくは『アメリカ大陸編』「2001年9月11日」。

　「天から人が降って来る」一番安全と思っていたアメリカであの同時ビル爆破に遭遇した。7日後空港が再開されたあと一時帰国した。一年間走ってきた42カ国「オートバイの旅」はビル爆破事件ですべて吹っ飛んでしまった。ビル爆破で打ちひしがれて自分の家に帰ったのである。家族にこれまでのオ

ートバイの旅「自慢ばなし」をしたかった。しかし、家族には静かに旅の話をするしかなかった。

　一ヶ月後 10 月 15 日 69 歳誕生日にニューヨークに戻りその事件から一年間「中南米」を走り最後は交通事故に遭いながらもアラスカから帰国した。次の旅は今年 2003 年 6 月からオートバイの旅シベリア横断を計画していたのである。

ヨルダンの国境を越えると道幅が倍になったイラクの道

「違う、アメリカのイラク攻撃はおかしい絶対違う」

　アメリカは「9.11 ビル爆破」犯人「ビンラディン」を追い詰め、捕まえるためにアフガニスタンに攻撃を開始する。しかし、2003 年 3 月に入ってアフガニスタンからイラク攻撃に移ろうとしている。「うん、どうした……」ビンラディンがアフガニスタンから逃げ出してイラクに逃げ込んだのか、違うようだ。これまでビンラディンをビル爆破テロ「犯人として」追いかけて来たはず。

　ところが突然アメリカは「大量破壊兵器がある」「アルカイダとのつながりがある」「フセインの独裁」を「許せない」と言いだした。「ちょっと待ってくれ」「9.11 事件とイラク」は何も関係はないのではないか。「話が違う」じゃないのか「なぜだ！」アメリカは「ビンラディンがイラクに逃げ込んだのか」その証明も説明もないままだ。「おかしい」「絶対おかしい」わたしは直感的に感じた。

「これは違うぞ」「絶対違う」日本では小泉首相が「日本人はお金だけ出して」「血を流さなくていいのか」とアメリカに呼応してイラク攻撃に「自衛隊派遣も決めた」日本のほとんどのマスコミ報道は「イラク攻撃やむなし」の大合唱になっている。戦争反対のデモも行われていたが報道記事にならないばかりか無口に近い。まさに日本国内では「世界第二次戦争」前夜とまったく同じ手も足も出ない状況になっている。

　ほとんどの人は普段「戦争反対」と「思って」いるが目の前に現れる「イラク戦争」には「やむを得ない」と「ごまかされて」「見抜く力」が「今回もない」に等しい。わたしは「これは許せない」「イラクに行ってくる」と家内に話すと「困っている」と兄に連絡した。兄は「イラク・フセインのやったことは知っているか」とマスコミの報道にのせられた（ごまかされた）国民とまったく同じような言い方をしている。

雪など降らない砂漠地帯と思っていたヨルダンは大雪に見舞われてビックリした

イラクになぜ行くのか

　第二次世界大戦のとき「大本営発表」で「ごまかされた」ように今回もまったく「同じ状況」で戦争に巻き込まれることになりかねない。これには「がまんできなかった」わたしはこれまで働く人と労働運動に取り組んできた。国労組合員ゆえに職場で差別も受けて来た。また、これまで自分は日本社会党と共に平和運動にもたずさわってきた。「だまっていると」「戦争賛成」と思われかねない。自分史に「汚点」を残したくなかった。

　「死んでもいい」「覚悟」でひとりでイラクに飛んだ。2003年3月4日日本を発ち3月5日トルコでヨルダンビザをとりヨルダンへ。ヨルダン空港からタクシーでヨルダン首都アンマンに向かった。ヨルダンに着いたら雪が積もっている、「へぇー」大雪だ。アフリカに近いここらあたりでも「雪が降るんだ」次の日は公園で「雪だるま」を見かけた。ヨルダン・アンマンに着くなり次の日「イラク大使館」でビザ申請を行う。

（ヨルダンは2年前オートバイで2001年3月5〜12日、トルコ〜シリア経由で来ている）

　ビザ申請に来た「外国人」はわたしのほかに「日本人ジャーナリスト2人」「アメリカ人1人」「ドイツ人1人」そのほかどこの国かわからないが全部で5、6人大使館の奥の別室に通された。案内された5、6人はわたしと同じ緊迫した顔。ひとりづつ館員に呼び出されて「質問される」「内容」は……わからなかった。わたしは「ノーブッシュ」「ノーホワイトハウス」「ノーアメリカン」「戦争反対」と日本語で応えた。

二年前お世話になった。イラク出身のサージさんとイラクに入り途中の食堂で休憩

　あーもしかしたら「すぐ」にビザ発行してくれるかもと淡い期待が頭をよぎる。大使館を出ると韓国出身の女性ガイドと韓国男性二人が大使館前にいた。二人たちもイラクに行くのだろうか。すぐ翌日にもビザが出来ると思っていたが2日たっても、なかなかおりない。今回はダメかもしれないと思った。前回はイスラエルから「死海に行って泳いだ」。今回はヨルダン側から「死海」に行って見ようと前回もお世話になった観光ガイド「サージ」さん（イ

ラク出身）と一緒に向かった。

ビザ申請を終わって出て来た
イラク大使館前。タクシー運
転手から買った「ノーヲー」
戦争反対のシャツ。韓国の旅
行者。ヨルダンアンマン

「ノーブッシュ、ノーアメリカ
ン、ノーホワイトハウス」「ノー
ヲー戦争反対」といっしょに
シュプレヒコール。大学校門
前

　今回イラクビザはダメだろうと思いながら死海に向かう途中、イラク大使
館に寄ってみた。「イラクビザOK」イラクビザは3日たった9日ようやく
イラクビザが降りた。その足でさっそくサージさんとタクシーでイラク・バ
クダッドに向かった。サージさんはイラク出身でバクダッドに実家がある。
ヨルダン・アンマンからイラク・バクダッドへ。前回サージさんはヨルダン
にオートバイで来た時「遺跡ガイド」をしてくれた「とっつきにくい顔つき」
だけど心やさしい男である。

　ヨルダンからバクダッドまで約1000km（東京～博多間）の距離である。
タクシーは飛ばすに飛ばす。ヨルダンとイラクの国境に着いた。「フセイン」
大統領の肖像画が国境に掲げてある。国境での入国手続きは30分ぐらいと
意外とスムーズに終わった。ヨルダンは片側一車線だったがイラクに入ると
途端に広くなり片側2車線。道もよくなった。タクシーは150～160kmの
スペードで砂漠の中を突っ走る。

　約1000kmを10時間足らずで走りバクダッドに夜の8時頃だったろうか
着いた。タクシー代1万円ぐらいだった。へーこんなに安くて済んだ。

次の日まずサージさんの実家、鉄筋3階建ての立派な家に寄らせてもらう。すぐに市内をひとまわり、車から降りて「人間の盾」グループを探すが見つからない。学生らしき人がかたまっている。大学の校門の前だった。15、6人にすぐに囲まれてしまった。

「マイ、ジャパン」から来た「戦争反対のためきました」「ノーブッシュ、ノーアメリカン・ノーホワイトハウス」日本語で話す。サージさんの通訳もあってか通じたらしい「オーオー」「ノーヲー（No War 戦争反対）」いっしょにシュプレーヒコールで叫んでくれた。バクダッドの車は信号が変わると自動車レースのごとくいっせにモーレツにダッシュする。次の信号まで短い距離なのにと思うがこの繰り返しで走っている。

爆撃1週間前子どもたちと

おだやかで平和の暮らしをしていた爆撃前一週間前イラク・バクダッド市内

　ひどくはないが市内はスモッグみたいにおおわれているのはその影響かもしれない。市内を歩いてみた。商店街や地元の人、子どもたちは静かにおだやかに暮らしている。「何も悪いこと」は「していない」ので当然なのかもしれない。泊まったホテルから東の方には大きな川が蛇行しているのがみえる。ビルは高くても5階建てぐらいで高層ビルは見あたらない。

　バクダッド市内についた次の日保健所みたいなところにサージさんに連れられて行く。なんの検査かわからないがサージさんだけ検査、なにかの注射されて保険所を出る。市内には軍隊の施設みたいな場所がある。そこを過ぎ

るとたまねぎ塔の「モスク」の建物。中に入って見るが祈りの時間ではないので人はパラパラ。音楽も流れてないし市内はいたって静かな感じを受ける。

　そしてサージさんのお兄さんは「こんど来る時」「戦争反対」じゃなくて「観光で」「ぜひ来て」と誠実な言葉で話された。まったくだと思うありがとうございます。サージさんと帰りのタクシーを探すためにバクダッド市内中心バスターミナルに行く。バス待合所「事務所」に貼ってある「カレンダー」がめずらしい。「ソーリ」「それもらってもいいですか」壁に貼ってあった旧い「カレンダー」を指さす「いいよ」とはがしてわたしにくれた。

「すみません」「ありがとうございます」サージさんが拾ってきたタクシーに乗り込む。格安航空券の帰りの日程がせまっているヨルダン・アンマンに戻って 11 日の飛行機に間に会った。そのまま帰国の途についた。やっぱり自分の気持ちを現わすためにイラクに来てよかった。アメリカはどう出るのか、これから注目するしかない。イラクとは何の関係ないアメリカさん手を出さないでくれと祈るだけだ。

　余談だがイラクで喰った「にわとり」はうまかった。メニューを見てもわからない、聞いてもわからない。面倒なので食堂ではどこの国に行っても「コケコッコー」と言って注文してきた。ほとんどの国でニワトリを喰い続けた結果わかったことだけど「バクダッド」の「にわとり」が一番うまかった。このあともあっちこっちの国でニワトリを注文して食べた。バクダッドのニワトリはこれまで出会わなかったなーすぐにわかるうまい味だった。

　他の国のは似たり寄ったりの味だった。恥ずかしいことだけど「コケコッコー」で注文して喰い続けて来た結果、世界 100 カ国あまりの「ニワトリ」の「味自慢」できる。因みにイラクのガソリンワンリッター 1 円 40 銭。わたしの走ってきた中では一番安かった。そうか、アメリカの狙いはこのガソリンだったのか。ちなみにイラン 6 円（2004 年 10 月・2014 年 5 月）ベネズエラ 14 円（2002 年・5 月）

> 参考
> 2001 年 9 月 11 日アメリカ・ニューヨーク・マンハッタンで起きた同時ビル爆破事件「10 日」「11 日」「12 日」の「日記の稿」を見てください。
> 第二巻アメリカ編

2003 年 3 月 20 日アメリカのイラク攻撃始まる

2003 年 3 月 12 日イラクから帰国してわたしのふるさとの佐賀・嬉野にオートバイで向かう。18 日京都。19 日広島の安宿ゲストハウス・J ホッパーズに泊まる。実家に戻る途中 20 日 ATM でお金下ろしに佐賀駅に寄った。「佐賀新聞」は号外を駅前で配っていた。「イラク攻撃」の見出し。「サガテレビ」も取材を終わって帰るところだった。いよいよアメリカは始めたのか。

　号外を見ながら「イラク攻撃が始まったんですか」「そうです」「わたしはイラクから帰国したばかりです」と引き上げるサガテレビに話した。TV 局は取材を申し込んできた。次の日 TV 中継車を実家に横付けしてイラク取材を受け翌日放映された。「そのとき嬉野の男は……」と新聞の TV 番組に掲載されテレビに放送された。

2001.9.11 事件から「10 年後」のアメリカ 2011 年

　なぜ、アメリカはビル攻撃を受けたのか、アメリカホワイトハウスとアメリカ人は考えているのだろうが、疑問を持つ。まだ力でねじ伏せようと考えているのではないか。最近イラク攻撃（戦争）では大量破壊兵器・アルカイダとの関係もなかったと「アメリカ」自身が認めた。それじゃ罪のないイラク国民の犠牲者の人たちに対してどう責任をとるのか明らかにしていない。この罪のないイラク国民の中からアイエス (IS) は生まれたのではないのか。

　責任取るどころかイラク攻撃はイラクから亡命してきた「ある男（個人）」から「大量破壊兵器」があるとの「情報だった」とマクナマラ・アメリカ元国防省の説明。(2011 年 10 月朝日新聞) 個人情報で動くアメリカの国防省なのか。2011 年 5 月パキスタンの国に無断で入り込み「ビンラディン」を

殺した。「ビンラディン」と思われる人物まで「特定」できる程精巧な「衛星画像」を持っているのではなかったのか。大量破壊の衛星放送で見せた映像は今思えばウソだったのだ。

「個人情報うんぬん……」と言い訳、ととらえられるような説明では納得出来ない。ましてやシリア、イラク、リビアも独立している。その国の人たちが決めて尊重することが民主主義ではないのか。ブッシュ大統領、小泉元首相の謝罪やそして「間違った報道」をしたすべてのマスコミの釈明もない。もちろん謝罪してもすむ問題じゃない。明らかに罪に当たるものだ。

「ウソ」の報道をした各社の「報道検証」をうながしたい。

　本題へ戻ろう。

シベリア横断の旅、始める

2003 年

　5 月　7 日 モンゴル大使館へビザ申請

　5 月 14 日 モンゴルビザ受け取る

　5 月 15 日「ロシア」「カザフスタン」ビザ申請・招待状が必要とのこと
　　　　　　　2 カ国の中央ビザセンターに依頼する。

　5 月 22 日「カザフスタン・ビザ」出来上がり受け取りに行く

　5 月 27 日 富山伏木港「FKK」エアー サービス株式会社」フェリー船会
　　　　　　　社に

　6 月 20 日 乗船の予約を入れる。

　6 月　3 日 ロシアビザ。大丈夫か電話を入れる。心配で二回目の電話。

　6 月 17 日か 18 日自宅（松尾）に届くとの返事。

　　　　　3 日 東京海上保険会社「海外傷害旅行保険」個別チェックして一年
　　　　　　　分として加入。2 年目に入る時は切れる前に電話すると継続で
　　　　　　　きるとのこと。（注意）2007 年 6 月アフリカのオートバイ旅の
　　　　　　　時は「6 カ月」単位になっていた。

　6 月 16 日 ロシアビザ降りる。中央アジア・ビザセンターに取りに行く

6月17日 シティバンクで①＄ドルに両替10万円
　　　　②T/C トラベルチェック20万円を発行してもらう。
　　　これでほぼ準備終了

富山・伏木港出港、ウラジオストックに向かう
2003年6月19日木曜　くもり　日本・富山

　きのうマンションのベランダに作った家庭菜園。キュウリ・なす・トウモロコシ・スイカ・ゴーヤ・トマトの写真を撮る。キュウリ2本なす2本小さいながらも収穫して食べる。それにしても育ちがいい。ひょうたんのつるはベランダいっぱいに伸び放題である。インゲンも早く伸びないとひょうたんにやられてしまうぞ。玄関に植えている「手まり花」とピンク、赤と黄色のバラの花も写真に収めた。

　出発前、家内とオートバイのいっしょに写真を撮った。9時いよいよスタート「じゃ行ってくるよ」所沢インターから信越高速に乗る。向うのは富山・伏木港。くもりの中信越から長野方面にここら辺から青空が出て来た。給油しようと思っていた場所は「休業中」「ええー」次まで持つかな。海外では「ガソリン・スタンド」標示は「次○○km」。「次々○○km」と二つ先まで知らせてくれる標識がある。

　だから安心して走ることが出来る。日本でも早く見習ってほしいものである。ようやくたどり着いた給油所で「二つ立つ先まで」「表示」を「国土交通省」に伝えてほしいと話しながら満タンに入れる。スタンドの人も「もっともだね」と言ってくれたが具体的に国土交通省に伝えてほしい。日本海の「不知火」で20分の昼寝。

　ハイウェイから8号線に入る。高岡市・伏木港に15時に到着。とりあえず税関と「FKK エアーサービス」船会社を探しに行く。税関はすぐわかったが「FKK」はちょっとわかりづらい、間違って入ったJR貨物会社で聴きながらたどり着いた。そのあとウラジオストック行き、フェリーの港「万葉埠頭」も確認した。万葉埠頭の駐車場には輸出するのだろう中古車がいっぱ

い停めてある。

　船会社で紹介してもらった関連会社の宿に泊まる。泊まっているお客はいないような雰囲気。この宿は港湾関係者の宿泊所なのだろうか 3800 円。「さびれてしまった」と「おばさん」が話す町の食堂で一杯やりながら夕食とした。さーあしたはいよいよロシア・ウラジオストックに向かう船に乗る。わくわく感と不安感もある。

2003 年 6 月 20 日金曜　小雨　くもり　小雨　富山〜ウラジオストック

富山・伏木港からウラジオストックにむかう「ミハイル号」フェリーにオートバイを積み込む。

　9 時に税関に行く。出国手続きは 15 分で簡単にすんだ。日記の「ノート」、カミソリの刃、「パンク用ガス」を買うため高岡市内まで走る。気にいった「ノート」はなかった。13 時に乗船する。14 時から船のレストランで食事。15 時「FKK」の人におそわりオートバイを積み込む場所の「入口」まで動かす。オートバイがあと一台あった。北海道からシベリア横断する N さん。二人だと心強い。

「これからよろしくと」握手する。Nさんなんだか手が震えているように感じたな。いよいよ出国。18時出港だけれど少し遅れて出航。きのうの台風も熱帯低気圧に変わったようでホッとする。船のレストラン兼飲み屋みたいな所で日本人の旅行者のひとり旅の人ばかりのようだ。イトウさん、コミナミさん、イチジョウさんなどと夜遅くまで飲みながら語り合う。船は静かに、静かに進んでいる。

2003年6月21日土曜　くもり　はれ　富山～ウラジオストック

日本海は荒れると聞いていたが船は揺れないで進んでいく。きのうの夜も飲んだ船内の船尾に「焼き鳥」がある。そこで午後からビールを飲みながら過ごす。夜は「歌」や「踊り」それにめずらしい楽器を使って世界をまわっている長野出身のMさんたちのアトラクションを見ながら「ひとり旅」の人たちといっしょに夜遅くまで過ごす。

ロシア・ウラジオストック入港
2003年6月22日日曜　くもり　くもり　くもり　ロシア・ウラジオストック

9時にロシア・ウラジオストック港。船から降りて駅の改札口みたいな所で入国手続きを終わって10時半ごろ上陸。永年のあこがれの北国・ウラジオストックを見て感激。ひとり旅の人から「歩き方」のホテルの部分を破ったものをもらった。安いホテル「マリャーク」に決める。イトウさん(女性)、Nさん、わたし3人はいっしょのホテル。シングル・2600円。わたしとNさん一人1600円の部屋。

小ぎれいなホテルでホテルの中には中華レストラン、雑貨・売店もある。打ち合わせしていた大阪のコミナミさん、4人は中華料理店で昼食。半そで歩く、涼しすぎるかなーという感じの気候。オートバイ引き取りはきょう日曜なのでした……あした。夕方コミナミさんが泊まっているホテルに「ネット」を打ちに行く。1時間400円。夜は3人でホテルにあるレストランでどこの国でも開店する「中国人ってたいしたもんだねー」と言いながら中華を喰った。

2003年6月23日月曜　くもり　はれ　くもり　ウラジオストック

ロシア・ウラジオストックで買いもとめた6冊目「ノート」80Pルーブル＝32円ぐらい。

　夕べ打ち合わせしていたホテルロビーに朝10時集まり「〇〇〇レーチャー？」（レジストレーション）なんだかわかんねー発音。ようするに「わたしはここに泊まっていた」と言う「証明書」が必要になるらしい。その証明書を発行する「警察署」はさいわいにホテルから300mぐらいと近いそこに行く。わからない文字の「申請書」とコピーも必要らしい。申請用紙を持ってホテルに戻る。

①パスポート・コピー
②ロシアビザ・コピー
③入国カード・コピー
④入国スタンプ・コピー
⑤泊まっているホテルのサイン・コピー

　以上のコピーをそろえて再び警察へ。結局待たされて13時に終了。あーぁ、まったく時間がかかる国だこと。ホテルに戻ってNさん、イトウさん、松

尾3人でホテル内のレストランで昼食は中華を注文。

　Nさんと二人でオートバイの受け取りにタクシーで向かう。きのう港で聞いていたオフィスに行くがカスタム(税関)は別の場所だと言う。タクシーで向うがカスタムはかなり離れた山の上にあった。カスタムで「受け取った」「申請書」はロシア語「まったくわからない」ばかりか「書くこと」などまったく出来ない。受付には大勢並んで申請している現地の人に聞いてもお互いに言葉がわからない同士。

　「悪戦苦闘」というより「手も足」も出ない「お手上げ」状況になってしまった。申請に来ていた現地御婦人が見かねたのか係官のいる個室に連れて行ってもらった。何か話してくれた。いったいどうなるのか途方にくれていると、「どこでどうなった」のか、こちらに向かっている人がいると聴く。てっきり現地で働くロシア語がわかる日本の「商社マン」の人だれかが来てくれているのだろうと思っていた。

ホテルから見たウラジオストック港

「ジャパン」「ジャパン」と呼ばれた。運転手さんは現地の人。黒の乗用車が来ていた。車に乗って話しを聞くと「日本大使館」の車だった。大使館で「すみません、お世話になります」大使館で必要な書類すべてを「コピー」してもらった。コピー代は「いらない」と言う……ありがたい。ふたたび「カスタム」に戻った。どうにか5時に終了。しかしオートバイ受け取りは、あした24日9時30分に来るようにと言われる。

　夕方5時30分発シベリア鉄道でモスクワに向かうイトウさんを見送りに駅に向かう。Nさんと二人で発車間際の列車を探したが残念ながらわからずじまい。列車は5時40分発車した。あしたコミナミさんが第二シベリア鉄道でモスクワに旅発つと聞いているがおなじ時刻なのだろうか。夕食はニワトリ、ブロイラー丸ごと162P＝648円を買って二人で割って食べる。今晩はこれだけで終わり。

ウラジオストック・オートバイ受け取る
2003年6月24日火曜　はれ　ウラジオストック

　9時半にカスタムに行く。申請窓口が20個ぐらある。わたしたちが並ぶ窓口がわからないあっちこっち窓口を聞くがわからない。流れがつかめない、いやな雰囲気。どうにか窓口を聞きながら入った事務所。オートバイの製造「年」「型」を調べる分厚いパンフレットをめくりながらわたしのオートバイがわかりようやく申請が終わった。カスタムの車で倉庫まで連れてもらった。

　13時半オートバイを受け取ることが出来た。あー疲れたなー。港の倉庫から線路を渡ってホテルまでロシアの道をはじめて走る。ホテルの前狭い路地裏みたいな場所に駐車。これから走れるのだがなんだかうれしさよりも不安を感じるな。きょう「日記用」のノート買った80P＝32円。ちなみにビール200P＝80円ぐらい。

　滞在証明書（エグストレーション＝レジストレーチャー）
　①パスポート　コピー
　②ロシアビザ　コピー

③入国カード コピー
④入国スタンプ コピー
⑤宿泊ホテルの証明書
以上をそろえて申請用紙に記入→窓口で証明書を受け取る。
無料

オートバイの受け取り
カスタム事務所→駅からタクシー 175P ＝ 600 円

オートバイに関する書類の「コピー」
①パスポート
②ロシアビザ
③入国カード
④入国スタンプ
⑤カルネ→登録証明書を張ってある最初のページ
⑥船の中で渡された「オートバイの証明書」
⑦船の中で書いたカスタムデクレーション（Customs Declaration）
⑧オートバイで走る「ルート」都市名を書く
以上をコピーして窓口で渡される「申請用紙」といっしょに提出する。

　終了したらオートバイを保管している港の近くの倉庫に行き（カスタムの人といっしょ）受け取る。保管料 110P ＝ 440 円（22 日入国オートバイ受け取り 24 日）

2003 年 6 月 25 日水曜　くもり　20℃　ウラジオストック
　9 時半に起きる。ビールを N さんと二人で飲んで 11 時前ネットのあるウラジオストックホテルまで歩いて行く。WTN-J に「滞在証明書」「カスタム」での記入の仕方を打つ。（なにもわからないかったくせにこんなこと書いていいのだろうか……笑。ネットを終わったのは 14 時になってしまった。さぁーあしたはいよいよ出発だなー。

モスクワまで走るシベリア横断鉄道・ウラジオストック駅

シベリア横断、オートバイ走り始める

2003 年 6 月 26 日木曜　小雨　雨　20℃　ウラジオストック～ハバロフスク

　7 時ホテルをスタート。グルーっとまわって駅に出て記念写真。きのう聞いていた道を北に向かって走る。ロータリー越えて一旦停車してハバロフスクの道を聞き直す。目の前にハイウェイが走っているのが見える。いいところで止まってよかった。あーそうなんだ。ここから乗るのか……よかった、よかった。一発でハバロフスクへの道に乗ることが出来た。午前中小雨、霧、雨あーいやだなー。

　森の中を走る、走る。雨も上がった。80km ぐらいのスピード。早目の昼食、ここらへんは平坦の道。ガススタンドの中にミニ売店・もあった。きのう作ってもらったゆで卵でおしまい。N さんはソーセージを食べる。じゃりみちになった。深いジャリのところも出て来た。N さんがじゃりみちにタイヤを取られて苦戦しているのがバックミラーでわかる。14 時半ごろだろうか 260km ぐらい走った所で急にふた道にわかれる。

　そのまま左側に入った。ああぁーと思いストップした。まぁいいや前に進もうとしたとたん「ズドーン」どうした？。なにが起きたのかわからない。あーここで「旅も終りか」と一瞬頭をよぎる。Nさんに追突されたのだ。Nさんはヘルメットかぶったまま横倒しになっている。すぐNさんを起しに行く。「だいじょうぶ」Nさんは「大丈夫です」と応える。うしろから来た赤い乗用車も止まって協力してもらった。ばらばらと小さい荷物が散らばっているのを拾う。

　なんの荷物だろうと拾い上げて自分のオートバイに戻って見るとボックスがポッカリ空いている。追突されてボックスが壊れている。拾った小さい荷物は自分のボックスから落ちこぼれた荷物だった。なんだー自分の荷物だったのか。荷物をまとめてこわれてしまったボックスは予備の「ゴムヒモ」でうしろにくくりつける。これは「トルコ」で経験している。そのまま修理屋を見つけながら走り続ける。

オートバイ修理のため立ち寄った鉄骨屋

50kmぐらい走っところで中古屋みたいな鉄骨屋みたいな家を左に見つけ

た。Uターンして入ってみた。ご主人はわたしと同じ歳ぐらいかな。「これこれ」「あれあれ」と話すと平然とした顔で「オーオー」「まかせとけ」みたいな言葉にわたしには聞こえる。こわれているボックスに穴をあけて針金を通して「完全には」閉まらないが走るには支障がない補修。

修理中子どもたちとロシアオートバイで林の中を走り回ったりして過ごす。思ったより早い1時半ぐらいで終わった。ラッキーだ。これもいい「旅の記念」になるとNさんに話して気持ちをやわらげてやる。修理が終わったころおやじさんは部屋を見せて「ここでよかったら」「泊まっていけ」と。いやこれで充分です「よろしくお願いします」と泊まることにした。さっそくビールと食べ物をおやじさんの車で買い出しに行く。

5時半と早い時間だけれど「呑み始める」。ご主人と奥さん、息子双子兄弟、おとこ、孫などいっしょに話しながら日が暮れてからも飲み続ける。買い物に行った帰りには自宅でサウナにも入れさせてもらった。離れに作ってあるサウナ小屋、「へー」これが本格的なサウナなんだ。いやなことになってしまったが結果的には地元の人たちとも話が出来たしめずらしいいい経験もできた。

またオートバイ修理中に近い将来喫茶店みたいなお店を開きたいとおやじさんから頼まれた「看板」も作った。幹線道路から目立つよう「ベニア板」サイズに「ここがアナトリですご自由におやすみください」「と二段書きに仕上げた。

2003年6月27日金曜　はれ20℃　はれ　はれ30℃　ウラジオストック〜ハバロフスク

ひんやりした朝7時ちょっと前に起きた。ご主人が7時に起きてきて「紅茶」とパンを用意してくれた。ご主人にお世話になりました。ありがとうございましたとあいさつ。

8時7分にスタート。きのう看板を仕上げていたのでよかったなー。道路は工事中なのかじゃりみちがひんぱんに出てくる。

ロシア・ウラジオストックからハバロフスクまで 524km の標識が出て来た

途中で止まると地元の人が寄ってくる、もうすぐハバロフスク

ドキッとするほど深いジャリ道、バランスがとれない、スロースローでどうにか通り抜ける。Ｎさんが抜けだされずついにジャリにつかまり横転。今度は安全な場所に止めて起こしに行く。ケガはない、すぐに出発できた。まったくこの人これから大丈夫かいなと思う。「朝起きるのが遅いんですよねー」「支度も遅いんですよねー」いまそんな世間話している場合じゃないよ。

ハバロフスク到着

自分のこと「わかっていたら早目にやったらどうなの」「あんた」のことが「あした」から「心配なんだよ」と口に出し言いたい気持ちだがやめた。ハバロフスクに17時30分についた。途中マイカーの人をつかまえて「セントラル」まで引っ張ってもらった。これから先の国で地元の人に引っ張ってもらうには「このようにして」「頼むんだよ」と実はＮさんに見せてあげたかったのだ。

セントラルのロータリ公園にとりあえず停めてホテルを探そう。いた、いたお巡りさんが4、5人いた。これ幸いと「ソーリ・ホテル、ホテル」「安い・デスカウント・スモール・ホテル」すると無線で連絡したあと「パトカー」でホテルまで引っ張ってもらった。おまわりさんは道を間違えたのか道じゃない林の中の急な坂道を走って行く。「ちょっと待ってくれー」と言いたくなるほどついて行くのに必死。ありがとうございました。

18時なっていた。ホテル「ザンリア」720ルーブル＝2880円：一人1440円。駐車場は前のビル70ルーブル＝280円。合わせて一人1720円。ハバロフスクは考えていた以上に大きな街なんだなーと思う。

2003年6月28日土曜　ハバロフスク
朝起きがけにベッドの中できょうやらなければならないことを頭に入れた。
①国境で使う書類の「コピー」
②オイル交換。（オイルフィルターここにはないだろうな）
③サインペンを買う（行った先々でオートバイにトランクに書いてもらうため）

　9 時過ぎに起きてフロントにいって「コピー」を頼む。まだ「カラーコピー」
はないようだ。とりあえず必要なコピーを頼んだ。白黒 A4 ＝ 6 枚 ＝ 200 円。
えー高けー。

考えていた以上に大きな街だったハバロフスク市内

　オートバイの駐車場から出して洗車する。話しかけてくれる人に「オイル
交換」「オイル交換」と聞く。すると「そこで」「やっている」とホテルの前
を指さしながら教えてくれる。洗車を終わらせてそこに行くと、ここも「洗
車場……？」オイル・オイル・わからないようだ。オートバイを指さして話
す。「マースロ」とオイルのことを言うらしい。そのマースロ交換は隣りでやっ
ていると話す。

　暗い倉庫みたいなところは自動車修理工場だった。オイル交換とオイル
フィルター交換もできた。トータル 2000 ルーブル ＝ 8000 円。ちょっと高
いぞーと思うがオーナーの顔を見るとごまかすような人には見えない。うん
大丈夫だ。どこでも同じだろうと自分を納得させる。しかしお金がない。若
い従業員をオートバイのうしろに乗せて銀行まで降ろしに行く。

　午後13時ホテルに戻る。Nさんもいていっしょにビールを飲む。これから走るハバロフスク市内からチタ方面の道を下見するために17時過ぎオートバイで一人で出かける。最初ハバロフスクのセンターについたロータリーでハガキなど売っているおみやげ屋など見て回る。売店の人に名刺を差し出してこれからモスクワまでなどと自慢話を一方的にする。売店の人は「すごい」みたいな言葉で応じてくれる。

　目立ちたい気持ちはどこに行っても直らない。話しかけられた人の迷惑などかまわないのだ。そのあと再びにぎやかな場所に止まった。

　軽食など数軒あってくつろぐ場所に見える。なれなれしく話しかける男2人と女性一人のグループがいた。なんだかんだと聴くふりしてどうも普通の人とは「様子が変だなー」ハハーンこいつらは「スリ集団」ではないかと直感。「オーノーサンキュウ」と右手をあげてバイバイ。

　市内からチタ方面に入る標識まで走って確認できた「よし」「OK」だ。これでひと安心。きょうやらなければならないことが考えた以上にはやく済ませることが出来てホッとする。

2003年6月29日日曜　はれ20℃　昼30℃　32℃　ハバロフスク〜チタ

　6時頃Nさんがゴソゴソ何かしている。「出発するの」「行くしかないでしょ」「短い時間でした、気をつけて走って下さい」……。彼にあわせて出発しようと考えていた。しかしゆうべも「あす出発する」とは聞いていなかった。まぁ自分で走る決断をしたんだからいっしょに出ることをためらった。彼は6時半に部屋を出ていった。彼に合わてと考えていたのできょう出発するとは考えてなかった。

　急なことでどうするか考えた。わたしもきのうやるべきことをすませている。わたしも7時半ホテルを出発。きのう確認していた通りハバロフスク市内からチタ方面に走る。きのう確かめていた市内しばらく走ったところからチタ方面の本線に入った。ガソリン・スタンドで給油中店員さんに地図を見

せてキロ程を聞いていた時。「キーー」と急ブレーキの大きな音。

　どうしたんだろう、地元のおじさんが「横断」でもしていたのだろうと思った。止まった場所を見ると車から降りた運転手は血相変えて「ヘルメット」をかぶった人を怒鳴りつけている。相手はペコペコしている。どうもＮさんのようだ。そしてフロントに当たってないか確かめているのだろう運転手は車の「バンバー」をさわっている。あと少しで吹っ飛ばされる危機一髪だったのだ。

土けむりが舞う中、サイドカーのお兄さんに手伝っもらいボックスの修理

　長い直線なのになぁ……あー悲惨な状況にならなくてよかった。考えるだけで身震いする思いだ。直線道路なのにどうしたのだろうかと不思議に思う。運転手も肝を冷やしたに違いない。ガススタンドに入ってきた。「どうしたんだよ」「急ブレーキをかけさせてしまった」とＮさん。もっと反省しなきゃ。この人といっしょじゃどうなるかわからない。わたしより1時間前に出発したはずなのに道に迷って今やってきたのだろう。

　この人といっしょじゃこわくてダメだ。そのままわたしは出発した。空中

に飛ばされそうになったこと想像するたびにぞーとする。そこから 200km ぐらい走った所からがたがたのじゃりみちになった。ウヘぇーまずいなースピード 30 〜 40km 走行になる。恐いな。デコボコ、じゃりみち、砂の道。それにう回道になってきた。そろそろ走っていたら N さんに追いつかれ、追い抜きざま手をあげて走り去った。オフロードのオートバイはじゃりみちでも平気で走れるのでうらやましい。

　ガタガタ道にこわくなってきた。地元のサイドカーの人が並行して走りながら「なにか」言っている。道の端に停めた。サイドカーの若い兄ちゃんは「右」「ボックス」が「外れそう」になっていることを教えてくれたのだ。ガタゴトが続く道で「ネジ」がとれてしまっている。ボックスの荷物を下ろしてまわりの「ネジ」を締め直し、さらにゴム紐で補強した。

　地元青年が手伝ってくれたというよりほとんど一人で直してくれたので助かった。車が通ると土けむりでまわりが見えなくなる中補修を終えた。ありがとう。しかしガタガタ道でこれから先も不安になる。次のガススタンドまでしばらく青年は一緒に走ってくれた。「エエー」ガソリン（ベンジン）スタンドじゃないの。ガソリン・タンクローリー車が停まっている。タンクローリからそのまま直接給油するのだ。

　「へー」まぁいいや満タンに入れる。わたしのオートバイに青年を乗せた写真を撮って「ありがとう」別れる。いつものことだけど写真撮っても相手に渡せないから困るんだなー。

　やっとアスファルトになった「よし、よし」これまで走れなかった「うっぷんをはらそう」とスピードを上げると穴ぼこ穴ぼこが出てきてその穴ぼこを避けることが出来ずどーんと飛び上がる「危ねー」。これもトルコで味わったこわさは経験済みだ。途中で「トランクボックス」がずれてきているので再び固定しなおした。そこに小型トラックが「どうした」と停まってくれた。

　もうダメだ。これじゃこわくて走れない。トラックの運転手に「駅からチ

タまで」「オートバイ」を「列車で送りたい」と訪ねる、若いきれいな娘さんといっしょだ。くわしく紙に書き込んでくれた。途中まで教えてくれたトラックのうしろについて走る。検問所を過ぎるとすぐ2分ぐらいで小さな街についた。検問所で出会った青年がたまたまスーパーに来たのでホテルまで案内してもらった。きょうはここに泊まろう。

小型トラックは親子で乗っていた。親切できれいな娘さん

　19時になっている。だいぶ古いホテル340ルーブル＝1360円。シャワーはない。もうこれ以上他のホテル探す気力なし。駐車場は隣りの警察署へ200Rを100R＝400円にしてもらう。二階の部屋で水洗の水がぽとぽと落ちていく。なんでバケツを用意しないんだと怒鳴ってしまう。近くでチキンを買って夕食とした。それにしてもじゃりみちはこわかったなー。もう走るのやめようと昼間から決めていた。

ジャリ道がこわくてダメだ、列車に載せよう
2003年6月30日月曜　はれ20℃　はれ30℃　ハバロフスク〜ベアゴルスク
　朝6時に起床。8時に隣りの警察署にオートバイを取りに行く。フロントで「マネーマネー」と銀行の場所を聞く。が「時間が違う」と言う？？。今

7時になので1時間遅くなっているのだった。荷台の補修をしていていると8時なった。下見のつもりで銀行に行って見ると9時からと聞いていたがオープンになっている。あーよかった。両替は「3万＄ドル」＝3万6千円だけと言われる。それでも「OK」。

ВОЗЖАЕВКА　25
БЕЛОГОРСК　50
ЧИТА　1561

> チタに向かって走る。しかしじゃり道に入ってこわくて恐くて列車で送ることに決めた。

　きょうはオートバイを「鉄道」で送ることだけを考えて走る。きのうトラックの運転手さんにおそわった「ベアゴルスク駅」への道のりを聞いていると「ここ」近くにも駅があると話す。そうだそんなに遠いところまで行かなくても地元にあればそこで送ろう。地元の駅についた。小さい駅だ。「オートバイを送りたい」女性の駅員は「オートバイ」を列車に乗せる「台」がないからダメだと断られる。

　しょうがない、「ベアゴルスク」まで向うことにするが、ここは本線から外れてしまっている。どこをどう走るのか見当もつかない。タクシーが3台程並んでいた。道を聞くとあっち行って曲がって……ベアゴルスクまで複雑なような話しだったのでタクシー運転手と交渉して引っ張ってもらうことに

した。800 ルーブル＝ 3200 円と話す。ここは頼るしかない。お願いします。
じゃりみちが深くて思うようには走れない。

　おろおろしながら転ばないように慎重に慎重に走る。20 ～ 30 キロのス
ローで走るタクシーはどんどん先に行ってしまう。途中で待っててくれてい
るが 3 回目にはどこに行ったのかわからなくなってしまった。「あー逃げら
れたのか」と頭をよぎる。相変わらずソロソロ走るしかない。恐くてしょう
がないのだ。しばらく走っているとタクシーは停まって待っててくれていた。
アスファルトに出た本線に出たようだ。

　案内は「ここで終わり」と言うタクシーの運ちゃんと別れる。運ちゃん
がくわしく教えてくた道を走っているつもりだが違っていた。「シュッポ」
「シュッポ」と聞きながらあっちに回りこっちにまわってついにベアゴルス
ク駅についについた。15 時 30 分。ここまで半分はアスファルトで助かった。
構内タクシーの人が「オートバイを送る」受付まで歩いて案内してくれた。

もうダメだ。じゃり道が恐くて走られない。オートバイを列車で送ろう。オートバ
イを送ったベアゴルスク駅

　貨物受付のようだ。あっちの事務所こっちの事務所「オートバイ」「チケット？」など支払った。「オートバイ運賃」ベアゴルスク〜チタ 1800 ルーブル ＝ 7200 円。わたしの「寝台列車」代 1100 ルーブル ＝ 4400 円。合計 3000 ルーブル ＝ 12000 円。ところがどっこい 20 時 30 分の列車なのにモスクワ時間とやらで発車は夜というか真夜中の 2 時 30 分らしい。あーまいったなー。

　せっかく夕めしを早く済ませて 7 時半に戻ってきたのに……。オートバイは 8 時過ぎの列車に積み込もうと待機していたが、列車の乗務員に「ベンジン？」が入っていたら「ダメだとか」言われて駅の人たちは積み込みをあきらめた。このあとの貨物に載せるらしい。貨物の詰め所で仮眠させてもらった。

じゃり道では停まって写真撮る余裕はなし。アスファルトになってから取った列車に乗せる前のシベリア道路

列車に載せるベアゴルスク〜チタ
2003 年 7 月 1 日火曜　ベアゴルスク〜チタ
　仮眠したあと 2 時 30 分発まで駅の待合室で座って待っていた。この駅にホームはない。昼間は目の前にいつも停まっている列車のところに機関車だけが停まっている。今まで待合室で待っていた人が消えていなくなった。お

かしいな？？。駅員がチケットを見ながら「こっちこっち」といくつもの線路をまたいで案内してくれる。「おー」どうなっているかびっくりだ。列車は到着していたのだ。

　あわてて列車に上がった。もう少しで乗り遅れるところだった。ひとまず安心だ。心をなでおろす。3号車3番の寝台車、すでに眠りについている「ごつい」顔だけがみえる。静かに横になる。4人部屋に二人だけのようだ。朝方になり毛布一枚で肌寒いなー。8時頃目が覚める。ごつい顔の男の人も起きてコーヒーを飲んでいる。「オハヨウ」「モーニング」英語を話せる人のようだ。

　男の人は船乗りで日本の港はほとんど知っていると次から次と「港の地名」を並べる。男の出身国は「モルドバ……」と話す。男の人に相づちは打つがわたしはモルドバってどこにあるのか知らない。針葉樹の森の中、高原のなだらかな丘陵地帯を走り続ける。窓から朱色の小さ花が目立って見える、山ゆりの花だ。雪の中で育った「山ゆり」はスッキリ透き通った朱色になっている。

ジャリ道に泣かされてこわくてしようがない。道端の野草になぐさめられる

　白い花？もある。途中で停車した時雪みたいな綿ぼこりみたいな白いものが飛んでいて地面には白く積もっていた。その停車中に列車から降りて線路をまたいで屋台の売店まで行って「揚げパン」を乗客の人たちといっしょに買っていた。まわりに人がいなくなった。急いで列車に戻る……おおっとっと、列車が動き出している…前に走って行くがドアーが閉まっている。

　そのうしろの車両には女性車掌がいてその車両ステップに飛び乗った。おおーっ「危なかったなー」もう少しで乗り遅れるところだった。女性車掌に「放送」で「10分」と「言ってたでしょう」とカンカンに怒られてしまった。しかし私には放送がわからないんだよ。まぁこれから注意しなくては……すみませんでした。同室の人が「心配していたわよ」って感じで心配してうしろまで車掌が探しに来てくれた。

　この列車には車両ごとにお湯を沸かしてお客にサービスしている。ひとつの車両に一人の女車掌が乗っている。その女車掌さんが探しに来てくれたのだ。わたしも「ジャパン」で「コンダクター車掌」だったんだと話したが言葉が通じなくてあまり関心を示さないような感じ。列車は同じような高原を走り続けている。小さい村の駅を通り過ぎる。その小さい駅のほとんどは女性駅員である。

　それに二重丸◎のついた「標識の板」を列車に向けて立っている。「進め」「OK」「安全」の意味なのだろう。一定の距離で村が出てきて寒いところでも住んでいるんだなと感心する。わたしは窓から道路がどうなっているのが興味がある。ずーっと列車の窓から道の状態がどうなっているのか観察を続けていた。おそらく日本からの輸入車なのだろうか。

　ウラジオストックからどこまで運ぶのか泥をかぶって真っ黒くなったままかなりのスピードで走っているのがときどきに見える。ここら辺の道はじゃりみちではないように見えるがぬかるみの道もいたるとこで見ることが出来る。「ぬかるみで苦戦した」と永原さん夫婦がシベリアを横断した情報をネットで書いていた。走るのにはかなりむずかしいような気がする。わたしのよ

うなオンロードオートバイではまず無理だろう。

　車内にはロシア人がほとんどで夏休みにはいったのか子供連れも乗っている。わたしがめずらしいのか先生同士のロシアのカップルもわたしの車両の部屋にもやってきた。両親はドイツ人と言う若いドイツ人もやってきてひとしきり二人で話を沸かせる。わたしの日本語英語で通じるものなんだなー。もちろん同室のモルドバの人の了解を得ながらである。朝9時にチタについた。

列車で送ったオートバイ、チタ到着

2003年7月2日水曜　朝12℃はれ　昼20℃はれ　30℃はれ　チタ

　ゆうべ真夜中2時30分列車に乗りチタ駅7月2日9時についた。なんとなくせわし空気のチタの街。まずは自宅へ電話・留守。そのあと銀行でドルをルーブルに交換。英語のできる女性行員に「ホテルの名前」と「その場所」を書いてもらった。ありがとう。そのままそのホテルに向かう。歩いて5分ぐらいのところにあった。建物は頑丈に作られている。

　入り口には赤い提灯を下げられて「中国のホテルだよ」って言っている。受付に入るとつっけんどんの態度は相変わらずである。「いくらですか」390p＝1600円。朝10時だったので割り増しを取られたのかなー。370Pと言っていたのに？？。すぐに洗濯してシャワーを浴びて昼飯・昼寝。夕方オートバイの到着時間を確かめるため駅に行く。「21時に来い」と言われた。21時に行くと23時40分だという。

　モスク時間と現地時間がどうもわからない。「ツデイ・スリーピング。おれはもう寝る」と両手をほほに添えて寝るしぐさ「ツモーローあした又来る」。いやダメだ、あんたも来いと言ってるようだ。

　24時に行くと列車はまだ着いてない。30分遅れで到着した。その前「取り降ろす」のに「マネー」が必要だと言う。マネーは送る駅で「払っておる」とチケットを見せる。

　いや、列車から 450kg のオートバイを下ろすのに別に必要だと……。納得できないが男 3 人分女性一人分 500P = 2000 円渡した。列車が着いた「どうする」のか。

　ホームに据え付けてある 4、5m の「長いベンチ」をホームから列車に渡した。「大丈夫かいな」わたしはオートバイにまたがり 10 人ぐらいでワッショイワッショイという感じでホームに降ろした。そのまま駅の倉庫に保管して今日は終り。

　あしたドキューメントが出来てから引き渡すと話す。深夜を歩くのは初めてなので後ろからだれかついて来ていないか確かめながらホテルに戻った。深夜 2 時になっていた。ホテルのキャバレーみたいな店はまだ営業中である。タクシーも店の前に何台か待機中。

ベンジン（ガソリン）スタンドの代金支払いの窓口。パチンコ屋両替窓口に似ている

2003 年 7 月 3 日木曜　はれ 12℃はれ 18℃はれ 18℃はれ 20℃はれ 30℃
チタ〜ウランウデ
　起きれるかどうか不安だったが 8 時前に目が覚める。8 時過ぎにオートバ

イを受け取りに行く。又何かと「マネー」を要求するのではと思っていがそ
れはなかった。ベンジンを入れてホテルに戻った。タクシーの運転者さんに
オートバイの「方向指示器」が故障しているので直すところを教えてほしい。
運転手はお客を送ってまた戻ってくると出て行った。

　荷物をまとめて部屋からオートバイに積み込むとタクシーが戻ってきた。
タクシーは10分ぐらい走った自動車修理工で止まった。サンキュウありが
とう。50P＝200円。修理工二人で荷台をはずして、うしろカバーもはず修
理にかかった。タイヤカバーが割れかかった所を「溶接」、電線回路の取り
替えなどすべて終わったのは13時になっていた。1000P＝4000円これぐ
らいはしょうがないのかな。

　方向指示器が故障したので修理工場で直す。ついでに割れていたタイヤカバーなど溶
接で修理してもらった

山火事（自然発火するのだろうか）
　写真を撮りモンゴルへの別れ道「ウランウデ」に向かって走り出す。日本
とはチト違う家の作りを写真に撮る。なんだろう？　けむっているような感

じだ。近づくとなんと山火事になっている。道のすぐ脇は燃え上がっている「ヤベーぞ」。いたる所の樹木が黒こげになっている。いつもこんな山火事が起きるのだろうか。山火事はどうして起きるのかな、樹木と樹木がこすれて発火するのだろうかな？

燃えさかる山火事道のそばを焼きつくす。

　途中の村か町みたいなところ（ヒオスク）についた。安いホテルがあったら泊まろう。ビッグなマイカーで通りかかった青年が「ホテル」と言ったら引っ張ってくれた。牛の群れが道いっぱい広がって家路に向かっている。道が開くのを待ってついたところは普通の家で宿ではなかった。青年はわかってなかったんだ。二軒目は休業。三軒目は外人はダメみたいな感じでダメ。

　ウクライナでも同じようことに出会ったことがあった。しょうがないビールと食料を町で調達してテントを張ることに決める。本線に戻る途中の適当な場所にテントを張った。腹が減って場所はもうどうでもいい気持ち。テントを張り終わると同時に生ぬるいビールをガブガブながし込む。9時からはじめて10時になった。二人連れの男が何か話している。地元の青年か「これは金になる」仲間を連れてくるのかも。不安になるが寝袋に入るといつの

まにか寝いっていた。

宿を二軒当たってみたが泊まれずシベリアではじめて野宿した。本線から２００ｍぐらい入った場所を探した

モンゴルへの道、ウランウデに着く

2003 年 7 月 4 日金曜　はれ 10℃　はれ 18℃　はれ 30℃ チタ～ウランウデ

　夜中にのどがかわく、テントでも空気が乾燥しているからかたべものの関係なのかわからない。それにしても朝方寒かったので寝袋を頭からかぶって寝ていた。7 時半に起きた。太陽はすでに出ている。8 時 10 分に出発。何回か「ウランウデ、ウランウデ」と聞きながら林の中を走る。ウランウデについたようだ。着く前は木造の家が集まって小さい宿は水しか出ない町だろうとウランウデをイメージしていた。

　町の中に入って行くと意外や意外ハバロフスクと同じぐらい活気のある近代的な街だ。「セントラルは」と聞きだしてオートバイを止めて地元の人に「ホテル」を訪ねた。「そこをぐるーっとまわってあそこ」250m ぐらい。そこをぐるーっとまわってホテルの駐車場についた。わはぁーこんな大きなホテル「高そうだなー」1000 ルーブル＝ 4000 円はしそうだ。とりあえず聞

いてみよう、フロントで料金を書いてもらった。

　570 ルーブル＝ 2280 円だと。おーよかった。今までの水シャワーのホテルと比べてちょっと高いがよし泊まろう。オートバイはホテル前の大きな駐車場。なるだけ入り口に近いところに止めて夜カバーをかけると大丈夫だろう。ハバロフスクから西に向かったウランウデまでに少しづつ顔が変わってきた。ロシア的からアジア系の顔ロシア、朝鮮、モンゴルの入り混じった顔。

　わたしの顔は地元モンゴル人と「わからない」ほど「変わらない」「まったく」同じ顔に写っているに違いない。親兄弟、親戚、いとこばっかりいるような感じである。それにしてもここまでのシベリア道路はひどかった。じゃりみちから今道路拡張工事の最中で突然「赤土」の広ーい道になったと思ったら今度は狭い昔の道に入って迂回。このように「ヘビ」が走るように広い道、狭い道と交互に走る。

　雨が降ってきたら大変なことになる道だった。雨が降らなくてよかったと思い出すたびに胸をなでおろす。

　○ビール→冷蔵庫で冷やしてあるところと、常温のままのところがあった。500ml ペットボトル→ 20 ルーブル＝ 80 円。150ml ＝ 140 円栓はネジ式で残りはあしたに回せるので重宝した。地元ビールはうまかった。
　○トマト小さい 3 個＝ 60 円　　○ハム（2、3 日分）＝ 280 円
　○チーズ 6 っ個入り＝ 120 円　　○石鹸チーズ＝ 144 円

2003 年 7 月 5 日土曜　はれ　はれ　ウランウデ

　朝 8 時でも静かだな。きのうの朝より寒くはないが外に出てみるとひんやりする。土曜だから静かなのかもしれない。10 時頃タクシーを使ってインターネットをやりに行くがそこはネット屋ではなかった。そこにいた若い人に次のネット屋をタクシーを呼んでくれた。ネットの料金まで教えてもらう。親切にありがとう。ついたネット屋は「英語も出なくて」出来なかった。店の人は「キューズミー」とお金を返してくれた。

太陽と雨と雲と雷
○ロシア・ウラジオストックからオーストラリアまで「走っている時」1年半雨にあわなかった。宿についたあと大雨に会ったことはあるが走り始めの初日と最後の日二日間だけ雨に降られただけだった。あとはいつも「はれ」
○前方に雨雲がある「これはやられそうだ」と走り続けていると・・道がぐーっと右にそれて雨にあわなくてすんだことが2回あった。
○オーストラリアでは対向車が雨に濡れてきているで、てっきり雨を覚悟。その場所に着いたら雨はあがっていた。
○山登りでも、オートバイで走っている時も笑われるかもしれないけどわたしは両手を上げて「太陽ガンバレー」と叫んでいる。なんだか太陽が見てくれているようなそんな気がして太陽には感謝している

ビール
○どこの国に行ってもだいたいビールはあった。ドイツのビールがわたしにはうまかった。しかしその国の地ビールわたしにはそれなりの味があってうまく感じた。「えー」と言うようなことはなかった。冷えてない、いや冷やさない国もあったがこれにはまいった。
○シベリア横断中、ペットボトルに入っていたビールは飲み残しを次飲めるから助かった。飲みきれなくてもいい日本でもペットボトルビール造ってくれーい。
○日本のビールは硬いような感じでまろやかさをほしいとわたしは思う。

うんこれからは若い人がロシアを背負っていくのだ。今は遅れているがあっという間に日本など先進国と言われる国を追い越してしまうことだろう。今ロシアで過ごしている中高年の人も10年〜15年先は口あんぐりになるかもしれない。ネット屋からホテルまで歩いて帰ってビールを買って昼飯。つまみはきのうの残りがあるので充分。さて、あした以降とりあえずモンゴルまではめどがついた。

きょうはバイカル湖までの道のりをタクシーの運転者さんに聞いてみた。100キロとか200キロとかまちまち。料金1k-10ルーブル＝40円行って帰って3000ルーブル＝12000円。サンキュウ。バイカル湖はいずれ通るから今行かなくてもいいのだ。さーとりあえずここウランウデまで来た。これからモスクワまで行って、Uターンする。そしてカザフスタン、キルギス、ウズベキスタンなど中央アジアを走る予定。

　これからのことで必死なんだ。中央アジアに入ってどこで、どこの「ビザ」を取ればいいのか……不安もつのる。今はモンゴルに入るためどうする。そして中央アジアのビザについても再度確認するが次々といろいろ不安、心配事が出てくる。心配することばかりだな。モンゴルに入って再びロシアに戻る時「だめ」だったらどうしようかといろいろ考える。

　きょうはホテルの東側にあるでっかい「レーニン銅像」のある広場でにぎやかな催しを開いていた。舞台には「80」と書いた看板。午前中は民族衣装を着飾った人びと。午後は歌・音楽演奏で一段とにぎやか夜もこれでもかっという感じのボリュウムいっぱい、しかし音は割れてない音楽が流れている。

ホテルの隣にあったレーニン広場でにぎやかなお祭りが繰り広げられていた

ロシアとモンゴル国境
2003 年 7 月 6 日日曜　はれ 10℃ 18℃ はれ 15 時 30℃　はれ 20 時 30℃　ウランウデ〜モンゴル

　ジャスト 7 時にモンゴルに向かってホテルを出発。ウランウデに入る時モンゴル方面の道を聞いていたのですんなりと乗れる。ズボン下、長袖下着、

それにカッパを着こんできてよかった。走り出すとやっぱり涼しさを感じる。モンゴル国境まで250km。

　工事中ため途中ガタガタ道になってしまった。

　うーん、シベリアと同じでそろそろと走るしかない。じゃりみちは5kmぐらい続いただろうか。まわりは高原。工事中以外はアスファルトのいい道だった。国境についた11時半。やっぱり時間がかかったなー。夕べの計算ではモンゴル・ウランバードルまで500kmと聞いていたので15時には着くだろうと思っていた。国境ロシア側は慎重というかノロマっていうか「出国」手続きでなんと13時なってしまった。

ちょうど昼飯休憩でモンゴルに入る所の「緩衝地帯」で入国ストップ。ここで一時間待たされるトイレに行ったついでに写真を撮った

　モンゴル側に入れない、どうしたん……。ロシア側もモンゴルも13時から14時まで昼休みだという。ロシア側を出た所のいわゆる「緩衝地帯」でストップ。わたしのうしろには自動車一台が待機している。仕方ない待つしかない緩衝地帯に掘立小屋のトイレに行った。トイレの中を覗くと普通より高く造られて板を渡してあるだけ落っこちたら大変になる。一時間待たされ

て鉄の扉が開いた 14 時過ぎにモンゴルに入った。

　モンゴル側は荷物の検査もなし意外スムーズに手続きが終わりすんなりと入国できた。でかい帽子をかぶった係官はロシアに比べて親切心を感じる。国境を出た所に食堂があった。ここは両替屋も出入りしている。3000 ルーブルを両替した。たべものはメニューを見てもわからないので冷蔵庫をのぞいて「これ・これ」と注文。冷たいビールも注文。するとどこに行ったのか冷たいビールを持って帰ってきた。

　食事中に通貨の計算。ビンビール大 1500 ＝ 200 円。ジャガイモ肉入りライス 1500 ＝ 200 円。ビールが高いようだ。16 時を過ぎているが太陽はまだまだ高い。ウランバードルまであと 350km。モンゴル側はとたんに道がよくなって気持ちがいい。80 ～ 100km で走れる。素晴らしい緑の高原の景色の中を走れる、こうじゃなくちゃなぁー。ついついあまりの景色に目を奪われる。ウランバードルについた。

　21 時なっているがまだ太陽がある。市内に入りタクシーの運転手さんに「安いホテルを」と「お札を数え下に降ろす」「指のしぐさ」で頼んだ。ところがついたところは高級ホテル 62 ドル ＝ 7500 円。「違うよ」こんないいホテルじゃなくてとつぶやきながら、そのホテル・フロントで「ソーリ、デスカウント、スモール・安いホテルを」と頼んでみた。いやな顔もせずに 1600 円のホテルを紹介してもらった。

　そこはバーの飲み屋が一階に二軒、二階に一軒合わせて 3 軒入っているホテルであった。部屋は二階、まぁいいだろう。となりの食堂で 23 時過ぎた遅い食事をすませる。来たんだなーモンゴルだ。

モンゴル・首都ウランバートル到着
2003 年 7 月 7 日月曜　はれ　はれ　はれ　はれ　ウランバートル
　午後からぶらりぶらり市内を歩く。ナンバーワンホテル「ウランバートル」でインターネットを打つ。1 時間 ＝ 6000 モンクル 2 時間やって 1180 モン

クル。そこの女性にドル計算してもらったら 10 ドル＝ 1180 ＝ 1200 円となることがわかった。しばらく雑談したあと、もうしまっているだろうと思って 17：30 ごろ日本大使館に足を伸ばした。

　おーあいている。

　館内に通された受付で世界の「日本大使館」アドレスのコピーを頼んだ。10 分ぐらいで終わった。ありがとう。男の職員に「去年だったか、高原を走っていて穴に落ちて亡くなった」「しばらくわからなかったらしい人」もいるので「充分注意して」とアドバイスを受ける。19 時宿に帰って駐車料金、今日の分 500 モンクル＝ 50 円を払った。最初ホテルの狭い空き地に止めていたが駐車場に替えた。

　ビールを買って帰る途中「牛」の焼きとりを買ってビニールに入れてもらった。そう言えばロシアは「ビニールのお金」をとられる、ここでは大きな袋でも無料だ。

モンゴル・首都ウランバードル市内。映画館

2003年7月8日火曜　はれ　はれ　はれ　ウランバートル

　9時過ぎオートバイの青空駐車場まで歩いて3、4分。ナンバープレートがこれまでの道悪でとれそうになっていたので心配になっていた。どこかで直してもらおうと聞いてみた。ところが駐車場のおじさんが次々にいろいろな物を持ってきてくれた。最初のはすぐに折れてしまう代物。次は「ブリキ」を持ってきてくれた。幅の「サイズ」はちょうどいい。

　金切りハサミで切り取って穴をあけてガタガタ道でも耐え、落ちないようにがっちり補強できた。身近に「あるもの」を使って直すことは地元の人の「知恵」なんだなー感心する。これで安心して走れるので心配ごとがなくなった。ほんとうにうれしく思う。おじさんに500円をお礼として渡した。ありがとうございました。いつも想うことだけど日本ではそれなりに専門のところに頼むのだが当たり前。

　外国では自分で直す人たちが多い。たいしたものだと思う。マーケットで買った牛肉を買った、焼いてみたがどうも硬い肉だ。1時間昼寝してきのうも行ったホテル「ウランバートル」でネット1時間半ぐらいやる。そのネットで「大阪のSケンジさん」がオートバイでここ「ウランバートルに来ている」とメッセージが入っているのがわかった。「あした9日・12時に」「ホテルウランバートル」で「待っています」と返事した。

　どうなることやら……。銀行でT/C（トラベルチェック）200$（ドル）をドル紙幣に両替した。ネット屋の女性とその友達とあした9時にみんなといっしょに食事することにした。宿に帰り20時頃から晩飯をはじめる。博物館でテレビのドキュメント撮っていたスタッフといっしょになる。きょうはオートバイの気になっていた「ナンバー」を直したので気持ちが楽に、晴ればれの気持だ。

2003年7月9日水曜　はれ　はれ　ウランバートル

　ネットで12時に会う約束。ホテル「ウランバートル」でネットをしながらまだ会ったことのないSケンジさんを待っていたが現れず。11時から12

時半頃まで待っていた。Sさんはネットを見るひまがなかったのだろう。通りの焼き肉屋で昼飯。牛タン、カルビー、キムチを注文カルビーはなんだか半くん製みたいだったが味は牛タンもまずまず、帰えりに肉屋で生のステーキを買った。250g3800モンクル＝400円。

　きのう約束していたネット屋の女性は「友だちに用事が出来」て「来れなくなった」とのことでいっしょの食事は後日にした。昼間オートバイをホテル前に停めていたら直射日光で温度計は40℃を指していた。この時期はこんなに暑いんだ。

2003年7月10日木曜　はれ　はれ暑い　はれ　ウランバートル

　10時頃ホテルを出る。きのうの銀行でT/Cトラベルチェック100$＝ドルに両替さらにモンクルに両替。銀行の女性に地図を見せてネット屋を教わった。印をつけてもらい歩きだす。日本の100円ショップここでは200円ショップ。店に入りひとまわり見て回るけっこう繁盛しているようだ。店を出て歩きだすと「アーマツオさん」と声がかかったメガネをかけたSケンジさんだった。初めて会うが偶然でもあった。

　郵便ポストに行った帰りで200円ショップに向かうところだったらしい。ネット屋に行くのをやめてビールを買い込みわたしのホテルの部屋で「はじめまして」と「乾杯」。スカイさんやYさん達も途中からオートバイを列車に乗せて来たらしい。いろいろ情報交換というかあれもこれもと話は尽きない。久しぶりに日本語をしゃべれる。わたしより20日ぐらい前に出発した永原さん夫婦もここモンゴルに来ていることを知る。

　永原さん夫婦は400kmぐらい離れた知人の家に行ってあした11日には戻ってくるとの話であった。もっともあしたから11日、12日、13日はモンゴルのお祭りらしい。結局4時頃まで呑んで今度はケンジさんの泊まっているゲストハウスに向かう。10分ぐらい歩いたところにあった。ゲストハウスはマンションの二部屋にベッドを入れて8人は泊まれるようだ。一人600円とか。

　部屋にはケンジさんのほかに日本人二人も泊まっている。一人は馬を借りるのではなくて「馬を買って」旅すると話す「へー」こまかい地図を手にしていた。あと一人は沖縄の人できょういっぱいでこのゲストハウスを出なければならないと荷物をまとめている。よかったらわたしの泊まっているホテルに「替えたら」と話してみる。

ホテルのスタッフの慰安旅行に同行

2003 年 7 月 11 日金曜　はれ　はれ　はれ　モンゴル

　きょうから 13 日までモンゴルのお祭りらしい。銀行も休みになっている。10 時過ぎにスカイさんが泊まっている宿にネットをかりに行くが閉まっていてだれも出てこなかった。マーケットでビールを買って宿に戻るとスタッフがジャガイモ、肉など大量に運んでいる。「お祭り」に行くのだろうと思って「おれも連れてってくれーい」と日本語で英語のできる女史に頼んでみると「OK」になった。ありがとう。

　ホテルの従業員の慰安旅行なのだろうか一泊して帰ってくるらしい。一泊して 2000 円でいいと話す。自分のビールも積み込んだ。総勢 16 人が 3 台の車に乗り込み出発。自分が割り込んだのだ。かなりきゅうくつなのはいたしかたない。どのくらい走ったろう途中休憩しながら森の中に入って行く。ホテルから 100km ぐらい走っただろうか入場料一人（30 円ぐらいか）払って公園？に入って行く。

　「ええーっ」川の中、泥道など越えていく。何度も川を渡る。川の手前で一気にダッシュしない車が川の真ん中で立ち往生。川の流れもかなりある。車から降りて全員で押して陸に上げる。車の中も水浸し靴も洋服もずぶぬれだ。乗用車を戦車代わりに使うのをはじめて経験した。日本ではまず考えられない行動だ。これを見たら驚くに違いない。なるほど車ってこういう風に使うこともあることを知る。

　お祭りを見に行くんじゃなくてスタッフのレクリエーションなのだ。芝生のある広々とした自然の公園についた。気持ちのいい広場だ。初めて身近に

「ゲル」をみる、今日はこのゲルに泊まるようだ。お昼にはハム、ソーセージ、トマト、キュウリなど大胆に切って食べる。もちろんビールもある。青空と緑の中で全員で食べる。昼食が終わると川に遊びに行く。

ホテルの人たちの慰安？　旅行に連れて行ってもらった。ゲルにはじめて泊まる

ライオンとかいったゲーム。なんとかだましてあっという間に5，6人で捕まえて川に投げ落とす。全員が犠牲になるまで続けられる。カメラを貸してと渡した瞬間油断していたわたしも放り込まれた。実に天真らんまんのモンゴル女性たちは15人。男は3人だけ。

　川に向かって歩いて行く、女性たちはブラジャーになって遊び、濡れてしまっている何なのか、ただの水遊び？ではなかった。次々と狙いをつけられた男も女も川に投げ飛ばされる。暴れてもだめだ。5、6人で捕まえたら最後えじきになるのだ。男の人は「あばれ」落とされる時土手にあたり、かすり傷で血を流していた。わたしも「カメラ」を貸してと言われて渡した瞬間あっという間に運ばれて川にドボーン。

　濡れていない人はいなくなっておしまい。水は少し冷たいが寒くはない。なんとも愉快なダイナミックで時には危ない放り込みになる。モンゴルの女性たちは実に天真らんまん。適当に腹がへってきた。広大な青草の広場には馬、羊、マンモスみたいな牛は草を喰ってゲルのそばまできている。はだか馬にまたがってみんなは遊んでいる。ホテルではおとなしい女の子が馬にまたがった。

　あっというまに馬を走らせスピードを上げる。水をえた魚のごとく人が変わったような顔になった。ホテルでは見せない度胸は何とも頼もしい、綱さばきにみんなはおどろく。人は見かけに寄らずっていうけどほんとにビックリだ。ホテルのオーナーも馬の扱いがうまい。わたしも馬に乗ってみたが思うように馬が動かない、前にしか進めないのだ。

　普段「口達者」で「でかいこと」言ってるわりに馬に馬鹿にされて動かない……なめられてしまった。夕食の支度にかかった。生きたヒツジじゃなかった、確かヤギをしめている。わたしも皮をはぎ肉を落とすのを手伝った。そのヤギをゲルの管理人が丸い牛乳缶で作った鍋？に焼き石を放り込み煮込む料理だ。出来上がった煮込みを全員でほうばる、この上ないごちそうはもちろん初めてである。

　大自然の中で屈託のない人たちとの食事は最高。持ってきたビール2ケースは昼間終わってしまった。夕食前にワンケースを調達してオーナーに渡す。ビール以外にもワイン、ウッカーなど飲み物は充分にあるようだ。一杯注がれたら飲み干し女性たちもけっこう飲んでいる。ただ、ここでは女性より先

に男に「たべもの」を皿に盛って渡してくれる。こんな風習が残っているんだなー。

夕食が終わったらキャンプファイヤーが始まった。わたしは日本の歌を感謝をこめて「四季の歌」「五木の子守唄」二曲歌った。途中から韓国の人も来ていたので祖国の歌を披露していた。モンゴル歌が続くのかと思っていたら「坂本九ちゃん」の「幸せなら手をたたこう」の歌。手をたたき、膝をたたき、地面を踏んで大合唱になった。11時を過ぎると月の明かりでディスコ大会になった。

発動機で電気を使って音楽を流している。十六夜なのか月は大きい。発動機の電気十二時に消灯して初めてのゲルで寝る。「ゲルの上モンゴルで見る大きな月」

ゲルのまわりで川落としゲームあり歌あり豪快な食事ありなんとも楽しかったモンゴルの人たち

ホテルのスタッフの慰安旅行に連れて行ってもらった。天真爛漫、気兼ねしなくて
実に楽しかった

2003年7月12日土曜　はれ　はれ　はれ　モンゴル

　朝食のあと大きな川で泳ごうとみんなで向かったが車がこっちでストック
あっちでストックあげくの果て川渡りでエンストしてしまった。押して渡っ
てまたエンストの繰り返しは5、6回つづき結局時間切れで3時になって引
き返してホテルに戻ることになる。

　ホテルに戻ったのは18時半。疲れたが貴重な体験をさせてもらえてなん
とも楽しかった。ホテルスタッフのみなさん、ほんとたのしかった。ありが
とう。

参加した女性が描いてくれた
馬の絵

日本人ライダー永原さん夫婦とあう

2003 年 7 月 13 日日曜　はれ　はれ　はれ　はれ　ウランバートル

　朝、日本語の打てるネット「あずさや」ゲストハウスに 10 時に着く。玄関に入るとライダー長靴二足ある。永原さん夫婦が帰ってきているんだな。二人はまだベッドの中。永原さん夫婦は 14 時頃わたしのホテルに来てくれるとのことになった。永原さんはわたしがキャンプに行っている間泊まっているホテルまで二度も来てもらっていたのだった。ネットを 12 時頃まで打ってホテルに戻る。

　隣りのあずさ屋さんのネットがうまくいかなくて永原さんが直しにかかったがうまくいかなかったと遅れて 3 時前にホテル見えた。マーケットに買い物に行って、まぁとりあえずご無事で「乾杯」。シベリア横断道路は 8 日間かかった。ホテル 3 泊あとはテントで過ごしてきた。永原さんが主宰していた「ノーザンヲーカー」を「WTN-J ワッツ」に引き継ぎに当たっていろいろ……意見があったとかの話もしてくれた。

　これまでの永原さん夫婦シベリアの道のぬかるみで苦戦したこと、わたしのこれまでのことを話したりして飲みながら永原さんから情報をえる。またこれからのルートについても話して 21 時頃まで話ははずんだ。あしたか、あさって移動するとか。それにしても永原さんの奥さんのシベリア横断は女性としてもしかしたら初めてではないだろうかと思う（この年の翌々年ぐらいに道路も広く舗装になっている）。

　あしたかあさって移動するとか、わたしもあしたウランウデに移動する。ここウランバートルでは「馬頭琴」が「オーダー」して 2 万円ぐらいでいいものが出来そう……と沖縄出身の M さんはわたしがキャンプに行っている間おなじホテルに泊まっていたらしくメッセージを残してくれていた。

2003 年 7 月 14 日月曜　くもり　一時雨　ウランバートル

　10 時に出発しようと支度してオートバイを取りに出かけたらぽつぽつと雨が落ちて来た。これでは出発ヤメ。やっぱり気持ちよい天気の中で走りた

いものだから、あしたに変更する。永原さんがきのう話した「中央アジア」の国境が閉まって「イランに抜けられない」ようなことが気にかかるな。モスクワまで行っても無駄になるかも……。屋台のヒツジの焼鳥をつまみにビール、これは朝飯兼昼食。

　日本人「あずさや」の隣のゲストハウスにネットを打ちに行く。永原さん夫婦はけさがたまでネットで旅の記録を打っていたらしい。わたしは途中で画面が消えてしまうので4時頃ホテルに戻る。永原さん夫婦は表まで見送りに出てきてくれた。いっしょにオートバイの前で記念写真を撮って別れる。

人が集まる活気あるモンゴル・地方の市場

モンゴルのこと

ビール 500ml ＝ 665 モンクル ＝ 70 円

冷えたビール ＝ 100 円

食品 ＝ 80 円

靴下 ＝ 50 円

ノート ＝ 100 円

歯ブラシ ＝ 110 円

靴中敷き＝180円

ガソリン＝ワンリッター40円

国境近くで地元の人たち

2003年7月15日火曜 朝20℃ くもり20℃ 一時雨30℃ くもり30℃ はれ34℃　ウランバートル～ロシア・ウランウデ

　きのう空もようがよくなかったので今日に出発延ばした。朝7時15分スタート。どんよりとした空もようになってきた。1時間もしないうちに小雨もおちて来た。道ばたにオートバイを止めてカッパを着よう。さー雨よ来い。せっかく完全装備したのに雨が降ってこない。まわりの景色は煙ってかすみがかっている。国境近くになってポツリと一軒のゲルがあった、なんとなく寄りたくなってしまう。

　そこの家で「馬乳」をごちそうになった。馬とオートバイをいっしょに撮りたかった。家族で記念写真なども撮ったがこういう写真目的で立ち寄ることは許されないことと知っていて厚かましくおじゃました。いつもの自分勝手がでてしまう。すみません。こんな時はお金を置いてくるべきだろうなー。このことでうしろめたさが残る。国境は13時から14時まで昼休憩とわかっ

ていたので 13 時半頃到着。

一軒の民家がポツリとあったので寄ってみた。白い馬乳を飲ませてくれた。おばあさんは寝たきりであることがあとでわかった。悪いことをしてしまい後味が悪かった

　国境のそばの入国した時寄った食堂に入る。冷たいビールを期待していたのに売り切れだった。あーぁ。両替えの兄ちゃんが店のご主人にそこまで行って「買ってこい」と言ってる。注文したたべものは出て来たが「ビール」は 15 分も発っているのにまだ帰ってこない。しょうがない、自分のオートバイ・ボックスに入っているぬるい缶ビールを出して「お店」の了解を得て呑む。14 時 10 分国境があいた。

　出国の車 5、6 台が並んで止まっている。左側から先に行けと係員。あっちこっち回ってスタンプを押してもらって 15 時になった。出口でまた待たされる。ここでも 5、6 台止まっているが左側を通ってロシア側に入って行く。

　一旦止められる「なぜ」だ。しかしすぐに OK が出た。ようやくロシア側「入国」の手続きに入る。かわいい女の子なのになぜか「坊主頭」になっている。日差しが強くて暑い、暑い。待つこと 3 時間うーんようやく終わった。最後

のスタンプを押してもらったのが 18 時ちょっと前だ。わたしの前に並んでいたマイカーの人は朝 9 時にモンゴルに入って昼食挟んで 7 時間も並んで待っていると話す。

うーん、これまでも国境では入国 1 時間出国 1 時間と合計 2 時間ぐらいはかかっている。ここはしょうがないのかなーそれにしても長すぎる。こんなに「忍耐」がいるのか。太陽は西にまだある。霞がかかってぼんやりと光っている。高原の原野を走る一度通った道だもの気は楽だ。すんなりとウランウデについた。ホテルに着く前にこれから進むバイカル湖方面の道をオートバイのお兄ちゃんに聞いて確かめる。

前回泊まったホテルに 21 時 30 分到着。シャワーはそこそこにビールの冷たさがうまい。

モンゴルの道は気持ちがいい

バイカル湖方面に向かう

2003 年 7 月 16 日水曜　20℃はれ　くもり　カスミ　20℃　20℃　20℃
ウランウデ～バイカル湖

　どうしようか出発するか、あと一泊するか……。10 時になって先に進む
ことにした。相変わらずカスミがかかってはっきりしないもやもやした天気。
白樺林の中を走る。これまで走ってきたシベリアに比べれば道はいい方だ。
しかし突然じゃりみちが出てきてビクーとする。こまかい石の光っている道
も出てくる。道ばたには家庭菜園？　を道ばたで売っている場所に来た。

とりたての野菜・野イチゴを道ばたで売り出していた地元の人たち。もうすぐバイ
カル湖

バイカル湖に到着

　とれたての野菜、野イチゴなどずーっと道端に並んで売っている。ほとん
どイチゴであった。野イチゴのようななつかしいうまそうなイチゴ一杯 40P
ルーブル＝160 円を買う。バイカル湖が見えるところまで来た。立ち寄っ
て見ることにする。狭い道を湖に向かって走る、えー行き止りになってしまっ
た。歩いてバイカル湖の水をすくってみる。冷たくはない。地元の人がここ
は「食べものも」ない。

　反対側に渡ればいいと車で案内してくれる。ありがたい。反対側に回った前方には見晴らしのいい場所が見える。ダートを走ってもうすぐ着くところで「ドン」と土盛りにオートバイの腹にあたった。エンジンストップ。エンジンはかかるが「ギアー」を入れるとスーと止まってしまう。車の人が戻ってきてあれやこれやややって見てくれるがダメ。そのうち近くの人がやってきた。二人でやってくれるが直らない。

　近くの民家のおじさんが「なにか言っている」。とりあえず「その人」の農地に入れて休む。18時になったらメカの人が来るとか何とか話す。いま16時あと2時間。持っていたビールとつまみを出して飲む、腹も減っていたのでちょうどいい。「つまみ」を渡すとおじさんは畑の中に草を積んであるその中から「ウィスキー」を取り出して飲んでいる。

盛り土にオートバイの腹がつかえてエンスト。おじさんが「泊まれ」と誘ってくれたが「だめ」と奥さんぶ然とした顔。すみませんでした。

　奥さんに「怒られる」からなのかと「頭に指を突き出して」見せたら「にやにや」している。5時過ぎに「家に泊まれ」と話す「OK」。息子が迎えに来ておじさんの家にオートバイを引っ張って庭についた。泊まる「マネー」

いくら？。500Pルーブル＝2000円だと話す。冗談じゃないホテル並みか、「泊まらない！」怒って見せる。オートバイも直っていないしイライラしていた。

　奥さんが出てきておじさんに何か言ってる。「いやな顔」しているのを見ると泊まらせないような態度がありあり。庭から道にオートバイを出して、さてどうするか。きょうはここらへんで野宿かいな。湖畔の方から乗用車が来た。お願いして停まってくれるのを待つ。窓を開けてくれた「ソーリ・オートバイ」「動かない」すると車から降りて話しを聞いてくれる。エンジンをかけてギアーを入れると「止まる」のを実践して見せた

　二人は原因がわかったらしくオートバイの下を見ながら「電線」をつないでテープで巻きつけてくれた。エンジンをかけてギアーを入れても「止まらない」。おー直ったのか。大丈夫のようだ。何回かやってみた「オオー直った、直った」大丈夫だ。あーよかったー。お礼に150P（あとは1000Pルーブルしかなかった）をお礼に渡そうとすると「イヤイヤ」「ノーノー」と受け取らなかった。ありがとうございました。

　いやーほんとうに10分ぐらいであっという間に直してくれた。これから先どうなるのかと暗ーい気持ちになっていたのが一瞬にして明るく軽くなった。ロシアの人たちはだれでも自分で直す技術を身につけているのだろうかと感心する。それにしてもラッキーだったなー。気が晴れたところでバイカル湖のイルクーツクに向かって走り出しセントラルまで行き、ロータリーの花屋さんでホテルを聞いた。

　目の前100mぐらいの近いところにホテルがあった。レセプションに行くと中に向かって「なにか言った」と思ったらなんとスカイさんが出て来た。「オオー」「ケンジさん」が泊まっている。同じ部屋に泊まれることになった。料金も700ルーブル。二人で350ルーブルになる（と思っていた）。お互いに助かったとばかりにビールを飲みながら夜中1時頃まで話して過ごした。

2003 年 7 月 17 日木曜　雨　小雨　くもり　雨　バイカル湖

　夕べから雨が降って久しぶりの雨だ。昼間も降ったりやんだりして一日中続いている。12 時頃泊まり代 700 ルーブル払えと受付のおばさん。なんで今ごろ言ってくるんだ。夕べ二人で 700 ルーブルでいいと言ったじゃないかと「まくしたてる」。その時は、おばさんは引き揚げた。これじゃ高級ホテル並みではないか。ところがだ、夜になって交代した責任者みたいなおばさんがやってきた。

　ホテルの部屋代一人でも 700 ルーブル。二人でも一人 700 ルーブルとまくしたてる。こっちも負けずに怒鳴りかえす。ウラジオストックでもハバロスクでも二人泊まれば半額になったと。責任者のおばさんはゆずらない。スカイさんが冷静に冷静にとなだめにかかる。怒鳴りあっているところに 22 時頃ヘルメットをかぶった人が入ってきた「あー永原さんだ」なんと「永原さん夫婦」も雨の中駆けこんできた。

　残念ながらホテルはいっぱいで永原さん夫婦はここのホテルで紹介してもらったホテルにタクシーを頼みうしろにつけて向った。雨の中よく走ってきたと思う。それにしても日本人だけ同じホテルにまぎれこむとは不思議な気がする。怒鳴りあいの続きホテル代「国が違えば」システムも違うようだ。納得できないが仕方がない。700 ルーブル支払う。午後雨が上がったのを見計らって散歩に出た。

　スカイさんはオートバイをモスクワまで送る手続きは意外に早く終わったようだ。「モスクワ」まで「オートバイと本人」で 3 万円ぐらい。それとは別に 100 ドル＝ 1 万円ぐらい手数料として払ったと話す。ここバイカル湖からモスクワまで 1 週間から 10 日間ぐらいかかりそうだと二人で話していたら。スカイさんは日程がなくなったのでオートバイをモスクワまで列車で送ったようだ。二人で 5 時と早い時間から呑み始める。きょうは長女の誕生日。

2003 年 7 月 18 日金曜　バイカル湖

　9 時半頃永原さん夫婦が泊まっているホテルにスカイさんと二人で向かっ

た。管理人は「ネーネー」（ノーノー）と言う。エー満杯？！もたもたして
いたら「永原さん」が出て来た。なんだー泊まっているじゃないか。駐車場
がないのでオートバイはダメだけど泊まりは「OK」と管理人は話していた
ようだ。オートバイを裏側に停めて泊まりを予約した。

　オートバイのスタンドの「バネ」がとれてぶらぶらしていた。近くのベン
ジンスタンドで自動車修理工場を聞いて向う。すぐに間に合わせの「バネ」
をつけてもらい、スタンドの足掛けも補充してもらった。12 時頃までかかっ
た。1000 ルーブル＝ 4000 円払う。ホテルに戻ろうとするが一方通行になっ
ていてわからなくなってしまった。ぐるぐるまわって 15 分ぐらいのところ
を 1 時間もかかってしまった。

　修理が終わって工場に来ていた。なんでも乗れるような言い方をしていた
かっこつけた中年の人がわたしのオートバイに乗って工場の庭を回ると乗り
出したが曲がり切れずにあっという間に転倒。恥かいて気まずいそうにすぐ
に消えてしまった。どこの国でもほら吹きはいるもんだな。4 時頃からバイ
カル湖に向う。約一時間ぐらいでバイカル湖の入り口についた。イルクー
ツクから 65km ぐらい。

　さらにバイカル湖岸に沿って走って見る。あでやかなホテルみたいな建物
を通り過ぎるとにぎやかな市場みたいなおみやげ屋でにぎわっている場所に
つく。さらに登って行くと扉みたいなもので進入禁止になっている。Uター
ンしておみやげ屋が集まる場所に戻る。おおーっ、白いウェデングドレスの
花嫁姿と新郎の姿結婚式を挙げたのだろうかこれから挙げるのだろうか。

　カメラマンもつきっきりで動画を取っている。「ソーリ」「すみません」出
しゃばりのわたしもいっしょに記念写真を撮ってもらうことにした。ありが
とうございました。いい記念になりました。蒼く透明な湖をイメージしてい
たバイカル湖。夕日の太陽の光で黄金色に光り輝いてバイカル湖の美しさを
みられない。岸べに降りて透明な水をすくって感触だけ味わった。これだけ
じゃ世界一透明な湖とは思われないなー残念。

バイカル湖畔で結婚式を挙げていた地元の人。よせばいいのに「でしゃばりジーさん」がまたおじゃましました

あこがれていた澄みきったバイカル湖についた。泳いでいる人たちは少なかった

　湖畔にはホテルも3、4軒ホテルもあるようだ。泊まってもいいなーと考え、料金も聴いたが戻ることにした。おみやげ屋で愉快な商売の人たちといっしょに写真を撮ってバイカル湖で獲れた魚そのまま食べられる「白身の半干し刺身」を買ってホテルに戻る。戻る途中午前中直したオートバイのスタンドがしっくりしないので再び修理工場に寄って直した。

「ノーペイ」でいいかい「タダ」で直してもらった。ホテルでは永原さんたちは夕食の準備をしている。わたしの部屋に来てもらって奥さんが作ったスープ、魚の刺身など食いながら夜中一時過ぎまで話す。バイカル湖の「半干し刺身」はうまかった。奥さんのみどりさんを日本に帰るまで「無事に連れて帰らない」とテントを張る時地元の人でも入れないような場所を探して永原さんは奥さんのことを非常に気遣っていた。

にぎやかなバイカル湖畔で商売しているおみやげ屋の女性のみなさん

震動でナンバープレートが無くなった

2003 年 7 月 19 日土曜　20℃くもり　20℃　25℃　25℃はれ　30℃　バイカル湖〜ノヴォシビルスク

　バイカル湖の街イルクーツクを 8 時 45 分モスクワに向かって出発。永原さん夫婦に「お互いに」気をつけてとあいさつ。うーんきょうもどんよりとガスがかかっていて前方は白くなっている。M53 号は思ったより広くて整備されている。でも途中から普通の道路。草原、高原がつづく。道から見える畑には麦とジャガイモばっかりだなー。400km ぐらいからじゃりみちになってきた。

　30 〜 40km のスピードに落として 30km ぐらいじゃり道を走る。悪路を抜けだしたら一面ピンクの花が一面に咲いている。オートバイを入れて写真を撮った。ナンバーも入れて写真を撮ろうと後ろに回った。「ああー」「ナンバープレートがとれてなくなっている。うん「どうした」これまでのじゃりみちのはげしい振動でとれてしまったのだろう。どうする、戻るか。戻ってもあてがない。戻る気力もない。

　世界をずーっと走ってきたプレートだ未練があった「引き返そうか」と迷ったが「あーもうじゃりみちは走りたくない」「もういいや」。代わりはボックスに閉まっている「国際ナンバー」を出して走ろう。所定の場所に着けないで落ちないように目で見えるフロントに着けて走る。なんだか疲れたなー。約 500km 走って来た。タクシーが 4、5 台止まっている。

　運ちゃんに「ソーリ・ネンネ、寝んね、」と両手を耳に当ててここに「ホテル」はあるか」と聞く。そのうちの一台が出るところで「おれに」ついて来いと。2、3 分でホテルについた。一泊 195 ルーブル＝約 800 円。これなら「ＯＫ」だ。オートバイは階段に板を敷いてフロントの隅に入れた。シャワーは水しか出ない。晩飯の買い出しにホテル前のマーケットに行く。ビール売り場に行くとメガネのばあさんが計算している。待っているのに立とうともしない。

　「ビール、ビーバー」と声を出した。ばあさんちょっと待てのしぐさ。ビーバー

いくら。「ぺらぺら」40 ルーブル出して「あといくら」「ぺらぺら」。ばあさんはもういい。あっちの人と替わってくれー。ビーバーを売らないという。「フザケルナ」「オマエハアッチニイケ」「チェンジ、チェンジ」日本語で怒鳴る。若い女性に 2.5 リットル 50 ルーブル＝ 200 円。ばあさんの顔に……悪態ついてビールを買ってホテルに戻る。

　どうしたらこんなに無愛想な顔になるのか、こんなつっけんどんの態度がどうしたら生れるのだろうか不思議に感じる。これは遺伝なのだろうか。それともわたしの方が飼いならされた動物園の動物なのだろうか。どっちが本物だ。普通では考えられないロシアの方がいいとはとても思えない。人間と人間同士である、見ず知らずの相手でも気持ちよく応対する気持ちはサービスの以前の問題ではないのか。

シベリア原野一面に咲き誇る花

2003 年 7 月 20 日日曜　朝 20℃　25℃はれ　27℃昼　25℃はれ　20℃　バイカル湖～ノヴォシビルスク
　どこの場所なのか、なんというホテルなのかもわからないまま泊まった。夕べ晩飯を食ったあと近くに散歩に出かけた。めずらしい橋の造りだった。

橋の 5m 上流には流れて来た障害物を受け止める柵が橋を守るために頑丈に造られていた、なるほどな。ホテルの階段に厚い板 3 枚を渡してオートバイに乗りながら降ろした。ひっくり返らなくてホッとする。

　ホテルを 8 時 10 分に出発。スバラシイー道路だ気持ちよく走れる。しばらく走ると雲行きがあやしくなってきた。これは雨になるぞ……雨がフロントに落ちてきた。すぐに雨具を出して完全武装。ヨシこれで寒くもなし、どしゃ降りの雨でもどんと来い。森の中を走っていると二台走ってきた。ドイツ人ペアーライダーだった。お互いにメール交換、これから道路はモスクワまでフィフティフィフティ半分半分ジャリ道アスファルトと教えてくれた。

ドイツの夫婦ライダー。日本まではいかない……とか話した

　イルクーツクから走り始めてダートとアスファルト交互に出て来た。アスファルトが出てきてこれで大丈夫とスピード上げて走っていると急にダートになって「オートット」とすぐにはスピードを落とせなくてビクッとする。穴ぼこも、デコボコも出てくるちょっとでも油断出来ない道路だ。やっぱりスローで走るしかないなー。バイカル湖の街イルクーツクから 800km 正確には 830km。グラスノヤルスク。雨は降ってこなかった。

「MOTEL」の看板をはじめてみた。うすいピンクの建物だ。いくらだろうか 500P を 400P ルーブル＝ 1600 円に負けてもらって疲れたので泊まる。シャワー浴びたら 50 ルーブル「ええー」。駐車場 20 ルーブル、オイオイ結局 470P ルーブル＝ 1880 円。ベンジン 3 回で 300p ルーブル＝ 1200 円。昼飯 20 ルーブル。きょうは全部で 800 ルーブル＝ 3200 円使った。

2003 年 7 月 21 日月曜　はれ 18℃　はれ 25℃　はれ 27℃　はれ 30℃　バイカル湖〜ノヴォシビルスク

モーテルを 7 時 15 分スタートする時間になって霧が深くなる。ホテルを出て本線に入ろうとすると前方からライトをつけて近づいてくる。「あれーっ」これは「対向車線」なのか「おービックリ」。あわててすぐに隣りの車線に入る。今まで片側 2 車線を走ってきた。ここは 2 車線走行だったのだ。おー危なかった、ライトがついてなかったらてっきり反対車線を走っていたかも「ぞーっ」とする。

いい道でいいなーと思っていたら狭い道になる、アスファルトではあるが振動がハンドルに伝わってくる。お昼頃今のは「あれーっ」日本人ライダーでは？停まっていると U ターンしてきた人は日本人だった。神奈川のイチカワさんという人だった。イチカワさんが泊まったホテルまで走って昼めしを食べながら一時間ぐらい話して別れる。ノヴォシビルスクについた 22 時。15 時間、800km 走ってきたことになる。

ホテルを探しにセントラルの街に入った。一軒目 83 ドル約 1 万円。えー。2 軒目満室 2 軒目のホテル前に停めたオートバイに戻ろうとしたらおばさんが宿の斡旋をしていた。700 ルーブル＝ 2800 円に泊まることにした。タクシーの運転手さんに引っ張ってもらってついたところは普通のアパート。これでも仕方ない。運転手さんはドルとルーブルまで交換してくれた。20 ドル＝ 2 万 2 千円→ 500 ルーブル＝ 2 万円

ノヴァシビルスクからオムスク

2003 年 7 月 22 日火曜　はれ 20℃　はれ 30℃暑い　夕方 19℃寒い　ノヴォシビルスク〜オムスク

　アパートの宿から出発。まず銀行へ 9 時まで待って中に入るがここでは T/C を扱っていないと話す。メトロの前に行って 500 ドルをルーブルに交換。約 120 円ぐらいか。銀行前に停まっていた地元の人にオートバイ「ボックス」がぐらぐらすると話した。すると自動車修理工場まで引っ張ってくれた。すみませんでした。

　工場では鉄板をくりぬいてりアーにあわせてがっちり補強してくれた。ナンバープレートもつけ直してもらった。10 時から 13 時までかかった。トータル 350 ルーブル＝ 1400 円と安くしてもらった。良心的で助かった。地元の新聞社の人が来て取材を受ける。14 時頃からオムスクに向かって走り出す。約 300 キロ走った所のモーテルに泊まる。350 ルーブル＝ 1400 円。こんなところに泊まると安く上がるな。

　18 時 30 分についた。この宿は離れに「サウナ」をそなえてあった。「ふーん」これが本物「サウナ」なんだ。道ばたにこんな宿があると得したように感じてうれしい。

2003 年 7 月 23 日水曜　はれ 23℃はれ 25℃はれ　夕方 17 時頃夕立　ノヴォシビルスク〜オムスク

　8 時にスタートするがマフラーを留めている「ワッカ」が外れていることに気付いた。持ち歩いていた「簡易ワッカ」で補強した。8 時 20 分再スタート。オムスクまで順調に走る。途中のベンジンスタンドで洗車した。久しぶりにきれいになった。ガス、スタンドのオーナーや家族・スタッフといっしょに記念写真。いい天気だ。これからカザフスタンをさけてう回して走ることになる。

　オムスクからクルガン経由チェリャビンスクへ一直線の道走れば近道だ。しかしカザフスタンを通らなければならない。ロシア「ビザ」の取り直しに

なる。そのため北に少し上がってエカテリンブルグを通り大回りになるが
チェリャビンスクに向かうことにしている。17時頃夕立にあった。家のひ
さしを借りて雨宿り。15分ぐらいで雨はやみ晴れて来た。走り始めてせっ
かく洗車したのに泥だらけになった。

いい天気、オムスクのベンジンスタンドで女性オーナーやスタッフ・地元のみなさん

雨上がり赤土で滑って転倒

　赤土のダートに水たまりも出て来た。用心して走っていたがちょっとした
ぬかるみでツルッと滑って「あっ」というまに転倒。うーん。自分ではオー
トバイを起せない。車が来るのを待つしかない周りは森の中でさびしい場所
だ。なかなか車はやって来ない。40分以上待って二台の車がうしろから来た。
あーよかったー。「ソーリ・手伝って……」もらい起した。待っている時間
は長かった。エンジンはすぐにかかった。

　一時車が来なかったら「ここでテント張るのか」と不安になった。車の人
にはまた転ぶかもしれないのでうしろから走って来てもらいたかったが言葉
は通じないので仕方ない。2台の車はすぐに走り去ってしまった。「まって

くれーい」と叫びたい気持ち。また転ぶんじゃないかともうこわくて恐くてしかたない。そろそろと走った。アスファルトに出てホッとする。地元の人に聞いてモーテル泊まる。260P＝1040円

　シベリア横断はトラックが多い。休憩しているトラック運転手に道のことやホテルのことなど詳しい。

ロシアポリスのこと
その1
○いい人、悪い人にポリスを分断
これまで3，4回ポリスの検問にかかった。そのうちの一回は「ナンバープレート」が「付いてない」とクレーム。別に保管していた国際ナンバーを引き出して見せた。途中の振動で「とれてしまったのだ」と言っても通じない。とにかく所定についていないからと「マネーマネー」ワイロがほしいのだ。針金で所定に着けて見せる。二人のうち一人は人がよさそうのおまわりである。暑い日差しの中停められたのだ。あなたはナンバーワンポリス！あんたはワールドワーストワンポリスだ！世界で一番悪いポリス！二人を分けて結果的にいいほうのお巡りさんが「ＯＫ」を出してくれて。バイバイできた。

その2
○「パスポートいらねーお前にやる」
二回目はスピードガンを使っている検問所。いきなりスピードオーバーときた。「ノーノー」と言っても、受付ない。「マイ、スロースロー」で走ってきた。そんなにスピードは「出してない」しかしスピードガンを見せて頑として受け付けない。「ノー・スピード」というがダメ。パスポートは提出している。もういい「パスポート」は「いらない」「お前にやる」とオートバイにまたがってエンジンをかけ「本気」で「出発しよう」とした。

するとポリスはあわてて「持って行け」とばかりに「パスポート」を「差し出した」。もちろん罰金なし。ほんとにスピードは出してなかったので「いいや」と最後は本気だったのだ。このことがあってから「自分」でも「いい方法」を見つけたものだと。「ポリスとイザコザで長引きそうになったら」開き直って「パスポートなんかいらねー」「お前にやる」と「この手」を使って何回か通過してきた。

その3
○ピストルで脅（おど）かされる（オートバイの旅①でも書いている）
さっき「５０ｍ」手前で女性おまわりさん達3人たちのところで止められたばかりだ。

なのに二人のおまわりにストップをかけられる。○と×の標識を両手に持っていてストップの×を出した、「１５ｃｍ」ぐらい過ぎて止まった。それが違反だといってるようだ。２ｍぐらいある「大男」と「普通」の男おまわり二人である。

小さい小屋の中に連れ込まれてパスポート、カルネ、を出した、「国際免許証」も出した。これは海外に出てはじめて提出。ＯＫかと思いきや小さいおまわりが「ちょっと待った」と「お金」を数える「マネー」のしぐさをする。「何のマネだ」前日サンクトペテロブルグ市内で見ていたのと同じおまわりのワイロほしさなのだろう。ハンドブック「規則集」みたいなものを出して「違反した」みたい「文章」のところを指さした。

ロシア語「わかるわけねーだろー」と声には出さないが顔に出す。しかし「ふざけんじゃねー」と大声を出してオートバイに戻りまたがった。すると「オーノー」みたいなしぐさ。大男のおまわりが腰のピストルに手をかけ「カシャッ」と音を出しておどかす。その手には驚かない、ほんとにケンカするつもりでオートバイから下りて大男に「撃つなら撃ってみろ」と突っかかって詰め寄る。

よし！「エンバシー」大使館に「電話する」と言ってオートバイに乗って先程の５０ｍ手前にあったガススタンドまで戻って給油する。戻るとまだその「でかい」おまわりがいて再び「止まれ」の合図。「テレホンエンバシ・電話したから、いま車で「係官が来るぞ」と「日本語」で話す。すると「でかい」方のおまわりが自分の「両手を組み」握手するようなその手を頭の上にかざして「ＯＫ」「行け」と言ってるようだ。

「演戯？したおれの「ジェスチャー」がおまわりに勝った？のだ。とにかくロシアのおまわりは何だかんだと文句をつけてワイロを要求すると聞いていた。止められたとき今回は「解放される」まで「半日ぐらい」かかるだろうと最初から覚悟してかかった。しかし３０分もかからず意外と早くすんなりとワイロを渡さなくてすんだ。そこからちょっと２、３ｋｍぐらい走っただろうかエストニアの国境についた。

そこのロシア国境の係官が「なぜ」「どうして」「止まらなかった」と笑いながら話してきた。うん？さっきのおまわりが電話連絡したんだろうか。こいつもグルか？。又時間がかかかるのかと不安になった。さいわいに何事もなくすんなりと国境手続きを終えてエストニアに入ることが出来ホッとした。

その４
○罰金を払う
まさかこの辺にはおまわりはいないだろう。上り坂で遅い車を追い越したとたん「エ

エー」「おまわりだ！」。「説明しようがない」。停められた。「ハロー」と「にこにこ」
したがッダメ。「マネー」いくらだ。「１００ドル？」「えええー」ヨシここはいつもの
演技だ「パスポートいらねー」と「オートバイ」にまたがって見せたが効果がない。
「５００ルーブル＝２０００円」出してこれが「オールマネー」だ。おまわりはしぶ
しぶ受け取った。

その５
○見逃してもらった
１０台ぐらいつながってゆっくり走っている。一台づつ追い越していく。直線になっ
た
ところで一気に追い越しにかかった。トップに出たとこでおまわりがチェックして
いる。アアーすぐには止まれないふりして１００メートルぐらいすぎた所で停まっ
て待った。しばらく停まってポリスが来るのを待つが来ない。「いいのかな」ヨシ来
ないなら「行ってしまえ」とスピードは上げずにそのまま走った。
パトカーに追いつかれたが一台一台追い越してきた。他の車は一気に追い越して走っ
ていたと紙に書いて説明して見逃してもらった。

山の峠茶屋みたいな場所ではうまそうな焼き肉のけむりが上がって食堂が数軒並ん
でいた

やっと出てきた標識「モスクワ 2340km」

2003 年 7 月 24 日木曜　12℃はれ　15℃はれ　22℃はれ　オムスク～エカテリンブルグ

　7 時 30 分スタート。寒いから上 6 枚下 4 枚真冬並み見着込んで走る。12 時すぎまでは寒いなーという感じである。しかし午後 3 時過ぎになると急に蒸し暑くなってくる。一路「モスクワ・モスコー」聴きながら走り続ける。「イカ天」と覚えて走ってきたエカテンブルグについた。きょうもモーテル泊まり。きょう「モスクワ 2340」km の標識が出て来た。それにしてもまだまだモスクワは遠いな……。

　ここらあたりがウラル山脈だろうか。宿 300 ルーブル＝ 1200 円。ビール 5 本 90P ＝ 450 円。焼き肉 120P ＝ 480 円。焼き肉はブロック肉専門に焼いていてうまい。

初めて出て来た「モスクワ」まで「２３４０」ｋｍの標識

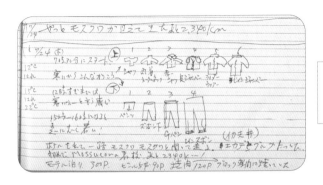

寒くて上着６枚下着４枚はいて走る

2003年7月25日金曜　はれ 12℃　19℃　30℃はれ　22 はれ 29℃はれ　エカテリンブルグ〜モスクワ

　走りだすと朝はやっぱり寒さを感じる。7時10分にホテルをスタート。チェリャベンスクに入りかけてバックしてウファの方に入り直す。いい道だなーと思って走っているとアスファルトの道もガタガタになっている。修理が間に合わないのだろうか。ウファーを通過。ええーっ、飛行場のようなアスファルト道に出た。センターラインもなにもない。飛行場みたいでどこを走っていいのかわからない、こんな道も走りづらくて恐いな。

シベリア横断の宿はトラック運転手に聞け

「パトカーがいるぞー」「気をつけろ」走ってくる対向車がライトを点滅してくれる。慎重に走っていると「いたいた」パトカーが停まっている。日本でも「ネズミ獲り」の場所があると「やってるぞー」と対向車は「ピカーッ、ピカーッ」ライトをつけてくれるパッシングそれと同じである。「ヘー」ロシアでもお互いに助け合いしているんだ。きょうは検問なし。ノボシビルスクの街でホテルに泊まれないこともあった。

　泊まれるにしても高すぎる。休憩所なのだろうか、トラックが何十台も駐車している場所をときどき見て来た。そこのトラックの運転手さんに「ホテル・モーテル・寝んね、ネンネ」と聞くと気安く「何キロ」先にあると教えてくれた。走って見ると「さすが」ピタッとそこにホテルじゃなくて安い「宿」があった。それからはトラックの運転手さんに聞くことにしている。頼りになるトラック運転手なのだ。

2003年7月26日土曜　19℃はれ　22℃はれ　29℃はれ　エカテリンブルグ〜モスクワ

　6時40分スタート。相変わらずのガタガタ道でうしろの「方向指示器」が欠けてぶらさがっている。「おーっと」落っこちなくてよかった。ベンジン、スタンドで応急処置テープでがっちりつなぎ止めた。「ノーマネー」と言われたが 10P ＝ 40 円渡した。高台から前方の道路を見ると黒く群がっているのが見える。なんだろう。近づくと交通事故だ。直線道路になっていて見通

しのいい道路なのに……

大型トラック同士の交通事故４台が横倒しになってすさまじいことになっていた。
巻き込まれなくてよかったなー

　四台が横倒しになっている。荷物もそこらじゅう散らばっている。どうし
たんだろうか。追い越しかけての事故だろうか。考えられない恐ろしい事故
だ。けが人はもう運ばれた後だったのだろう。救急車はいない。左に二台右
に二台横転している。なにせうねった道でも自家用車もトラックも、道悪の
道でもバウンドしながら走ってくる。きょうは走ったぞー「1006 キロ」

　モスクワまで500km に迫った。夕方トラックの運転手さんに聞いたホテ
ルに泊まる。80 ルーブル＝320 円。シャワー 30P ＝ 120 円。イカ天＝エカ
テリンブルグあたりからずーっと麦畑がどこまでも広がって続いている。そ
の麦畑にポツンポツンを鎮守の森みたいな場所を見て来た。そこには農家が
あるのだろうか。きょうは検問一回。

モスクワ・クレムリン到着

2003 年 7 月 27 日日曜　はれ 20℃ はれ 20℃ はれ 30℃ はれ 34℃　モスクワ

　バイカル湖の街イルクーツクを 7 月 19 日出発、約 5000km 走って 9 日目 7 月 27 日にモスクワについた。きのうは張りきってきょうの分まで走った。残りは 468km。朝 7 時にスタート。午後 13 時にモスクワに着いた。きょうもアスファルトの道ではあるがガタガタ道、そして工事中の道も走った。モスクワまで残り 200 キロになってようやく案心して走れる道になった。

　モスクワ市内に入った。モスクワは二年前 2001 年ラトビアから入国した。前回は確か北の方角からだと思う。今回は南から入ることになるのだろうか。クレムリン・赤の広場に向かった。何度か聞きながらどうにかクレムリンに近づいた。前回入ったように赤の広場の奥の方に入ろうとするが入れない。迂回してみたがどうもダメみたいだ。「赤の広場」はロープが張られていて歩くこともできないようだ。

　泊まるホテルを探さなければならない。地下鉄の入り口で聴いた女性はモスクワ市内の地図を売っているお店までついて来てくれた。で、オートバイを停めた場所でホテルを聞くと「ほらっ」という感じで目の前がホテルを指さした。ロシアホテル？なんともでかいホテルだ。少し高くても「いいや」とりあえずネットを打てるホテルがほしかった。フロントも広い。なんと言うホテルだろうか。

　値段を聞くと「2000 ルーブル＝ 8000 円「ウヘェー」……でもしょうがない泊まることにする。受付をすませ部屋に入る。四角のホテル一辺の長さ 200m ぐらいありそうだ。部屋は 3 階。「モスクワに着いた」さっそく自宅に電話を入れる。一カ月ぶりの電話になる。かぁちゃんは 9 月からまた仕事に行く、二男が自宅から仕事に通う。ベランダで作ってきたキュウリ、トマトなど大きくなったので食べていると話す。

　ホテルからは目の前にはクレムリン、ワシリー大聖堂、赤の広場、モスクワ川、市内のとがった高層ビルなど見ることが出来る。また一階ごとにカギ

を預けるフロントがある。

二年前に続いてようやくモスクワ・クレムリンに到着できた。日本を出て約４０日かかった

赤の広場にあるワリシー大聖堂・公開していたので中を見ることが出来た。泊まっているモスクワホテルの前だった（2001年撮影）

2003 年 7 月 28 日月曜　はれ　はれ　はれ　モスクワ

　朝 9 時 2 年前お世話になった「タンニャ」さんに連絡してもらおうとフロントに行って電話してもらった。しかしタンニャさんに通じなかった。実はタンニャさんに「タイヤ交換」のお店を紹介してもらいたかったのだ。タンニャさんは大型オートバイに乗っているモスクワでは女性リーダー的存在のライダーかもしれない。仕方ないタクシーでオートバイ屋までの料金を聞くと 1000P ＝ 4000 円だと「ネーネー（ノーノー）」。

　一人でオートバイ屋を探しに行く。まったくあてはない道なりに走ればどこかで見つかるだろう。途中でタクシーをつかまえて「オートバイ屋」まで引っ張ってもらう。一軒目タイヤなし二軒目かなり大きな修理工場。オートバイの修理もやっているようだ。タイヤ交換、ライト、スタンド直し、ベアリングの点検など見てもらい修理を頼んだ。その間近くの公園を散策。とてつもなく大きく有名な公園であるようだ。

歴史ある広大な公園には美しい噴水など目を見張るばかりの建築がいっぱい

二年前も今回もお世話になった美人の「タンニャ」さん。周りは一目置く。モスクワの女性リーダーと言ったところだろうか

　散歩に行く前オーナーに「タンニャさん」名刺を見せていた。6時頃「誰かが」来るとオーナーが話す。だれだろうと思っていたら「タンニャさん」に連絡がとれたらしい。ちょうど6時頃来てくれた。「オー」「タンニャさん」二年ぶりに会う。オートバイ雑誌の編集は辞めたとか。今は違った店を出しているとも話す。11時から6時頃までかかって修理が終わった。トータル53600円。

　そのままタンニャさんといっしょに前回もお世話になった「オートバイセンター」に向かった。ここは舞台もつくり上げている。アウトドアーみたいな感じで設計はフランス人と聞いている。スケールが違い、創りが違う。二年前に来た時は「何を」造ろうとしているのか思いもつかなかった。今はなるほどこれを造っていたのかとわかるまで造り上げている。しかしまだまだ完成まで造り続けているオートバイセンターだ。

　オートバイショップ。当然居酒屋でビールも飲める。階段式の鉄塔にはテー

ブルも備えてリラックスして飲めるスペースもある。学校のグランドみたいな広場に自慢のバイクが並んでいる。タンニャさんの友だちはワルキューレ、BMW など大型オートバイに乗っている。その 7、8 人の仲間達といっしょにビールを飲みながら夕食。終わったあといつものように例のモスクワ大学前に移動する。

　前回二年前もそうだった。一段と高くなっているモスクワ大学前は展望台にもなっていてオリンピック会場などモスクワ市内をも見渡せる観光名所のひとつ。当然昼間はおみやげ屋さんがいくつも出店して観光客でにぎやかな場所。この場所に夕方から自慢のオートバイに乗って集まってくる。10 時過ぎには 100 台近くになる。オートバイを眺めるため一般の人たちも集まってくる。

　自分のオートバイを見せる、見られることは「うれしいこと」わたしも同じ思いである。タンニャさんは大型オートバイの仲間を引き連れてレストランに向かって市内をパレード。メンバーは違うがこれも前回と同じ、レストランに着くとまずビールで乾杯。明け方まで呑んでホテルに戻る。ホテルまでみなさんに送ってもらった。「ありがとう」バイバイしようとオートバイカバーをかけていた。

　仲間のひとりが「ホテル代」「4000 ルーブル＝ 16000 円」二日分を払ってくれた。エー、ほんとうにいいんですか。「OK OK」と。へーお金がある人はあるんだなー。そう言えば前回もこういうことがあったような気がする。実は「あしたホテル」を変えるから「安いホテル」を探しておいてくれとタンヤさんに頼んでいたのだ。それにしても初対面のわたしに援助してくれてほんとありがたい。

　タンニャさんのお陰だろうな。ありがとう。3時をとっくに過ぎているきょうは早い方だ。

昼間は多くの観光客でにぎわい、夜はオートバイが集まってくる名所。モスクワ大学前、展望台

タンニャさんのスポーツ店。スノーボードなどを扱っている

夜になると自慢のオートバイに乗ったライだーと一般の人もモスクワ大学前の見晴らし台に集まる（2001年撮影）

2003 年 7 月 29 日　はれ　はれ　はれ　モスクワ

　10 時過ぎに久しぶりにインターネットはホテルで打つ。2 時間 720P ＝ 2900 円。10 分で 240 円と高いな。夕方クレムリンを散歩今回はずーっと赤の広場はロープが張られていて歩くことが出来ない。まさか「レーニン廟」撤去の話になっているじゃないだろうけど。赤の広場に沿って建っている重層なデパートに入る。デパートを出て夕食に食べる肉屋を探す。

　探せばあるもんだな、肉屋もビールも他より安く手に入った。ビールは 20P ＝ 60 円とホテルの半額だった、地下鉄の露天売り場でも 90 円。一日中ゆったり過ごす。

　日本のシティバンクに電話を入れる。定期口座から普通口座に移すための電話。なんと 10 分で 1000 ルーブル＝ 4000 円。どうなってんだろうか。相変わらずシティバンクはガイダンスとかの案内で人が出るまで時間がかかる。

「暗証番号」は「＊米印と……」を押して……。オイオイ、ここはまだプッシュポンじゃないんだよ。部屋の電話にかけ直してもらうようになった。電話するたびに金がかりいつもシティバンクに泣かされる。タンニャさんからの電話を待っていたがかかってこなかった。あしたカザフスタンに向かうのでお礼を言いたかった。きょうホテルでめずらしく日本人夫婦とあった。

さーあしたはカザフスタンに……ところがエンジン故障
2003 年 7 月 30 日水曜　はれ　はれ　午後夕立　はれ　モスクワ

　ビールを買いに出かける。ミニスーパーでたまねぎも買う。一日中部屋で過ごす。夜 10 時頃タンニャさんから電話が入った。「あした来てくれるのか」「今夜来るのか」わからないまま着替えて下に降りてオートバイを出せる状態にしとこう。カバーを取りエンジンをかける。「ガー」「キー」と音が……。ニュートラにしてエンジンをかけて見るが「ジージー」の音だけ。エンジンはかからない。

　「うん？　どうしたんだ」初めてのことだ。どうしたものか心配になったタンニャさんが来てくれればなー。電話も聞いていなし、部屋に戻っていると電話が来た。タンニャさんからだった。「マイ、オートバイ、エンジン、クークー」「エンジンがかからない」と日本語で話した。あした 9 時にホテルに来るとの返事。ドアーをノックする人あり。出て見るとガードマン？「紙切れ」を渡された。

　「あしたこのホテルに来る」と英語で書いてあるようだ。さっきホテルに来てくれていたんだ。早く気付いていればなー。タンニャさんすまん。

「ジージー」エンジンがかからない……
2003 年 7 月 31 日木曜　朝方ひんやり　モスクワ

　5 時 30 分頃目が覚めていた。9 時までだからとベッドで待機。タンニャさんがオートバイセンターの仲間を連れてきてくれるのだろうか……心配だな。9 時まで 40 分になった。そろそろ下に降りてまっていよう。待つこと一時間。タンニャさんは現れない。どうなっているのだろうか不安で仕方が

ない。電話番号は聞いていないし、タンヤさんのお店もまだ開いてないだろ
うし。

　そう言えばタンニャさんは自分の店を開いていた。今回オートバイタイヤ
交換の終わったあとその「お店」に寄った。スノーボートを中心にスポーツ
の店だった。10時過ぎ「マツオー」タンニャさんがオートバでやってきた。
ホッとする。さっそくエンジンをかけて見せる。「ジージー」となるだけ。
ホテル前にいた人が「押しがけしてみろ」オートバイを押してくれた。ポト
ポト……、二回目にエンジンがかかった。

　おー、かかった。よしよし。エンジンをかけたまま部屋に荷物を取りにい
く。タンニャさんのうしろについて前回タイヤ交換したオートバイ屋に向か
う。工場で見てもらうとエンジンの「部品」が「折れている」と話す。日本
から部品を取り寄せるのに「2、3日」かかるとも。まぁしょうがないモス
クワでよかったのかもしれない。中央アジアで起きたらお手上げになってい
たのかもしれない。

夜・モスクワ大学前でオートバイが集まったあと仲間同士でレストランで明け方ま
で過ごすモスクワの美女たち。右端がタンニャさん（2001年撮影）

　ホテルに戻りとりあえず2日間の泊まりの7/31・8/1予約を入れた。ホテルにこもりっきり。夜22時になったらタンニャさんに「タクシーでオートバイセンターに来い」と言われていた。20時頃タンニャさんからオートバイは土曜日に直るとの電話、くわしいことは8月1日11時頃話すとのこと。そして今夜の集まりは中止なったとのことも。このホテルに来てから廊下を歩いていると女性が「声を」かけて来た。

　そして部屋に電話もかかって着る。日本人とどうしてわかったのかな。「今晩どうですか」との誘いの言葉であろう。一時間100$＝12000円と電話口で話す。「オーノ50$」すると相手も「オーノー」と言って電話を切る。それからも毎晩電話がかかってくる。各階にいるカギを預かるおばさんが教えているのではないかと勘繰ってしまう。

舞台装置など奇抜なスケールの大きい設計はフランス人とか「モスクワオートバイセンター」の一部。まだまだこれから建築は続く（2001年撮影）

2003年8月1日　くもり　涼しい　くもり　涼しい　くもり　モスクワ

　11時頃タンニャさんから「電話する」と言われている。それまで近くのネット屋に行ってこよう。モスクワホテルの前地下の3階は24時間オープ

ン。1時間40P＝160円と安い。泊まっているロシアホテルは1時間360P
＝1440円。なんと9倍も高いのだ。ホテルに戻ってタンニャさんからの電
話を待つ。昼間はきのうマーケットで買って来ていたものでビールを飲む。
3時半頃タンニャさんから電話が来た。

「大阪のハーレ」が「バイクセンターに来ている」と……。あぁーM女史だな。
タクシーで来るようにと。ホテルに停まっているタクシーは高いからと別の
タクシー会社の電話番号を教えてもらっていた。フロントに頼んで電話して
もらった。25分ぐらい待ってタクシーが来た。バイクセンターについたの
は17時を過ぎていた320P＝1280円。やっぱりM女史だった。先ほど到
着したらしい。5月のキャンプで見たバイクと違っている。汚れたバイクを
見ると頑張ってシベリア横断してきたのがわかる。

これから中央部分も取り外して全部ばらして「ギアー交換」日本から「ギアー」を
取り寄せて修理しなければならないので時間がかかるなー

　別にオートバイのトラブルはないが点検してもらっている。登山用のでか
いバック、この他に小さなバックが二つ。バイカル湖で会ったスカイさんの

荷物もでかかったがこれでも平気なのだろうか。よくこの重さで走ってきたなーと感心する。M女史はオートバイセンターの人の車で泊まっているホテルに戻る。わたしはタクシーでホテルに戻ろうと待っているとタンニャさんがオートバイで来た。

　修理に出しているオートバイは全部ばらすので出来上がりは 8/4 か 8/5 になるかもと話す。タクシーが来たのでホテルに戻る、200P ＝ 800 円。ホテルでゆっくりしていたら M 女史から電話。今バイクセンターの人の家にいる。これからわたしのホテルに来ると言う。まもなくアンドレ君の車でホテルに来た。部屋から見えるとんがった高層ビルが泊まっているマンションだと話す。

　待ち合わせなので迎えに来るまでネットがある所を M さんに教えておこう。夜のクレムリンを散歩に出かける、が腹ぐあいがおかしい。二人でこれまでのこと話しながら歩いてきた。ショッピングセンターみたいな広い場所に来て「ガマン」できなくなった。トイレ、トイレは。「おー」「簡易トイレ」が並んでいるではないか。入り口におばさんが座っている有料だけれどそんな余裕がない。M さんごめん。

　簡易トイレに飛び込んだ。あー助かった。「あー」でもラッキーだったな簡易トイレがなかったらどうなっていたのか、おそらく漏らしていたに違いない。冷や汗ものだった。自分のオートバイを直していたと 12 時頃になってアンドレ君がホテルに迎えに来た。M さんは彼のマンションにいっしょに戻って行った。M さんはシベリア横断してきて地元の人の暖かさを感じて感謝していると話していた。

　シベリアを走って「旅行しにくい国」だとわたしは思っていたのでずいぶん感じ方も人によって違うものだなー。忘れ物したと M さんから電話が入った。部屋に忘れていた荷物をフロントまで下りて渡した。

2003 年 8 月 2 日土曜　はれ　はれ　モスクワ

　きょうホテルを変える予定だった。しかしタンニャさんから 10 時過ぎに「ビジネス」のため行けない」と電話が入った「OK」。ここを動くとタンニャさんに連絡が出来なくなってしまう。そのままホテルの予約をした。テレビが映らなくなったので部屋替えした。これで部屋替えは 4 回目、四角になっているホテルの部屋をすべて回ったことになる。今回はクレムリンが目の前に見える部屋になった。

　タンニャさんに部屋が変わったことを電話した。なんと 900 円もかかった。ホテルからの電話だとこんなにも高い。一円でも安くとスーパーに行き二日分の食料を買い込んだ。午後からなんにもないからクレムリンをスケッチした。

なにもすることがないのでホテルから目の前のクレムリンをスケッチした。ピカソもビックリ……？

2003 年 8 月 3 日日曜　はれ　はれ　モスクワ

　ずーっとホテルの部屋で昼もビール……ごろごろして晩めしもビール 21 時に終わる。さーあした オートバイは直っているのかどうか。ここまできた

ら一日二日伸びたところであせってもしょうがない、気持ちを入れ替えて覚悟してかかるしかないかとも思う。しかしなんと言ってもホテル一泊8000円（2000P）はもうふるえる金額だ。オートバイがあした直っていることを祈るばかりだ。

クレムリン・赤の広場は観光客でにぎわっている。しかし今回はロープが張ってあり赤の広場には入ることが出来なかった（2001年撮影）

いつ出発できるか不安の日々
2003年8月4日月曜　はれ　はれ　はれ　モスクワ

　さて、どうなることやらオートバイの修理きょう午前中に終わっているのかどうかタンニャさんからも電話なし。きょう迎えに来なかったら直接修理工場まで行こう。前回の領収書をたよりに行くしかない。それとも工場に電話してからにするか。領収書と地図をにらめっこ。今9時、9時半になったらタンニャさんに電話。オートバイのこと「オートバイサービス」に電話を入れてまた「14時頃コールする」と言って切る。

　いつになることやら14時になっても「コール」なし。領収書にあるオートサービスに電話してみたが英語を話せる人がいなくて、わたしの英語も単語を並べるだけではなかなか通じない。「5日になるか6日になるか」「ベイ

ビー」「わからない」とか言っている。ビッグバイクで大変なようすが少しはわかるような気がする。しかし「フィニッシュ」いつ終わるのかがわからない。

「カザフスタン、ビザ」「タイムリミット」を繰り返したのは「早くしてくれ」との意味だったのだ。「ツモーロー」あしたまた電話する。タンニャさんから電話が来た「あした 11 時」にホテルに「迎えに行く」とのこと。「OK」ありがとう。

　これまでロシア・ルーブル「× 4」で計算してきた。ここのホテの両替屋で計算してもらったら 1$120 円＝ 29 ルーブルと書いてくれた。するとこのホテル 2000 ルーブル＝ 6000 円でいいのかな。じゃこれから「× 3」で行こう。一日ホテル代 8000 円と思っていたが 6000 円だ。少しは救われたような感じになる。ついでにビール（中）の値段ホテル 120 円・道ばた売店 90 円・地下鉄入り口 66 円・スーパマーケット 80 円

泊まっているモスクワホテルの部屋。震えるほど高いので早く出たいがオートバイの修理が終わらない

2003 年 8 月 5 日火曜　はれ　はれ　一時雨　くもり　小雨　雨　モスクワ

　11 時にタンニャさんが来てくれることになっている。さて……オートバイはどうなっているのか。きょうのって帰れるのか。わたしの感じではエンジンをばらしたままそのままになって組み立てに入っていないのではないかと思う。はたしてどうか。11 時前一階のレセプションまで下りて待つ。30 分、40 分待つがタンニャさんは現れない。どうしたんだろう。部屋に戻り昼めしにする。

　することもないのでビールを買いに行くついでに 16 時頃からネットを打ちに行く。ここのネット屋は 70 ルーブル＝ 210 円と安いので助かっている。帰りに雨が降ってきた。オートバイの出来上がりが気になるところだ。オートバイサービス修理センターに電話を入れて見た。よく通じないが「フライデー・サタデー」金曜か土曜？！　おーどうしたんだろう。部品がないのかなー、仕方ない。

　タンニャさんに 2 度、3 度電話入れたが応答なし……。10F のレストランでスパゲティと豚のステーキを注文した。200 ルーブル＝ 600 円。笑っちゃうなー素人かいなこの料理おれでも出来るぞよ、これぐらい。

2003 年 8 月 6 日水曜　くもり　小雨　雨　モスクワ

　8 時前に起きた。きょうタンニャさんに連絡出来なかったら直接タクシーでオートバイサービスまで行って確かめてこようと思う。10 時半おばさんとタクシーの運転手。地図を見せながらオートバイサービスのアドレス見せると違うところに指をさす？おかしいなー。M8 号で有名な公園があるところなのになー。きれいな大きな噴水、まるい高いゴンドラ、男女のモニューメントを紙に書いて見せた。

「あーここだ、ここだ」とわたしの示した場所と一致した。「OK」「行って帰って」650P ＝約 2000 円。OK タクシーに乗る。30 分ぐらいでオートバイサービスについた。オートバイはどうなっているか。まだ「ばらした」ままだ。宙ぶらりんにオートバイが吊られている。いつ直る。フライデーかサタディ

と係の人が応える。牛をさばくのと同じ吊るしたままじゃ直んないよな。しょうがないか。

「マイ、カザフスタン・ビザ」切れる「ビザ・ビザ」「オーガスト・テンディ」「8月10日」で切れる。「早く、早く」「タイムリミット」「ハリーハリ」と日本語と英語で急がせるように話をしたつもりである。「フライデーテレホン」金曜日に電話を入れるからと伝えたつもりでタクシーでホテルに戻る。土曜にはメドがつくだろう。どうなっているのか自分で確かめたのでとりあえずホッとした。

　夕方部屋に電話がきた。「誰だろう」「ヘルプミー」「……？」「フイレイダー？」「レセプション？」「OK」とりあえず下に降りていく。小太りの男は「マツオサン」いったい誰だろう。お互いチンプンカンプンの英語で進んでゆく。タンニャから頼まれた。うん？タンニャさんのオートバイ仲間だとわかった。金曜日に行けないタンニャに頼まれて「代わってわたしが来た」と話す。アレキさんという方だった。

「OK・サンキュウ」8日に10時にホテルから部品を取りに行きそこからオートバイサービスに行ってくれると言う。部品はオートバイ屋で調達するのではないのか？タンニャに電話を入れてもらうと「OK」あした又電話を入れるからとタンニャさん。とりあえず8日10時にホテルを出ることにしてアレキさんとバイバイ。夕方ネットをうちに行く

2003年8月7日木曜　はれ　はれ　モスクワ

　きょうもなにもすることなし。午前中にペットボトルビール2250mℓ 60P＝180円を二本買う。トコヤに行きたいがここは高そうだ。そうだ自分で切ってやれ。ハサミでジョキ、ジョキ大胆に切った。だいたいうまく切れたように感じた。あーさっぱりした。明るいところで見るとかなり「トラ刈り」になってしまった。まぁいいか。茶髪の毛染めを買いに行く。地下鉄入り口売店で売っていた。

　夕方タンヤさんから21時にホテルにいくと電話が入った。20時前に食事をすませるがなんだか「風邪」気味であまり食欲がない、ビール半分でそれ以上は入っていかない。普通は軽くペットポトル2リッターを飲めるに……。9時にタンニャさんが来てくれた。あしたからオートバイの集まりでサンクトペトロブルグに向かう。みんなを引き連れていくらしい。

　いなくなるのでそのため代わりのアレックスさんに頼んだと伝えに来てくれた。10時過ぎに別れる。ロシア人形をプレゼントしてもらった。部品代100$払うが本当はもっと高かったに違いない。でも100$でいいとタンニャさんは言う。タンニャさんほんとうにありがとう。

2003年8月8日金曜　くもり　一時雨　くもり　肌寒い　モスクワ

　いよいよどうなるかきょうの日程。10時にアレックスさんが来てくれた。「アレキ」ではなく正式には「アレックス」さんだった。小雨も降ってきた。雨が降っているのでバイクではなくて地下鉄でオートバイ屋に行くことにする。わたしもその方が今度行く時都合がいい、それにきれいだと言われている地下鉄に乗って見たかったのだ。6つ目で降りた駅から10分ぐらいでオートバイ屋についた。

　もっときれいな地下鉄かと思ったがわたしには普通の地下鉄に写る。アレックスさんを交えて話、あした3時か4時遅くとも19時までにはオートバイの修理を終わらせるとのこと。二人でホテルに戻り夜中2時頃まで呑み、又あした3時か4時・頃オートバイ屋に行くからと帰った。ありがとうございました。頭は虎刈りのまま歩いたがおそらく誰も気づかなかった、こっちの人はジロジロ見ないのでいいぞ。

　それともすれ違ったあとで「くすくす」笑われているかもしれないな。ここに来てすっかり秋の気配を感じる気候になってきた。いままで朝から暑い陽ざしが続いて昼間は暑くて出かけるのがいやになるほどだ。涼しいだろうと思っていたモスクワでもこんなに暑いのかと驚く。最近までクレムリンの公園の中にある噴水の水や池では大勢の子供たちが歓声をあげて水遊びをし

ているのを見ているだけで涼しさを感じる。

　ここに来て朝はもちろん昼間も涼しさを感じるようになってきた。もう夏は終わりだろうか。もう一度暑い日が戻ってくるのだろうか。

よーやくオートバイ修理完了

2003 年 8 月 9 日土曜　くもり　雨　モスクワ

　ホテルを 2 時に出てオートバイ屋に向かう。さて、どうなっているだろうか不安である。地下鉄六つ目の駅で降りる。きのう来ていてよかった。3 時前にオートバイ屋についた。工場では修理完了寸前だった。ボックスを取り着けてテスト走行してもらう。テスト走行 OK だ。タンニャさんの友だち、きのうお世話になったアレックスさんも 4 時頃来てくれた。修理代はきのう600$ ＝ 7 万円ぐらいだろうと言われていた。

`'01 6 16`

オートバイで来ることはもう訪れることはないだろう。二度訪れたクレムリンをバックに記念写真（このあと 2 回立ちより 4 回に、2001 年撮影）

　全部で 256$ ＝約 3 万円だいぶサービスしてくれたようだ。いやーほんと助かった。（もしかしたらタンニャさんやアレックスさん達オートバイ仲間

が500$負担してくれていたのかもしれないなーあとあとになって気づく、そうだとしたら申し訳ない)オートバイを受け取りそのままホテルに向かう。あしたカザフスタンに向かうときのM5号をアレックスさんに教えてもらおう。

　ぐるーっとまわってM5に入った。どうなっているのだろうかこんなに回って??。アレックスさんが間違っていたらしくホテルに戻るときようやく道順がわかった。5、6分ででM5号に乗れそうだ。ホテルに戻ってネットを打ちに行く。もうすっかり秋の気配を感じる。ここ4、5日不安定な天気が続いている。あした「はれて」くれーい。

お世話になったモスクワよ！さようなら
2003年8月10日日曜　くもり18℃　はれ18℃　はれ18℃　モスクワ～カザフスタン

モスクワからカザフスタンに向かう道沿いの両サイドに煙をあげてお客を誘う焼き肉など食堂がずらーと並んでいた。もちろんビールもある

　タンニャさん、アレックスさんほんとお世話になりました。ありがとうご

ざいました。15 日間滞在したモスクワホテルを 7 時 15 分出発。日曜とあって車は少ない。郊外に出るとすぐに霧につつまれる。9 時過ぎまでスピードを落として走る。予定通りの走りである久しぶりで疲れた。前回走ったサマーラまで 250km 残して泊まることにする。いかがわしいホテルだが仕方がない。250P ＝ 750 円

シャワー、水もチョロチョロしか出ない。水だけでも困る。お湯だけ出てももっと困るんだ。交互に出して時間はかかる。音楽は朝まで流れていた。そう言えばモスクワではバックミラーが付いてない車が多かったなー。わたしは不安に感じたが「なれれば」平気なのだろうか。

2003 年 8 月 11 日月曜　18℃はれ　25℃はれ　39℃　はれ 30℃　モスクワ～カザフスタン

夜中 1 時半に目が覚めた。それからウツラウツラしていて目が覚めたら 5 時半。もういいや出発しようと 6 時に出発。きのうと同じで朝はすごい霧、だんだん登っていく山になってくる。先が見えないすごい霧になってきた。80 キロでサマーラ通過、ウファー通過。5、6 台並んで走っていたのを追い越した、そこへポリスが立っていた……停止命令。すぐには止まれない、わざと 100m ぐらい走りすぎて停まる。

待っていたがポリスは来ない。振り向きながらしばらく待っていた。来なければいいや、普通のスピードで走りだした。5k ぐらい走った所でバックミラーにパトカーが映った。来た、来た、道ばたに停めて待つ。「どうした」みたいな言葉、紙に追い越した理由を「図」で説明。一台づつ追い越していた。他の車は一気に追い抜いて走ったと話す。てっきり罰金かと覚悟したが「パスポート」を渡されて OK 罰金なし。

次の検問所でばっちりお金を取られるかもしれない。しばらく走った所に検問所チュックポイント。ドキドキしながら停められるかな。トレーラーのうしろに隠れるようにソロソロとついて行く……よし通過できそうだ。スーッと走りぬける。おー止められなくてよかった、よかった。カザフスタ

ン国境チェリャビンスクまであと 250km。ここらあたりに泊まろうとドライバーに聞くと本線から高台に上がったところにあると宿を教わる。

すぐにわかった見晴らしのいい感じのいい宿だ。トラックいっぱい分ぐらいの「石」を積み入れた「サウナ」小屋。これがロシアのサウナだろうか。宿代 160P = 480 円、サウナ 40P = 120 円、駐車代 20P = 60 円。トータルで 220P = 660 円。ビール 3 本、餃子のいとことスープ = 160P = 480 円。全部で 1100 円どこでもこのぐらいだとうれしくなる。ここまで来たのでウラル山脈を行ったり来たりしたことになった。

そう言えばモスクワに向かっていた時広大な麦畑は青々していたが今は黄金色に輝く麦畑になっている。もう刈り取ったあとの畑もある

中央アジア入り口　カザフスタン入国
2003 年 8 月 12 日火曜　はれ 20℃　はれ 20℃　　はれ 30℃　　はれ 30℃　モスクワ〜カザフスタン

7 時 03 分にスタート。チェリャビンスクに 12 時前についた。途中ベンジンスタンドでカザフスタンの入り口を聞く。ていねいに紙に書いてくれる。フンフンなるほど。ここは行き過ぎてしまったようだ。ここから少し戻るようだ。スタンドに来た地元のマイカーの人が「おれのあと」について来いと、ありがたいなんだかスタンドで聞いた道ではなく裏道を通り「近道」を走っていくようだ。本線 M5 号から M36 号に乗ったようだ。

カザフスタンに向かう本線まで誘導してもらった。助かったな。ありがとうございました。スタンドで書いてもらった地図ではこんなにすんなりこれなかったと思う。昼めし、昼寝して 14 時頃出発。道に停めて道下の草むらで昼寝していたら家族連れがオートバイを見に来ていた。「ハロー」いっしょに写真を獲った。15 時 08 分カザフスタン国境につく。入国する車が結構並んでいる。ロシア側出国 15 時 40 分終わる。

ロシアからカザフスタン国境「トロイツク」についた。手続きで順番待ちの家族連れ、なんともかわいい赤ちゃんありがとう……ね

　カザフスタンは何も書かなくてよかったが「特別室」に入れられて「サウナ」はどうか「ウッカ」はどうか……冗談みたいな話をして終わり。それからなんだかんだかかって結局入り口で360P＝1500円プラス760カザフスタン「通貨」を払った。入国できたのは17時30分になってしまった、さー手続き終了。いい道だ、と走り始めたら思ったら「突飛」みたいな「ドン」と飛び上がる「エーっ」どうなってんだろう。

オートバイ見たさにパトカー追跡

　用心して走ろう。さてカザフスタン「通貨」はいくらだろうか。国境を越えるといつも通貨計算だ。そのまま走っていたらパトカーが追いかけてくる。停まる。どうした？「パスポート」？違うようだパトカーから降りてオートバイをながめている。どこからか、わたしのオートバイを見つけて追いかけて来たようだ。ひとりづつ写真をとってバイバイ。ロシアに比べりゃ人なつっこいし愛きょうもあり許せる人たちだ。

カザフスタンに入ったとたんパトカーが追いかけて来た。「どうした」と停まったら
オートバイを見るために追いかけて来たようだ。パトカーとおまわりさん

どこまでも、どこまでも走っても、走っても広大な「麦畑だけ」が２０００キロ続
いた

カザフスタン麦畑 2000km 続く

　広大などこまでも麦畑が続くクスタナイのホテルまで 170 キロ、走った。ホテル代いくらだろう。2000T- いくらなのかわからない。食事＋ビール 3 本＋にわとりモモ焼き＝998T ＝？？？このホテルなんだかにぎやかで男女がいっぱいたむろしている。部屋をノックする人がいる。ドアを開けると「男と若い女性」がたっている。「女はどうだい」と言いたいような感じである。「ソーリ、ノーサンキュウ」

　ここは若い男女が集まっている。音楽もかかってにぎやかだと思っていたら女性を斡旋する宿だったんだ、あーそうだったのか。

2003 年 8 月 13 日水曜　くもり 20℃　くもり 30℃　小雨 33℃　パラパラ 30℃　くもり　カザフスタン

　汗が出てくる蒸し暑い夜だった。内陸なので暖ったかいのかな。目が覚めたら 7 時を過ぎている。まーきょうはあわてなくてもいいのだ、首都アスタナまで 800km に着けばいい。8 時にスタート。すぐ 36 号に乗った。トコトコ走る。ベンジンスタンドで「どこへ行く」「アスタナへ」この道は「クルガン」に向かう道だ。「エエー」「80 キロ」戻って「左に」曲がれ。ウァー……しょうがない、U ターン。

　普段 80 キロぐらいのスピードで走っているのに 100 キロを越えている。別に急がないが気が焦ってスピードが上がっているのだ。M36 号に入る手前で停まっていたらマイカーの人が横に着けてくれた。「アスタナ」「アスタナ」そこの道を左に」おれの「あとをついて来い」すぐに左に入る道 36 号だ。ありがとう手をあげて別れる。きのうまで車がひっきりなしに走っていた。

　カザフスタンに入ったら車、トラックもたまにしか会わない。やっぱりロシア M5 号線は幹線道路だったんだなー。家もそれなりにさびしくない程度に建っていてここでは距離を走らないと家がない。30 キロ、50 キロ、70 キロとずーーと「誰がこんなにパンを食べるんだ」と言いたくなるような麦畑ばかりが延々と。アメリカでもこんなに広大な麦畑を見たことはなかった。

　ベンジンスタンドの間隔も 30 ～ 50km ぐらいだろうか。調子に乗って走っていたらデコボコの避けられないくぼみが道路いっぱいになっていて「あーっ」「バカーン」ついにやってしまった。しばらくしてカラン、カランの音、なにかが落ちたな。U ターンして探してみるとシート下にある金属カバーがはずれて落ちていた。それと左のボックスを支える「取っ手」も折れてしまっている。カバーはテープで張り付けて応急処置。

　これで大丈夫。ボックスの取っ手はネジを外して持っていた金具をはめ込んで取っ手の代わりに付け替えた。おれも少しは手当てが出来るようになって来た。ロシアでは走っていると道ばたには一日 20 台以上車を停めてボンネットを上げたり、車の下にもぐって修理したり、タイヤ交換したりしていた。それを見るとロシアの人すべての人が自分で直せる修理工なのかと感心する。すごいことだと思う。

　しかし修理には強いかもしれないがお店での店員さんは「スマイル」「防止法」があるのでないかと思う程「笑顔」が少ないなーと思った。カザフスタンに入ったとたん人なつっこい人柄になんだかホッとして親近感も出て来た。ウラル山脈は「ヨーロッパとアジアを分ける山だ」と M5 号で食堂の人が話してくれたことを思いだす。なるほどな……笑顔のこれも影響するのかなー。それとはちょっとちがうじゃないのか……

気持ちが安らぐカザフスタン
2003 年 8 月 14 日木曜　くもり 20℃　くもり 20℃ 32℃蒸し暑い　32℃　30℃ カザフスタン

　首都アスタナの手前で泊まる。蒸し暑いのでなぜか眠つけない……トイレ……下痢気味で真夜中に 2、3 回起きる。最後は 2 時 50 分。いつのまにか朝に……まだ早いだろう。起きてトイレに行くと 8 時 04 分もうこんな時間なのか。トイレは屋外の小屋。ずーっと昔わたしの佐賀・嬉野吉田の実家のトイレと同じ板をくりぬいただけの便所だった。おれたちは便所のことを「セッチン」と言っていた、フランス語なのかな（笑）。

　昨夜のホテル代 1400T テンゲはどうなっているのかな。わたしは 800 紙幣とコイン全部を渡しただけで、そのあと請求はこなかった。あれで OK だったんだろうか。この宿はサウナがあった。誰もいないと思って下着を洗ってからサウナに入ろうとしたら女性がサウナから顔だけ出して「オー」。「キューズミー」あわてて洗ったばかりのパンツをはいて外に出る。入り口から中まですべてオープンになっているのだった。

　支度してベンジンスタンドの倉庫に入れてもらっていたオートバイを出す。8 時 50 分に出発。道路はきのうに比べりゃずーっといい道。デコボコがまずないから安心して走れる。首都アスタナに 13 時に着く。さすが高層ビルばかりが建ち並んでいる。ホテルを探そう、アウディの車の人がホテルまで引っ張ってもらった。すみませんでした。一軒目は満杯でダメ。その一軒目のホテルの階段で地元の人に出会った。

カザフスタン・ホームスティ

　同じ顔していたので「オオ」とあいさつする。立ち止まって「マイジャパン」するとその男は「パパ、ママ、コウリャン」と言った。入ったホテルで断られてオートバイに戻る。さっきの男も立っている。エンジンをかけよう、、「あれーっ」「カギ」がない。ポケットを探すがない。これまでほとんどつけっぱなしにしているカギ。しばらくしてその男は「手に隠し持っていた」「カギ」を差し出した。こいつ金欲しさに抜いていたのか。

　抜きとられたのは今までで初めてだ。抜き取る勇気というかその気持ちがわからない。断られたホテルで紹介してもらったホテルに向かう。そのホテル「アダム」もダメ。しょうがない「コンチネンタル・ホテル」に行ってみた。なんと 260$ ＝ 3 万円……ぎょっー！まいった、これじゃ泊まれない。フロントの女性があっちこっち電話を入れてくれている。ホテルのドアーボーイさんが来て「うちに泊まれ」と言う。

　そしてレセプションの女性もすすめる。「いくらで」「30$ ＝ 3600 円で「OK」16 時にここに来るように言われる。ボーイさんの仕事が 16 時で終わるらし

い。まだ1時間半ある、レジストレーチャー（所在証明書）を取りに警察署まで行く。30分かかってスタンプOKになった。3000TCテンゲ＝2700円もとられる。エー仕方ないのかな。すべて吐き出したので金なしになった。となりの銀行で150$ドルを両替。

　カザフスタン「通貨」の計算がようやくわかった。×9とすればいいようだ。100テンゲ＝90円と計算しやすくていいぞ。コンチネンタルホテルに戻り約束の16時に間に合わせる。わたしはオートバイでボーイさんはタクシーで自宅に向うのでうしろにつけていく。駐車場はアパートから離れたところにあるのでそのままタクシーで誘導してもらった。5階建てのアパートがボーイさんの自宅。

3万円は高すぎるコンチネンタルホテルにギョーッ。ボーイさん「うちに泊まれ」と。首都アスタナ

　階段入口には地元の人がイスに座って談笑している。「こんにちは」あいさつして上がっていく。3階のアパートには奥さんと赤ちゃんの3人家族。シャワーを浴びて17：00になった。はじめて泊まるアパートだ。これまでアパートはどうなってんだろうかとずーっと眺めながら走ってきた。ついに

中に入ることができた、台所3畳、リビング10畳ぐらい、あと6畳、3畳
ぐらいの部屋。があまり広いとは言えない。ここでも水回りが悪いようだな。
主人はビールを買いに行ってくれた。

　ビールを買って来たあと赤ちゃんを保育園かどこかに迎えに行って帰って
きた。2歳の赤ちゃん。すぐに夕食の買い出しに一家で出かけた。30分ぐ
らいで戻ってくると言ったがなかなか戻ってこない。ここカザフスタンに
入ってからなんとなくなごやかで気持ちもゆったりさせてくれる。街を走っ
ていると「どこから来たんだ」と次から次と話しかけてくる。聞かれても素
直になれる雰囲気でもある。

ホテルのボーイさんの自宅はアパートだった。いとこか、親戚かきれいな若い女性
も二人来てくれた

　それにしても腹へったー。早く喰い物食べたいな、その前にビールをと催
促してしまう。つまみはせんべいを揚げたようなものから「どどん、どどん」
と大きな皿が並ぶ。中華料理に近いものだ。うまい、うまい。しばらくして
盛装した若い女性二人が入ってきた。うん、いとこかな。きれいな衣装は地
元の伝統的なものだろうか。若い女性二人と奥さんも日本人の顔に近いなと

思う。いや日本人女性が似てるのか。

　さっそく写真を撮らせてもらった。ロシア語と日本語でもどうにか通じるもんだな。ごちそうさまでした。もうだめです……おやすみなさい。

2003 年 8 月 15 日金曜　はれ 20℃　25℃はれ　30℃　32℃　アスタナ～アルマティ

　お世話になったサーさんの自宅。8 時にサーさんの友人が迎えに来てくれた。駐車場までオートバイを取りに乗っけてもらう。アスタナ市内を S さんの友だちは案内してもらった。東京タワーみたいな鉄塔なども出来つつあった。うん、ロシアから別れて自分たちで国を造り上げる意気込みみたいな活気を感じる。友人はベンツに乗って来ていた。

　これから進むカラカンダ～アルマティ方面の入り口まで引っ張って「ここから真っすぐ」一本道だから「右も左もなし」と教えてくれる。奥さんも赤ちゃんを保育園に送っていったあと仕事に行く途中なのかいっしょに送ってくれた。ご主人は朝 7 時からホテルの仕事だと夕べ話していたので目ざまし時計をかけて早朝出かけた。一路アルマティに向かって走る。新しい道を造っているのだろうか。

首都アスタナからカラガンダ・アルマティに向かう

　話しに聞いていたガタガタ道、くねっている道に入る。イヤイヤ聞いていた以上の悪路だ。小さい上り下り、あれーっ道がない？道はどっちだ。走った足跡を見つけて走る。泥道もある、ある、転ばないように必死。20～30kmで走らざるをえない。大型トラックも四苦八苦「歩く速さ」超スロースロー。それでも土ぼこりがすごい、しばらく停まってほこりがおさまるのを待つ。転ばないように慎重に慎重に走る。

　シベリア道路も顔負けだ。悪路を抜けだした、3時間半かかっている。暑いのと息を留めて走ってきたので汗びっしょり。ひぁーひと休み。いい道になった、なんだか天国の道に感じる。車も少ない。120キロのスピードでも平気、平気である。ベンジンスタンドで給油、ついでにここでオイル交換もしてもらおう。その間に近くの食堂で昼飯をすませた。調子よく走る走る。麦畑ばっかりの中を気持ちよく走ってきた。

　しかしベンジンスタンドがでてこない。リザーブに切り替えた。リザーブにして75kmぐらいしか走れない。90～100kmにスピードを落とす。ガス欠になったらどうしよう……とせっぱ詰まった気持ちは不安で不安でたまらない。予備のタンクからベンジンを入れているワゴン車が停まっている。おがむ気持ちで「少し分けてもらえませんかねー」すると「ネーネー」。「冷たいなー」と思っても口には出せない。

　「こまったなー」相手はベンジンがなければ不安なのだと言う顔を感じた。あと50km走ればベンジン・スタンドがあると教えてくれた。どうにか持ちそうだが……心配で心配で仕方がない。さらにスピードを落として走る。あったー40km走った所にスタンドがあった、あった。あーよかった。気持ちも落ちついた。ホテルは10km先と160km先にあるとスタンドにいた人達が教えてくれた。10km先のホテルに泊まろう。

　なんだろう煙みたいなガスがかかった霧みたいな白いものがおおってきた。突然麦畑の中にレンガ造りのホテルらしい建物。ホテル500T＋シャワー200T＝700テンゲ＝全部で630円。ホテルの人たちも人なつっこい。自分

で「描いた」「うし、にわとり、ひつじ、きゅうり、たまねぎ」などの「マツオ・メニュー」を手帳にいつも挟んでいる。その絵を見せて「コケコッコー」「メヘヘーン」の鳴き声だけでおしまい。

　ビール、にわとり、トマトを注文。さっきの白い煙は近くのコンビナートの煙突から出ていると教えてくれた。かなりの煙・強烈な刺激臭もしていたな。

カザフスタンの道は工事中を除いて走りやすくきれいな道だった

バルハシ湖～アルマティ
2003 年 8 月 16 日土曜　はれ 22℃　はれ 30℃　はれ暑い　40℃暑い　アスタナ～アルマティ

　あったかい太陽の陽うけて 7 時 20 分スタート。素晴らしい道路がきょうも続く。100 ～ 120km で飛ばす。これだと 650km のアルマティには 2 時か 3 時には着きそうだと計算。麦畑から水色、若草色の湖が見えて来た……。これがバルハシ湖なんだー。湖に沿ってう回するような道路を走る。

　バルハシ湖を回りきった場所では地元の人たちが車を洗っている。そばで

は子供たちが水遊びをしている。オートバイを停めて湖畔でひと休み。昼過ぎに 30℃ を越えた。暑い、暑い、そして 3 時過ぎにはついに 40℃ を温度計がさした。お昼は家族でやっていた食堂、おやじさんが作っていた「うどん」より太めの麺を喰った。麦がいっぱい獲れるのでパンのほかに麺を造っているのだろうか。うまかった。

とにかく暑かった。オートバイを囲んで地元の人たちと記念写真。バルハシ湖畔

　もしかして中国から来た料理かもしれないと思った。ベンジンスタンドでも木陰で休んだ。これまで平原みたいで木陰などなかったので 15 分ぐらい休んだあと出発。アルマティに 17 時に着いた。その前 100 キロぐらい手前から「雲が浮かんで」いる。よく見ると雪の山が横一列に空の中にぽっかり浮かんでいる、あー山だった。これ以上東には進めないと両手を広げて立ちはだかっているように見える。

　でっかい高い山、あとから、これは天山山脈であることを地図で知る。アルマティ市内に入るとき本線は工事中で迂回道路になって複雑な道路だった。慎重に走って市内に着く。市内入り口のベンジンスタンドで給油。ホテルを聞くと「ほら、あそこ」と反対側を指さした。一旦セントラルまで走っ

てホテルを探したが高そうだったのでさっきのホテルまで引き返して泊まることにした。

1200 はトイレ、シャワー共同だったので 1700 テンゲ＝ 1530 円の部屋に決めた。

空に浮ぶ天山山脈
2003. 8. 16 アルマティ

アルマティ市内に着く１００キロ手前で見た。はるか遠くに空の上・天にぽっかり浮かんで見えた雪をかぶった天山山脈

2003 年 8 月 17 日日曜　はれ　はれ　暑い　暑い　39℃　アルマティ

朝から強い日差しが窓から入る。きょうも暑い日か。朝から外には出たくない気持ちにさせる太陽の日差し。でも久しぶりに朝からゆっくり出来る。きょうは走らなくていいのだ。とうとう来たんだなー。地図でも想像すらできなかった場所の国。中央アジアの入り口だ。となりの国はキルギス、ウズベキスタン、タジキスタン。道路事情はどうなのかな。不安も又生まれて来た。

きょうは日曜日あすウズベキスタン大使館に行って「ビザ」をとらなければならない。「ビザ」についてホテルの人に聞いてもなんだかちんぷんかん

ぷん。午後ホテルの料理担当の女性をオートバイに乗せて 1km ぐらいのところにあるバザー（市場）に行き牛、魚、にわとり、きゅうり、トマト、たまねぎなどたっぷり買ってくる。これらをホテルの冷蔵庫に入れてもらった。全部で 2000 円ぐらいだった。

　これらの材料を使って料理担当者が毎日作ってくれると言う。持ち込みの材料をレストランで使ってもらうのは初めてだ。ほんとうに大丈夫かいな。まぁいいや。信用してまかせておこう。いつも持っている「マツオ・メニューメモ」を見せて今晩は「牛ステーキ」「にわとり」「サラダ」を注文した。食べながら「いくら」とられるかな……。手間賃 270 円で OK だった。天山山脈は昼間見ることが出来なかった。

　きょうも暑いオートバイのグリップがぐにゃぐにゃになりそう、エジプトで味わったちくちく刺すようなあの暑さ並みだ。夜半にザーッと雨が来た。レストランでは大きなミュウジックの音は部屋まで響き渡る。あした出発ではないから別にかまわないが……夜中 1 時過ぎに静かになった。二階ではレセプションの女性たちが日本の大きな「碁盤」ににたものを前にカチカチと鳴らして遊んでいた。

2003 年 8 月 18 日月曜　くもり　一時雨　うすぐもり　ずーと涼しくなった　くもり　アルマティ

　8 時 40 分ホテルを出ようとすると「ちょっと待て」とレセプションの人。ウズベキスタン大使館へ「ビザ」を取りに行くのに「二人がついて」行ってくれるという……。どうなることやら、まぁまかせておくことにしよう。ザーッと雨が夕立並みに降ってすぐにやんだ。今 9 時 40 分……になっても戻ってこない……どうなっているのだろうか。

　彼女はもう少し待って……。10 時半もうダメだ、エンバシーが閉まってしまう。タクシーを呼んでくれ。ようやくタクシーが来た。3000 テンゲ＝2700 円という。大使館に 11 時 30 に着いた。大使館は 12 時 30 までらしい。すでに 10 人ぐらい並んで待っている。大丈夫かいな。ひとりづつ扉を開け

て入りそして出てくる。ようやく 12 時 10 分に入れた

申請用紙に名前とパスポートナンバーは書ける。Dousiteiika
Wakarimasen Dousitemo Wakarimasen Sumimasen Yorosiku Onegaisimasu
と書きこんで係官に渡した。係官は「どうしていいかわかりません」「よろ
しくおねがいします」と口に出して読みながら……「ツーリスト」「ワイフ」
などと書き直してくれている。よし大丈夫だ。手続きは意外と早く終わった。

2003 年 8 月 21 日 9 時 30 分以降「ビザ」は出来上がるとのこと。申請日
含めて 4 日目の朝出来受け取ることが出来そうだ。料金 10$ = 1200 円。先
ほどのアメリカ人は 150$ = 1 万 8 千円と言っていたので、おーラッキー。
そう言えばわたしの前にいたフランス人はムーっとして帰っていった。タク
シーを待たせていたのでホテルに戻る。2 時間かかった。タクシー代トータ
ル 10000 テンゲ = 9000 円そんなにするのか。

タクシーはひとまず返して……帰る時また拾えばいいのだが、はじめて
だったのでどこで拾うのかもわからず心配だったのでそのまま待ってもらっ
ていた。

小さい事件になった

「ずーっと待って」いたからと……ぼられたのかな。まぁきょうの仕事は終
わったことだし、まーいいか「ビザ」代と思えば……。ホテルに戻ってレセ
プションの女性にタクシー代 10000 円とられたと話した。すぐにタクシー
会社に電話をしてくれたらしい。「ガーガー」手招きして話ししてくれる。
あしたタクシーの会社の人がホテルまで来るらしい。
　（19 日 18 時〜 19 時タクシー会社の人が来ることになっていたが 20 日 19
時になったらしい。結局わたしがキルギスに向かうまでタクシー代は戻って
こなかった）

2003 年 8 月 19 日火曜　はれ　はれ　暑さもうすれる　アルマティ
　ラフメー「ありがとう」　ハロー「サーレン」　ドスドスラ「友達」9 時過

ぎにオートバイを出してきのう行って来たウズベキスタン・大使館を確かめ
てこようと出発した。一回目左に曲がるのを間違った。戻った所から入り直
して左に入るがまた一つ手前で曲がったらしい。かなりの渋滞になっている。
戻りたいが戻れない、そのまま右にそしてまた右に、うん？ここは通ったこ
とがある、ウズベキスタン大使館に向かう道に出た。

「ホテル777」パチンコ屋みたいなホテル。泊まっているホテルのゆかいなスタッフ
といっしょに

　行けども行けども旧い「宮殿」みたいな目印にしている建物が出てこない。
間違ったのかな。さらに走ると宮殿が出て来た、道路の真ん中に見えて来た。
よし、その手前で右に入りウズベキスタン大使館に着いた。帰り道にネット
屋を探す。オートバイを停めたところからすぐ近くにあった。しかし一軒目
は画面が出てこない、そのお店で別のネット屋を聞くと大きな円型のビルの
中に40台はあるネット屋。

　画面は出る、しかしイングリッシュ「OK」と言ってたけどダメ、係の人
に操作してもらったがダメだった、あーあ、しょうがない、あきらめてホテ
ルに戻った。帰りはスムーズに帰ることが出来た。これで21日の「ビザ」

受け取りに行く時は大丈夫だろう。ホテルで食事していると「ジャパン」と言って部屋に迎えに来た。ホテルの一階が事務所そこに行くと事務をしているお母さんがいた、日本語を勉強している娘さんも

「きのうは大変でしたね」「タクシー代すみませんでしたね」いやいや「あなたがあやまることではないですよ」「でもわたしはカザフスタンの人間だから」と娘さんのはっきりした日本語通訳で会話が出来た。

2003 年 8 月 20 日水曜　はれ　はれ　暑さもおだやかになった　アルマティ
　朝 9 時過ぎに再びウズベキスタン大使館を確かめに走ってみた。今度はスムーズについた。帰りに前回出来なかったネット屋に寄ってみた。イングリッシュ「OK」？「OK・OK」とスタッフ。約 1 時間半ぐらい打ってホテルに戻る。夕方テレビの取材があるからと昼飯のときに聞いていた。

　それなりの準備をして昼寝。18 時頃テレビ局の人が来た。オートバイでホテル前を走り道路に出て走ったりしたあとホテルでインタビューをうける。
　①ホテル代を法外にとられたことについての質問
　②いままでオートバイの旅、期間、訪問した国は何カ国かとか
　③カザフスタンの印象についてなど
　通訳はここの事務をしている娘さん大学 5 年生。二時間ぐらいかかった。NTKTV 局で放映されるのは 8 月 21 日 18：30 〜 20：30 のあいだらしい。わたしは出発するので見ることはできなかった。

遠い国だと思っていたキルギス入国
2003 年 8 月 21 日木曜　はれ 20℃　はれ 30℃　アルマティ〜キルギス
　朝ホテルを 8 時に出てウズベキスタン大使館へ「ビザ」取りに出かける。8 時 40 分到着。すでに待っている人が 3 人並んでいる。そのうちアメリカ人は申請の時会った夫婦、2 年間世界を回っていると話していた。ビザは 10 時 10 分受け取った。ホテルに寄って「お世話になりました」「さようなら」「バイバイ」とあいさつして別れる。一路キルギスへ。なんとなくちょっと不安だ。

にぎやかではあるがなんとなく奥ゆかしい感じを受けたアルマティの人たち

「プリャマー・プリャマー」と言うけれど……。きのう 300km と聞いていたが標識には 220km と出て来た。作物は作れないような高原みたいな左には低い山があるだけの風景はこれまでのカザフスタンとは違ってきた。途中うどんを喰って走る。やっぱり初めてのみちは不安だ。国境に着いたようだ、15 時。ホッとする。カザフスタンの出国手続き 10 分でおしまい。大事な書類？も渡さずに OK。

　ついに来たキルギス。アーチ型になっているイミグレ。キルギスここはノー「ビザ」で OK だけれど、すぐに通れるのかと思ったら「なにか」種類が必要とかで階下の狭い部屋に連れていかれた。前の人の書類を 20 分ぐらいゆっくり数えている。記入する用紙は持っている。用紙を見ながら真似して書き込んだ。ちょっとせかせて「OK」かと思いきや若い係官が「ちょっ・ちょっと」食堂みたいな場所に連れて行く。

キルギス国境

　そこには年配がいた。まぁ職場の先輩と言ったところか。その年配が「酒臭い」。まぁまぁと寝室へ・うん？ワイロ要求か。酒の匂いをぷんぷんさせながら「ろれつ」の回らない言葉で何か言っている。「こんなところ」で「話は出来ない」二階のオフィスで話をしようと怒って外に出た。先ほど書類を作ってくれた二階に上がって若い係官に「下のやつは酒臭いぞ」日本語でしゃべる。

　それに「バイクのがどうの」とか「おれに文句」を言っていると告げる。あと「何が必要」なんだ。時間ばかりかかって「許さんぞー」と日本語でまくしたてる。しばらくして真面目そうな係官が来て「年配」が「アルコール飲んでいたこと」「キューズミー」みたいなことを言って謝った。これからは頼りになる若い人に任せていた方がこの国はいいなと思いながら気分はむしゃくしゃしながら入国した。

　すぐの小さい自動車修理工場前で停まって記念写真を撮らせてもらった。いつものように首都ビシュケク・セントロまで走る。あまり高層ビルはない。

人通りも少ないがなんとなくここらあたりだろうと停まって「ホテルを聞い」た。200m 先に「ホテル」はあると教えてもらった。受付の人は一泊 10$ ＝ 1200 円。シャワーは水だけ、まぁいや静かな場所だし泊まることにした。

キルギスに入国したばかり地元の人たち

　夕食をすませて近くを散歩 8 時なのだけれどまだ太陽はある。中央広場はロシア・ソビエト時代の白い建物、クレーン車が二台停まっている。もしかしたらレーニン像を取りはらったあとなのかもしれない。それともテレビで倒したのを見たのはここのビシュケクのものだったのだろうか。その広場で写真を売っているおみやげ売店で見るとやっぱりレーニン像が建っていたのだ。

　今はなきレーニン像、複雑な気持ちでいるキルギスの人もいるのではないだろうか。わたしも同じ思いである。人間は「働けば働くほど豊かになる」たったこれだけの教育「モラル」が行き渡らないままソビエトは沈んだのではないかと。レーニンの考えそのものは間違ってはいなかったとわたしは今でも思う。

レーニン像が消えた日。キルギスに着いた日クレーン車で撤去していた

再び永原さんと夫婦とホテルでばったり
2003 年 8 月 22 日金曜 はれ 久しぶりの青空　はれ さわやかな空気　はれ キルギス

　朝 8 時過ぎに日記を書いていると「トン・トン」ノックする音。ドアの外から「おはよう」の声・うん？日本語。「なーんだ永原さん夫婦」どうしたの？。同じホテルに泊まっていたのだ。夕べこのホテルに着いたら偶然にも「マツオさん」のオートバイがあったと話す。9時頃まで永原さん夫婦としゃべった。

「帰ってきたら……又と」永原さん夫婦はウズベキスタンの「ビザ」を取りに出て行った。ようやく 4 時頃帰ってきた。ビザ申請にこれまで 1 回目、2 回目とも通訳を連れてこいとか「意地悪」なことを言われて申請してから 9 日間も待たされていた。きょうはみどりさんが切れて「ふざけるじゃない」と開き直って、ようやく今日「1 カ月」の「ビザ」がとれたと話す。まずはめでたし、めでたし。

永原さんは朝9時過ぎに行ってすぐに「ビザ」発給と思っていたら午後3時に来いと言われて最後は開き直って結局今になってしまったと話す。わたしはアルマティですんなり「ビザ」は気持ちよく取れたのに同じ国の大使館でも場所に寄って違うものなんだな。永原さん夫婦は待たされている間山奥の温泉に行っていた。ということはわたしがこのホテルに来る前から泊まっていたのだった。

このホテルに着いたとたん「アーマツオさん」とオートバイのカバーを見てわかったと話した。ウォカーを飲んで早めに寝ていたのでその夜は起こさずに次の朝にしたらしい。夜7時頃から11時頃まで今までのことこれからのことを思いっきり日本語でしゃべりまくった。永原さんが買ってきたでかいメロンはうまかった。永原さん夫婦はあした出発することになっている。

朝ネットをやりに行ったり、両替に行ったり来たりして一日が終わった。

2003年8月23日土曜　青空はれ　はれ　はれ　はれ　キルギス

朝8時前に近くの中央広場写真を撮りに行った。レーニン像は壊したのではなく大道りの正面から目立たない裏庭に移し替えたとのことだった。裏に横たわっているレーニン像はシートをかぶせられていた。そこにいるのは工事の人だ「マネーマネーー」指で丸を作っている。この国はお金ほしさに移動したのだろうか。移動するお金を出したのはどこの国だろうか。「条件付き」でお金を出したのだろう。

だいたいのその国は予測はつく。しかしなぜだろう、あとで後悔すると思うよキルギスは。まぁ、壊したのではなく移動したのだから地元の気になる人たちも許せる範囲なのかなと思う。

　キルギスの物価 100 ソ（ソム）＝ 300 円
　ビール（中）20 〜 30 ソ＝ 60 円〜 90 円
　ホテル 400 ソ＝ 1200 円
　うどん 50 ソ＝ 150 円

　永原さんの出発を部屋で待っている。10 時になっても出発の気配なし。そのうちきのう市内で会ったスイス・ライダーのカップルもこのホテルに泊まっていて廊下でばったり。永原さん夫婦に紹介した。すると永原さんの知っている「ふみえ」「けんじ」さん達のことも知っていた……話は長がーくなっていく。結局写真を撮ったりしていたらあした 24 日に出発すると永原さん。

　メロンを喰いすぎて腹が痛くて吐いたとか気分も良くないようだ。午後からネットを打ちに行く 13 : 30 分から 16 時ごろまで 60 ソ＝ 780 円ぐらいか。自宅にも電話を入れた 40 ソ＝ 120 円うん、ここは電話が安いな。夕方スイス人ライダーと夕食の約束をしている。ぴったり 19 時ホテル前のレストランに入りしゃべる。スイスの人はオートバイで旅していたが今は自転車に代えて旅を続けていると話していた。

　永原さんの部屋に戻ってパソコンを見ながら 11 時に解散。いっしょにこれから先「連れて行って」と頼んだ。あしたから永原さん夫婦とウズベキスタン向かうことになった。

スイス人夫婦と永原さん夫婦キルギス・首都ビシュケクのホテル前

2003 年 8 月 24 日日曜　はれ 20℃　はれ 20℃　キルギス～ウズベキスタン

　10 時に永原夫婦とビシュケクのホテルを出発。初めて 3 人でのツーリングになる。先頭永原さん、みどりさん、松尾の順で走り始める。60 キロぐらいして左に入る。GPS 持参の永原さん…ぴったりの距離だ。すごいもんだ。心強いツーリングに気持ちもリラックス。100km ぐらいしか走ってないが用心のためベンジン給油をとスタンドに寄るがベンジンはここにはないと言う。

　「エエー」2 キロ戻って給油した。結果的にそこから 200 キロスタンドがなかったので戻って給油して正解だった。雪が残っている大きな山に向かっている道はときどきダートの道が出てくる程度。山頂からの眺めがすばらしい、気にいった高原の景色に出会った。山を越えて下りきった所で昼飯。コンテナみたいな小屋で食堂をやっている。しばし休憩、気持ちがいいな。

走っているうちに、とうとう山頂に出てこれから進むすばらしい高原の眺め、キルギス

　すがすがしい高原を走る、しかし日差しが強い。車はあまり見かけない。三人で走っているのでお互いに写真を撮ったり撮られたり、走っている姿の

写真など一人ではまず出来ない記念の写真を撮ってもらった。再び山道に入った寒さを感じて来る。もっと寒くなるだろうと思って服を重ね着したが走っているうちにだんだん暑くなってきた。ベンジン・スタンドで脱いだ。あー暑かったー。

　白い岩山が出て来た、手前には菜の花みたいな花も咲いている。ギザギザになったのこぎりみたいなめずらしい幻想的な岩山。そろそろ5時になるあと100キロ先の町をめざす。湖の前方には真っ黒な雨雲が横たわっている。今にもやられそうな雨雲。そのまま走っていると湖をぐるっと回って道は大きく右に旋回して雨にはあわなくてすんだ。

「マツオさんって」「雨雲」さえ「割ってしまう」んだと永原さんは冗談を飛ばす。山間地帯の湖は日本では見たことのない水色の色？違う、空色？、違うな。日本では見ない湖の色。「トコトブル」の町に着いた。小さい町だ、学校みたいな誰も泊まっていないような一軒目のホテル？を下見していたら民宿をやっているという40歳ぐらいの男が3人で10$＝1200円と言ってきていると永原さん。

　そこについて行くと宿は自宅から2、3分歩いたところの離れたアパートの4階に下見に歩いた。永原さんは荷物を4階まで上げるのが大変だから次を見つけようと言いだした。「じゃ弘ちゃん自分で見つけてよ」とみどりさんは怒り気味。そうこうしているうちに「実家」でもいいと言ってくれる。三人とも疲れて動く気配なし。ここに泊まることになった。平屋の家に荷物を運んで夕食になる。

　両親、兄弟、親戚など7、8人集まってきた。なごやかな家族で親しく感じて安心できる。晩飯は外の小さい庭にテーブルで。途中で買ったビール、マカロニ、まんじゅうとか買って来ていたが家の人が手作りの料理など出してくれた。トマトやスイカも。これまで10時過ぎても明るかったのにここに来て少しづつ早くなって8時半ぐらいで暗くなってきた。疲れている11時に床に着く。

泊めてもらった民家の家族たちと永原さん夫婦

わたしは見たことのない湖の色だった

2003 年 8 月 25 日月曜　はれ　はれ　はれ　キルギス〜ウズベキスタン

　ボックスがだんだん下がってきてボルトが抜け落ちてしまっている。ここのご主人と直しに出かけた。そこには地元の人たち 10 人ぐらい集まってワイワイいいながら 30 分ぐらいで直してくれた。20 ソ＝ 60 円でいいという。ありがたい。民宿に戻るが永原さん達もう少し時間がかかりそう。マフラーのワッカを直しに再び出かけた。ついたところは先と違った個人の修理場

　すぐに終わるかと思ったが 12 時ごろに……。心配して宿のご主人が迎えに来た。修理料金 500 ソ、いや半分だ。民宿に戻り 250 ソ＝ 750 円払う。民宿のおばさん達は修理代 100 ソ＝ 50 円で「充分だ」とぶつぶつ言ってるのを聞いて……どこにでもごまかす人がいるもんだなーと苦笑。家族全員の写真を撮ったりして 12 時 15 分。きょうは国境まで 90km 気楽に走り始める。

道路の右側はウズベキスタン、左はキルギスの国境沿いを走る

　国境手前で昼飯、涼しそうな食堂に入った。食事を終えて外に出たら地元の人たちがオートバイを囲んでいる。みなさんといっしょに写真を撮る。国境の入り口らしいところに気づいて U ターンした。キルギスとウズベキスタン国境だった。コンテナが事務所になっている。まずキルギス側すぐに OK。しばらく 1 キロぐらい走ってウズベキスタンのゲートが出て来た。

　閉まっている。国境係官「ネーネー（ノーノー）」ここじゃない「100 キロ」先の国境「オス och」に回れと。エエーッ。仕方ない 3 人で引き返す。でも面白い地域である。まわりは畑ばかりであるが道路の右側はウズベキスタンの畑、左はキルギスの畑国境沿いを走っていることになる。めずらしい道路だこと。しばらく走っていると、ここも国境か？　行き止りである。しかしここもウズベキスタンはダメと話す。

　地元の人たちの「出入りは自由」で外国人はダメなのかもしれない。わっと地元の子供たちなど集まってにぎやか、オートバイをぐるっと囲んでしまう。時間が経ってしまった。90km 先国境と思って走ってきたがとんだ計算違いになってしまった。回りを見ると日が暮れそうだ。7 時を過ぎている。

近くの町に泊まるホテルを探そうと 3 人で相談。ちょっと戻ったガススタンドで給油。

　給油に来ていた人に頼んでホテルまで連れて行ってもらった。早くホテルが見つかってよかった。永原さん夫婦 280 ソ＝ 900 円ぐらい。マツオ 166 ソ＝ 500 円ぐらい。シャワーを浴びて食堂で 9 時から 11 時まで夕食。わたしはここの複雑な国境地帯、ジグソーパズルのように入り込んでややこしいここの国境地帯が気にいった。わたしだけあと一泊することにした。

ここはキルギス側国境事務所。1 キロ先がウズベキスタン国境だったがそこでは入国できなくてUターン。どうしてかわからない

ジグソーパズルのような国境地帯に魅力
2003 年 8 月 26 日火曜　はれ　あつい 35℃　はれ キルギス〜ウズベキスタン
　ややこし国境地帯がおもしろそうなので急きょあと一泊しようと気が変わった。永原さん夫婦は 9 時 30 分にホテルを出るその「出発の写真」を撮った。こういう時はグループで走る時のいい記念写真にもなる。よく撮れればの話。ゆっくりと町の中を散歩。郵便局を探して切手を買おう。おばあちゃんと孫だろうか道ばたの出店で出会った。むかしわたしの実家の「おんぼしゃ

ん」（おばあさん）と重なるなー。

切手とハガキを買った郵便局（上）の前にはおばぁちゃんとこどもがお菓子だったかな？　売っていた（下）

で、こんなところでめずらしい切手も買えるとなるとうれしい。何枚か見せてもらって「切手」と「はがき」8枚買った。部屋に戻ってハガキを書き終わった。夕食の時遊びに来ていた若い青年二人が話しかけて来た。地下喫茶店に移り紅茶を飲みながら話を聞く「あしたきれいなところ」がある100キロぐらいのところで往復5時間ぐらいと言う。休みが取れたら連れて行くと話を続ける。「OK・いいよ」と返事した。

ホテルに戻って考えてみるとウズベキスタンに入ってから「トルクメニスタン」の「ビザ」は受け取りに3週間もかかると永原さんが話していたのを思い出した。やっぱり断るべきだったかな。まぁしょうがない、早目に帰ってきて少しでも先に進むことにしよう。

ウズベキスタン入国
2003年8月27日水曜　はれ22℃　32℃暑い 30℃以上の感じ 40℃ キルギス ～ウズベキスタン・タシケント

約束していた二人組は9時になっても現れない、その気配もないのでオートバイのカバーを取り外して出発しようとしたところに一人の男が車で現われた。「休みがとれなかった」「キューズミー」と伝えに来た。「あー OK・OK」わざわざありがとう。わたしとしてもそっちの方がよかったのだ。

9時15分ウズベキスタンに向かって出発。とりあえず国境のオシ（OSH）をめざす。きのうの永原さん達と同じ時刻だ。静かな村々を走る。キルギスの独特のぐにゃぐにゃしたとんがり帽子をかぶっているのはおじいさんたちだけだった。国境の町に着いたがどこをどう走ればいいのか……。二度三度町の人に聞きながらボーダーに着いた。ここがようやくたどり着いたオシ OSH どこでもそうだが国境はにぎやかである。

キルギス出国手続き50ソ＝150円を払って10分ぐらいで出国OK。今度はウズベキスタン入国手続き。係官全員ライフル銃?　をかかえている。「ほら・ほら」と言う感じで一生懸命係官は「質問」する「……」「ほら・ほら」「……」そのうち結婚式の歌のメロディー「チャンチャチャチャン♪」

を歌い出した。「妻」のことか「マイ・ワイフ？」「ノーノー」生まれてから今「トシ（歳）はいくつか」と聞いていることに気付いた。そーだったのか、お互いに「アッハハー」そのあと書くこともなく OK。これでおしまいだ。

ようやくたどり着いたオシ Osh キルギスとウズベキスタン国境

　ただキルギス側でわからないだろうと思って国境の「写真を撮った」それを警備官が見ていたのだろう「フォト・フォト」カメラを出せと言ってきた。「オー、ノーノー」これは「キルギス側で撮った」んだと日本語。やりとりしているうちになにもなかったような空気になって荷物の検査もなく入国できた。出国・入国は 50 分ぐらいですんだ。キルギスの残った「紙幣」を個人の両替屋でウズベキスタン紙幣に両替する。

　さて、ウズベキスタン通貨はなんというのだろう、日本円でいくらだろう。ベンジンスタンドで給油「ノーノー」ウズベキスタンのベンジン・スタンドは「ベンジン・ノー！」ベンジンはないよと言う。「エー」心配になってきた。20 キロ走ったところにスタンドがあった。車が両サイドに列をなして待っている。最後に並んで待っていると「前に行け」と運転手さん。「すみませんです」一台ずつ頭を下げて「相手もウンウン」と合図。

　一番前にきた。オクタンカ 90、92 の標示はあるが「ノーノー」、76 しか
ないという。仕方ない 76 を満タンにした。走りだしたが途中ベンジンスタ
ンドはあるが「ロープ」を張ったりして「営業休止」ほんとにベンジンがな
いのだなー。なにか心配になってきた。まずまずの道路で心配はない。一度
間違えて違う方向に走っていた。小川の水でタオル洗っていたら地元の人に
話しかけられた。「どこに行く」「タシケント」

　「こっちがじゃない」戻れと。エー通りかかった地元の運行バス「軽ミニバン」
に途中まで引っ張ってもらった。そこからは高速並みの道になった。街には
食堂見たいな店には表にテーブルが出してある。飲み屋の雰囲気がいい「呑
み助」のわたしにはありがたい店だなーいいぞ早くこんなところで飲んでみ
たい。なんだかうきうきになってきた。暗くなって首都タシケント市内に入っ
た。

ウズベキスタンの子供たち

　マイカーの兄ちゃん四人組に停まってもらって「アドレス」を見せる。「ソー
リ・連れて行ってくれ」いつものように両手の甲を出して。左手甲は「ユー」
右手甲は「マイ、オートバイ」「ユー」が先に走って「マイ」がうしろから

ついて行くと。「OK・OK」やさしい兄ちゃんたちだ。走りだしてすぐ停まった、どうした？オートバイのサブライトがミラーに光まぶしくてポリスに捕まる「消してくれ」と車から降りてきて注意される。

「ソーリ、ソーリ」結構走った20キロぐらい走ったろうか。ホテル前に着いたようだ。アドレスだけで一発でついた。「マネー」は「ノーノーいらないという」すみませんでした。ありがとうございました。本線から50mほど入った場所に「ハドラ Hadra ホテル」はあった。あーでも助かったなー。ホテルに入るとフロントにオートバイ二台並んでいる。おー永原さん達だとすぐわかる。

トルクメニスタンのビザを頼む「ヤスナミツアー社」はこのホテルにあるのだ。受付をすませて部屋に入ろうとすると隣りの部屋から「オーオー」「アラー」と永原さん夫婦が食事に向かうところだった。先に行ってもらいシャワーを浴びて食堂街に行く。4、5分ぐらい歩いた食堂街「このようなところで呑んでみたい」走っている時見て来た広い庭にテーブルが出ているところで永原さん夫婦といっしょに食事。日本の学生？　二人と日本語が話せる地元の男性も最後にテーブルに加わり12時頃まで話をして過ごした。

25 ソン＝ 3 円
50 ソン＝ 6 円
100 ソン＝ 12 円
1000 ソン＝ 120 円

食堂生ビール(中)250 ソン＝30 円毎日昼間から安い生ビール飲んでました。
トコヤ　1000 ソン＝ 120 円
ホテル 6000 ソン＝ 720 円

最初 50 ドル＝ 6000 円を銀行で両替したら 5cm ぐらいの束の厚さ、金持ちになった気分になる。しかし支払う段階になると見る見るうちにへって貧乏人に。

一日の食事

ビール中3本、焼とり4本、肉じゃが・どんぶり、うどんどんぶり小。トータル 2500 = 300 円。ホテル代、食事含めて 1500 円ぐらいで充分か。（2003年8月28日）

ペトロールスタンドに集まってきた地元の人たち

2003 年 8 月 28 日木曜　はれ　はれ　あつい　あつい　33℃ぐらいか　タシケント

ジャスト 9：00 に同じホテル 5F にある旅行会社「ヤスナミツアー」に上がる。同じくぴったり 9：00 社長のラウバエツさんが出社。スタッフ男性も。きょうはこれから進む国のビザ申請を頼むことにする。トルクメニスタン「ビザ」の受け取りまで話しに聞いていたようにやっぱり 21 日間かかる。それならばと待っているだけでももったいない。それじゃ他の国の「ビザ」も一気に取ろう。一カ月もあれば大丈夫だろうと。

その国に入る「だいたいの日程」を組み組み込んで申請した。トータルで 250$ ～ 350$ かかりそうだと「ツーリスト」会社はいう。「負けて　負けて」と頼んだ。「安くするから」と笑いながら話していた。まぁ面倒な手続きだ

からまとめてお願いすることにする。

９ヵ国のビザ申請ウズベキスタン旅行社

だいたいの日程を目安にして９カ国の大使館に「ビザ申請書」をヤスナミ
ツアー社に頼んだ。

①トルクメニスタン

②タジキスタン

③アゼルバイジャン

④アルメリア

⑤グルジア

⑥イラン

⑦パキスタン

⑧アフガニスタン

⑨インド

よしこれで気持ちも楽になり案心して進むことが出来そうだ。

夕食は永原さんと二人で食堂に向かった。終わったあと一人でネットを打
ちに行く。

2003 年 8 月 29 日金曜　はれ　はれ　あつい　　はれ　暑い 35℃　タシケント

12 時過ぎに「ヤスナミツアー社」にきのう頼んだ「ビザ」の再確認される。
トータル 8 カ国。アルメニアの大使館はここにはないらしい。

①パキスタン Pakistan　　　　　　　　　→無料

②インド India　　　　　　　　　　　　→ 50$

③イラン Iran　　　　　　　　　　　　→ 50$

④アゼルバイジャン Agerubaijan　　　　→ 40$

⑤アフガニスタン Afuganistan　　　　　→ 30$

⑥トルクメニスタン Trkumenistan　　　→ 95$+51$ = 146$

⑦タジキスタン tjikistan　　　　　　　→ 60$+51$ = 111$

⑧グルジア gurujia　　　　　　　　　　→ 75$

トータル 502$+ ヤスナミ手数料 100$ = 602$ = 72000 円。

うーんこんなにかかるのか、仕方ないか。これがないと進めないもんなー。

　ハガキの下書きをすませてコピー屋に25枚×ハガキ4枚＝1500ソン＝160円。郵便局を探すがなかなか見つからず。最後にネット屋の人が歩いて連れて行ってもらった。しかし17時を過ぎていてクローズ。夕べは永原さん一人で晩飯に来ていたのは夫婦喧嘩したらしいことをみどりさんから聞いた。きょうの夜永原さん夫婦とフランス人二人5人で夕食。わたしは日本語英語でしゃべる。

2003年8月30日土曜　はれ　はれ　暑い　暑い　はれ　はれ はれ　タシケント

　久しぶりに朝の散歩。北の方に向かって歩く、昔ながらの個人の自動車修理工場、歩けばやっぱり見どころが出てくるな。地元の空気も伝わってくる。7時半から8時半頃まで。午後は永原さんにネットの日本語の「出し方」の操作を教わる。なんと5時間も打っていた。5500ソン＝約600円。夕食は永原さん夫婦と3人でいつもの食堂へ。11時にホテルに戻る。

いつも通ったウズベキスタン・首都タシケントの食堂

2003年8月31日日曜　はれ　はれ　あつい　あつい　はれ　タシケント

　ホテルの近くにある丸い建物サーカスがきのう土曜からきょう日曜2日間開催されるようだ。毎週開催されるのかな。朝の散歩、けさは南の方に向かっ

て歩く。おー大きい公園にぶつかった。長い階段を上がって旧宮廷、噴水も
ある。大きな池も。ぐるっと回って見るとこっちが正面の入り口見たいだ。
二時間ぐらいでホテルに戻る。洗濯していつものところで生ビール飲む。安
くてうまいのでうれしい天国だ。

　ハガキ100枚の住所書き、少しづつ書いてきょうの分20枚書き終わる。
夕方隣りのドームにサーカスを一人で見に行く。子供だましみたいなものな
のではと……思って入ってみた。ブランコ、曲芸、最後は狭い丸いグランド
みたいな場所を馬は全速力で走り回るのには迫力満点、など800ソン＝100
円は安かった。

2003年9月1日月曜　朝から暑い　はれ　暑い　はれ　タシケント
　それにしても暑い日が続いている。いつもこんなに暑いのだろうか。きょ
う祝日になっている。「なんの日」なんだろう？。朝きょうは東に向かって
散歩一時間4キロぐらい歩いて戻る。こっちは本通りになっていてにぎやか
な雰囲気。午後ネットを見て17時ごろ郵便局の場所を確かめるためオート
バイで走ってみた。一本道と聞いていたがきょうは「独立記念日」で通行止
めになっている。

　聞きながら迂回して郵便局はわかった。晩飯は永原さん夫婦といつもとは
違う食堂で食べる。10時に寝る。

2003年9月2日火曜　はれ　はれ38℃　あつい　あつい　はれ　タシケント
　9時にイラン大使館にビザ申請。永原夫婦、ヤスミナツアー社のウーミン
さんとタクシーで向かう。「女性はスカーフをかぶった写真」がないと「ダ
メ」と……みどりさんはちゃんと用意していたので「よかった」と言ってい
た。さすがだな。ビザ発給は9月9日か10日になるという。ビザ代50＄＝
6000円を持ってきたなかったので永原さんに借りた。わたしはアフガニス
タンビザを取りに行くため二人と別れる。

　アフガニスタン「ビザ」は一時間ぐらいで出来上がるとのこと、お金を取

りに一旦ホテルに戻る。再び午後1時にオートバイにユーミンさんを乗せて向う。アフガニスタンビザ3カ月7$ = 840円を支払う。次はグルジア大使館へ、「ジョージア」とここでは発音している。普通の民家みたいな大使館。庭の狭い通路の木の扉を開けて入る。発給は9月12日。次はアゼルバイジャンへ17時閉まる10分前に着く。

なんと10分ぐらいで即受け取ることが出来た50$。アフガニスタン、グルジア（ジョージア）はパッパッとすませてもらえていいなー。途中中央銀行でT/Cトラベルチェックを両替しようとしたが「何とか書類」をと言われて……30分も待っていたのにだめだった。ヤスナミツアーのユーミンさんに50$借りた。ホテルに18時についた。永原さん達は遅くなりそうだ、腹へったので7時半晩飯一人で行く。

2003年9月3日水曜　はれ　はれ　あつい40℃　あつい40℃　タシケント
朝9時に「インド」「パキスタン」の「ビザ」を取りに行く。オートバイの後ろにきのうと同じヤスミナツアーユーミンさんを乗せていく。あっちこっち聞いたインド大使館に着いた。ポスタ（郵便局）の前にあった。インド大使館で書類を書き終わって提出したら「イラン」でとれと言う。なんで書く前にいわないんだよ。しょうがない次はパキスタン大使館へ。

11時ビザ申請終わり……受け取りは午後16時〜17時に取りに来るようにここは親切だったなー4時過ぎに再びパキスタン大使館へ「ビザ」代は「ただ」無料だった。その上パンフまでくれた。ありがたい。ホテルに戻ってオートバイの後ろのカバーが外れそうになっている。いつも通っている食堂のおやじさんに聞いたら「知っている修理工場」があると話す。「ついて来てくれると言う」ありがとう。

右に曲がる時は「右肩」左に曲がる時は「左肩」をたたくように話してその食堂のおやじさんをうしろに乗せて修理工場へ。溶接と金具でがっちり留めてくれた。一時間ぐらいで終わった。修理代は「いくら」「ツーリスト」だから「いらない」と受け取らなかった。すみません。食堂のおやじさんあ

りがとう。

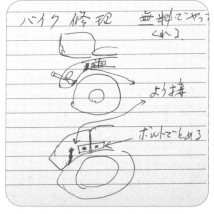

うしろのカバーを無料で
修理してもらった修理屋
のみなさん

**2003 年 9 月 4 日木曜　はれ　はれ朝 10 時 30℃　はれ 35℃　はれ　あつい　タ
シケント**

　きのう午後から永原さんのバイク一台がない。みどりさん一人出かけたら
しいことを玄関の見張りの人から聞いた。サマルカンド？　そうだサマルカ
ンド。そう言えばきのう夜 10 時頃これからサマルカンドに行くと永原さん
が話していた。もう遅いから「あす早く出るようにしたら」と話したら、そ

うするようにみどりさんに話してみると弘行さんは言ってたけどな……。

　いつもいっしょだからどんなに仲が良くてもケンカになる。わたしもなんでも話せる仲間と山登りに何回か行った。きつくなって疲れが出てくると「相手の欠点」ばかりが目について、最後は話しもしなくなってくることを経験したことがある。たかが3日4日の山登りでだ。隣りの永原さんの部屋にいって「どうしたのみどりさん」と聞けばよかったけど、まぁ二人のことだからそのままにした。

　夜9時頃部屋をノックしたが永原さんは外出していなかった。（ここまではきのうのこと）。けさ9時過ぎみどりさんがノックしてきた。「どうしたの……」弘行さんがいない」「どこにいったのか」知りませんか「いつ出ていった」か知りませんか。目に涙。いやーまったくわからなかった。どこに行くのかも夕べ聞いてもなかったから。玄関の見張りの人は「朝5時頃出ていった」とわかった。永原さんおそらく夜も寝ないで出て行ったんじゃないの……とわたしは話した。

　みどりさんは一人でいったん出ていったが、タシケント市内のホテルに泊まったらしく朝早く戻ればいっしょに出かけられると思ってもどってきたと「さてどうするかな」とみどりさん。いったん北の湖に行くと弘行さんはきのう出て行ったので……きょう北の方に行ってから……サマルカンドに行くかも……とみどりさんは9時半頃再び出ていった。わたしは郵便局にハガキを出しにオートバイで出かける。

　「ハガキ」はそのまま裸じゃダメ？？「エエーッ」「封筒」に入れないとだめらしい。ふーん、どうしてだろう。その場で封筒を買ってに「あて名書き」せっかく時間かけて書き終わったのにまた47枚分書くのかよー。あー面倒このうえない。国が変わればハガキもかわる。もう忍耐がいるなー。トータル1000円ぐらい。一通日本まで郵送料210ソン＝25円ぐらいかな。

　一時間半かかって封筒に住所を書き終える。あーこれもひと仕事、やらな

けれならない面倒なことが終わってホッとする。昼飯はいつものところで
ビール。そのあとトコヤさん 1000 ソン＝ 120 円だった。夕方方向指示器を
補強するために出かける、走りだして修理屋 Abot をすぐに見つけた。わた
しの考えていた「ゴム」で固定するように頼んだ。「OK」タイヤの切れ端
を切ってゴムのりでくっつけて終わり 120 円。あしたはサマルカンドに出
かけることにする。

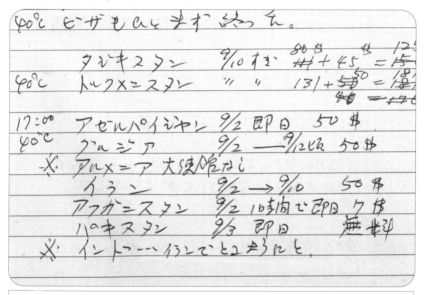

7ヵ国のうち「ビザ」受け取りはトルクメニスタンを除いてほとんど終わった

孫悟空のモデル「玄奘三蔵法師」も寄ったサマルカンド
**2003 年 9 月 5 日金曜　朝涼しい　28℃　35℃　タシケント〜サマルカンド・
レギスタン**

　朝 7 時 10 分ホテル「ハドラ Hadra」を出る。きょうは一路サマルカンド
へ。ホテル前の道を U ターンしたら一本道でサマルカンドに向かうと聞い
ていた。なるほどわかりやすい一本道ずーっと続いていた。「エーまたかよ」
と言う程検問所がひんぱんに出てくる。そのうちのひとつ「カザフスタン」
を通過する場所があった。パスポートを見せるだけで「OK」通過出来た。
道路は普通で心配することはない。

約300キロ走ってサマルカンドの市内に着いた。約5時間かかって12時前。
世界遺産？写真で見たことはあるモスクの入り口で写真を撮っていると「柵
を作って」あるその中を通っていいとお巡りさんが言う。人だかりになって
きた皆さんといっしょに記念写真を撮ったりした。ホテル、ホテルは聞いて
いたら赤ら顔の男の人がこの近くに7$＝840円で宿があると近寄ってきた。

サマルカンド・レギスタンに着いたばかり地元の人に囲まれる

　最初は酔っているような人でイヤだなーと思ったが安いのでついて行っ
た。早歩きで案内していく……今度は狭い道に入って土塀の家が続くなか着
いたところはB&Bの民宿であった。土塀の家の中はコロニーになっていて
わたしの望む雰囲気である、ここに泊まることに決めた。日本人も何人か泊
まっていると主人は話す。オートバイを中庭に入れる。10$の部屋を7$と
言ったじゃないとしぶしぶOKさせた。

　すぐにビールを頼み近くのレストランへ。すぐちかくにレストランはあっ
たがなんとなくわたしの感じでは「まずそう」なレストラン。ちょっと離れ
たところには旧い木造の二階建歴史を感じるレストランがあった。よしここ
はいい感じだ。入口には大きな鍋が3、4個かけられている。何を煮込んで

いるのか。その隣りは焼き鳥をやっている。心臓、ラムを注文、その隣りは
生ビール、350ソン＝40円はうまい。

　日本の焼き鳥よりずーっとうまいな。こりゃー最高。広い店内はテーブル、
二階もある。ここだったら長居したい場所だな。旅の本で読んだサマルカン
ドは「シルクロードの十字路、歴史の町」「交易の街」だと知る。首都タシ
ケントに比べても引きしまったように感じるサマルカンド。世界地図を失く
したので今回買いなおして持ち込んだ「地図で訪ねる歴史の舞台」でなんと
なくサマルカンドは身近に感じる。

「歴史」「シルクロード」「仏教」「三蔵法師」のことも載っているので興味
も出て来た。若い日本人男女4人といっしょにしゃべりながら晩飯は民宿で
たべる。

大きなスイカを５０ｍぐらい道ばたにも並べて売っていた。わたしは買ったことが
なかった。皮だけだったら買ってもいい……ケチ！

2003 年 9 月 6 日土曜　あつい　あつい　夕立雲だったが雨降らず　レギスタン

　昨晩スイカを喰ったあとスイカの皮をもらって塩漬けにして置いた。皮の部分をそぎ落として白いところを塩漬けにする。幼いころからおんぼしゃん（おばぁさん）にいつも夏になると漬けてもらって食べていたのでなによりもこれはうまいのだ。青梅の塩漬け、ショウガのしそ梅酢漬け、スイカの皮塩漬けこれがわたしの「なににも勝る」三大好物なのだ。そのスイカの皮をつまみにビールを飲んで食事代わり。

　9 時過ぎにオートバイのウィンカーがついてないので気になっていた。街に出ていつもの「手」を使った。若い人のところに停めて「ソーリー」「オートバイのウィンカー」を「直す」所を「教えてください」「すみません」と故障しているウィンカーを指さしながら頼んだ。うしろに乗ってもらって修理場を案内してもらった。一軒目ダメ、二軒目主人が外から帰ってくるのを30 分ぐらい待っていたが「出来ない」と。

　仕方ない若い人の家に戻った。再び街に出て聞く。最初「地図を書いて」くれていたが同じ仲間の人が「おれのマイカー」について来いと修理屋まで引っ張ってくれた。ありがとうございました。そこの修理工場で修理をはじめているがなんか頼りなく素人っぽい。ウィンカーの線を外にむき出しで引っ張っている。やっぱりダメだ。ここは大きな工場になっている。専門別になっている。

　その中に一人が「おれが知っている」「メカ」に連れて行くとオートバイの後ろに乗って案内してくれた。500m ぐらいの近さにあった。ここは個人の修理場、頼りになる顔つきだ。すぐにとりかかってくれる。オートバイに乗ってきてくれた人は歩いて帰った。すみませんでした。電気回路を示す器具を使って調べている……ふたりがかりでもかなり手こずっているようす。しかし確実に進んでいる。

　12 時頃から 17 時までかかった 30000 ソン＝ 3600 円ウーン、高けーなー

と思ったがしょうがないこんなに時間かけたんだから。帰りにネット屋に寄ってホテルに18時頃着いた。「あれー」ウィンカーがおかしい。うしろのウィンカーがつかなくなっている、どうしてだー。月曜日に直しに行くしかないな。朝ちょっとだけでも食べていたのでよかったが腹へっている。きのうから喰いたかった焼き肉焼鳥屋に足早にいく。

ラムはなかったが三種類三本頼んで生ビール、「こたえられねー」。生ビール3杯。これでまた元気になれる。宿に帰り日本人2人、2人はきょう次の旅にでたらしい。3人で10時頃までしゃべる。わたしはビールとスイカの皮だけ食事はなし。

2003年9月7日日曜　はれ　はれ　レギスタン
午前中久しぶりにオートバイの洗車。そのあといつもの食堂へ昼めし。夕方新しい日本人5、6人来る。夕食は宿で10時頃まで雑談。レギスタン広場からちょっと下ったあたりは大学があるのだろうか学生がぞろぞろ歩いていて、ネット屋なども何軒か見つけた。

孫悟空のモデルと言われる三蔵法師も寄ったサマルカンド・レギスタン広場

最初イヤだなーと思ったおやじさんだったがクリスチャンみたいな心やさしい人だった。すみませんでした。ミスタービーン氏に少し似ているかなー「B&B バハディール」

2003 年 9 月 8 日月曜　はれ　はれ　はれ 40℃　レギスタン

　ウィンカーを直しに向う。おととい行ったところだったが途中からわからなくなってしまった。マイカーの人に思い出したものを紙に書いて見せると、その人はわかったらしく、その場所まで引っ張ってくれた。あーここだ。ありがとうございました。ホッとする。

　12 時頃までかかって再修理、今度は大丈夫だろう。夕食のあと日本人男女 5 人とフランス人で近くのレストランへ繰り出した。ええっ結婚式の宴会会場にまぎれこむ?「だいじょうぶ!」「大丈夫だよ」と、まぁ気が引けたけど厚顔はいつものことだ。11 時頃宿に戻った。

2003 年 9 月 9 日火曜　はれ　走っていると涼しい　はれ 35℃　はれ 40℃
レギスタン〜ウズベキスタン・タシケント

　再びタシケントに、7 時過ぎ宿 B&B を出て M39 に出た。ベンジン・ス

タンドで給油をと入ろうとしたがここもこれまでのスタンドと同じく閉まっている。ここは今まで93オクタンカを入れることが出来た唯一のスタンドだったのに。しょうがないサマルカンドの街中に戻って開いているスタンドを聞きながら探す。あった、ようやく見つけた。76オクタンカを満タンに入れてタシケントに戻るために……出発。

泊まっているＢ＆Ｂの食事風景いつも旅する人でにぎやかな宿……あーっと名前はたしか「B&B バハディール」

　タシケントに向かう39号に出た。さっきまで閉まっていたベンジンスタンドがあいているではないか。76オクタンカを入れ続けて来たのでエンジンをかけるとき「グーグー」とかかりにくくなってきた。これは南米でも85オクタンカを入れ続けて来たのと同じだ。セルはバッテリーが上がらないように時間を置いて何回か回すとガラガラと音を出しながらエンジンはかかるようになる。

　ウズベキスタン人は厚かましい。俺のヘルメットをかぶったり、信号待ちの時でも、走っている最中でもハンドルに触ってスイッチに触れたりする。最初のうちは許していたが走行中に助手席に乗った男にハンドルを触られ

る。「その軽トラック」を許せねートラックに寄せて「止まれ」「この野郎」怒鳴りつける。そのまま走り去った。途中検問のおまわりも権限をいいことに質問中にオートバイにまたがって座っている。

　質問の途中……「ふざけんな」「勝手に乗るな」これは「おれのオートバイだ」「おりろ」と腕をつかみながら日本語で思いっきりどやしつける。乗っていたおまわりはケゲンな顔。質問していたおまわりもビックリしたのか質問をやめて「行ってよい」と「OK」をだした。まったく気分が悪い。チェックポイント（検問所）でパスポートの提示ならそれはそれでいいが人のオートバイにまたがることが許されない。

　これまでもオートバイを見るために何回も止められてその上オートバイをさわられる図々しさには許しがいものがあった。タシケントに12時ちょっと前に着いた。前回泊まったハドラホテルに入って昼食。そのあとサマルカンドで聞いた安ホテル 2.3$ ＝ 300円を見つけに走った。駐車場がいまいちだなー。夕方ネット見て夕食。

暑さもうすらいできた
2003 年 9 月 10 日水曜　はれ　朝涼しい　はれ 32℃　はれ 32℃　タシケント

　9時にホテルを出る。イラン大使館へビザを最初に取りに行った。30分も待ったがコンピューターの具合が悪いとか午後に来てくれと……しょうがない。11時15分タジキスタン大使館の約束。「ジャパン、マツオ」ヤスナミツアーから頼まれたのか……別のツアー会社の女性が30分遅れてやってきた。きょうは申請だけ受け取りは二日後 12 日 15 時～ 17 時、45$ 支払う。

　12 時 40 分に再びイラン大使館に向かうパスポートを預ける。15 時以降に来るように。いったんホテルに戻り昼食ビール3杯焼き鳥を喰ってシャワーを浴びていたらもう3時に近い・ヤスナミ社員と出かける。社員の仕事？オフィス？に立ち寄ってイラン大使館へ。やっと「ビザ」を受けとれた。3カ月のうち30日。30日以内にイランに入れば3カ月有効ということか。まぁ「ビザ」があればこれでよし。

ウズベキスタンの子供たち。トルクメニスタン大使館前

　ホテルに戻り 93 オクタンカのベンジンを探しに走る。ここらあたりに 93 オクタンカはないと 2 軒目もいう。しかしエンジンの「ガラガラ音」をなくすのに「オクタン液」があるとすすめてくれた。その液は少し入れるとエンジンがかかりやすくなると話す。400 ソン＝ 350 円買って入れてみる。一本を三回に分けて入れるようにと説明してくれた。透明のペットポトルに入れ替えてくれた。

　一回分の分量がわかりやいように気配りをしてくれたのだ。わかりやすくてこりゃーいい。きのうあたりから朝方涼しすぎるぐらい寒くなってきた。夕方もだいぶしのぎやすくなって楽になったし夜も 7 時になると暗くなる。それにしても 9 日には戻ってくると言ってたはずなのに 10 日になっても永原さん戻ってこない。二人ともお互いにホテルの居場所がわからないのかな。

　みどりさんが 3 日先に出て次の日 4 日に弘行さんは出て行った。どこに行ったのか。まぁ 9 日に帰ってくると言ってたからあまり心配はしてなかったけど夜になってもオートバイの姿がない。それとトルクメニスタン「ビザ」

も心配になってきたなー。

2003年9月11日木曜　タシケント

　ホテル「ハドラ」から南へオートバで10分ぐらいの場所にある「タラ Tara」ホテルに変わった。一泊2.3$＝250円と安いホテル。まぁまぁこのぐらいの部屋でしょう。ハエがいないだけハドラよりいいか。なんと言ってもハドラ1200円なのでここのホテルは5日分泊まれるので助かる。サマルカンドのホテルでいっしょだった神戸の女性がいたが今日日本へ帰国するらしい。

　夕方食堂で会った日本人男性三人は同じホテルに泊まっているとか。意外と日本人旅行者が多い。その食堂はビールを置いてないので宿でビールを飲んで再びうまそうな「うどん」（ラグマン）を喰いたかったので食堂に戻ったがすでに閉店していて喰えなかった。トルクメニスタンの「ビザ」がいつになることやら気になる、あすには大体のメドがわかりそう。

　14時にヤスナミツアー社にトルクメニスタンビザについてどうなっているのか聞きに行く。あー永原夫婦が来ている。二人の話はこうである……弘行さんは4日朝5時に眠れないままみどりさんを探しに国立公園まで行って探した。いないのでサマルカンドまで走った。そこで「うちに泊まれ」と言ってくれた人がいた。そこの家に泊まることにした。30分もしないうちにみどりさんがやってきたと。

　みどりさんは北には行かずそのままサマルカンドに走り「こんなバイク」「見なかったか」とサマルカンドの街で聞いた。「いたいた」「見た見た」と地元の人、その地元の人は「こっちこっち」と案内してくれたので30分後に弘行さんと会えることが出来たと。「アフリカ」まで会えないかと思ったと弘行さん。会えてよかった、よかった。でもお互いにそんなに心配するんだったら最初からいっしょに走った方がいいと思うけどね。

　二人はサマルカンドからタシケントに戻ってから「ホームスティ」（10$）

していると……。どうりでハドラホテルには戻らないわけだ。もっともハドラホテルは洗面所、風呂場に上の階からポトポト水漏れしていたのでホテルを替えたいとも話していたので戻らなかったのだと思う。

2003年9月12日金曜　はれ　はれ　タシケント

　午前中ヤスナミツアー社にトルクメニスタンの「ビザ」について……どうなった。きょうは無理、月曜は絶対大丈夫と……。ほんとかなウズベキスタンのビザ有効期間は25日までなので心配になってきた。タジキスタンに入ってそのあと再びウズベキに戻ってトルクメニスタンなのだ。2、3日の延長は簡単とヤスナミツアー社は言うが……。ポリスに電話をいれてホテルにポリスが来て20$で延長OKと話す。

　午後3時タジキスタンの「ビザ」を取りに行く。どれにするか、7日間→80$。10日〜14日間→100$。30日→120$。ウズベキスタンのビザが切れるので7日間→80$にする。夕方ネットを打ちに行く。宿に戻ったのは19時頃。いつものうどん屋の前「屋台の飲み屋」さんで飲んだあと「うどんラグマン」食べに行く。ここのうどんは日本の手打ちうどんと同じでくせになるうまさ。

2003年9月13日土曜　はれ　はれ　はれ　タシケント

　10時頃から「がらくた市場」に日本人4人タクシーで向かう。2000ソン＝240円。オートバイスタンドの予備として「バネ」2個400ソン＝50円を買う。洋服、雑貨、いろいろな部品、かなり広いがらくた市場は有名らしい。売り物にはならないだろうと思われるものもずらーっと並んで笑ってしまう、だからがらくた市なのだろう。これは本物のがらくた市だ。食べもの、食堂ももちろんある。

　14時に宿に戻る。オートバイで16時ネットをやりに行く。19時半頃宿に戻るが暗くなっている。だいぶ暗くなるのが早くなった。久しぶりにライトをつけて夜の運転は慣れないのでこわい感じがする夜間走行だ。

ほんとうに使えないものばかりが多い、本物のがらくた市

2003 年 9 月 14 日日曜　はれ　はれ　タシケント

　午前中午後もなにもしない日。夕方日本人 5 人うどん屋で晩飯。

20 日間かかったトルクメニスタン「ビザ」

2003 年 9 月 15 日月曜　はれ　はれ　はれ　タシケント

　10 時にハドラホテルの中にある「ヤスナミツアー社」トルクメニスタンビザどうなっているのかオートバイで出かけた。永原さん夫婦の分はインビテーションがおりていると話す。社員をオートバイに乗せてトルクメニスタン大使館に向かう。11 時になってもオープンしない。11 時半になってようやく開いた。永原さん夫婦は一週間のショート「ビザ」、通過するだけだからこれでいいと話す。

　わたしのインビテーションをとりにヤスナミツアーまで戻り大使館に申請した。受け取りは 17 時という。その間靴の左を手当てして銀行に行く。そのままハドラホテル・ヤスナミツアー社に寄ってトルクメニスタン大使館へ 17 時「ビザを受けとった。ついにトルクメニスタンの「ビザ一カ月」9

月 25 日から 10 月 24 日まで、手にしたぞ。トータル 131$+45$ ＝ 176$ ＝ 21000 円。ウーヘィ今までで最高の料金だ。

泊まっているホテルの近くにサーカス劇場があった。首都タシケント

「ビザ」申請して受け取るまで 20 日間かかった、これも最高の日数。これも旅のうちと考え直すしかないか。それにしても高けーなー。いつの日かソビエト時代の旧い切手、台帳になっていたものを街角で売っている。貴重な切手台帳本人が集めたもので手放すことに未練があるような顔。その切手台帳を買った千円か二千円ぐらいだったと思う。わたしは切手のことはまったくわからない。

その国の切手を買っているのは軽くてお金をかけなくても手に入るからだ。その台帳日本に送った。11830 ソン＝ 1200 円。そういえばロシア・サンクトペテルブルグのネバー川の橋の真ん中の見晴らし台で売っていたのを 3 冊買ったことがある。20 代と思われるろうあ者が売っていた。これも自分で集めていたと思われる切手台帳を買った。疲れていたのだろう、そこで立ちごけしてしまったのでよく覚えている。

歩道の脇でミシンを使って商売をしていた。オートバイに簡単に取り付けられるようにバッグの底にベルトを補強してもらった

個人の趣味で集めたと思われる切手（台帳）を街の露店で売っていた。わたしと同じくお金に困っていたのかな。買いました。ウズベキスタン・タシケント市内で

　残念ながら女性宇宙飛行士「テレシコワ」さんはわたしが買った切手台帳では見ることが出来なかった。世界初の女性宇宙飛行士だから必ず「切手になっている」はずとは思っているが……。実はボリショイ劇場に夫婦で来ていたテレシコワさんを見たことはある。控えめできれいな女性(ひと)だった。

2003年9月16日火曜　はれ　はれ　はれ　タシケント～サマルカンド

　朝8時にハドラホテルに永原さん夫婦と待ち合わせ。再びサマルカンドに向かう。路上でスイカ売り、チェックポイントを次々通過二回目だから気持ちは楽だ。ベンジンスタンドで給油しようとしたらようすがおかしい。「どうした？」12時から15時まで停電のため給油出来ないと話す。しょうがない昼飯食って、スタンドで用意してくれた敷き座布団を木陰に敷いて昼寝する。15時過ぎてもダメ……。

　少し走った所のスタンドでプールしていたベンジンを3人で7リッターづつ入れて、ガス欠になったら永原さんからもらうことにしてサマルカンドへ。何回かベンジンを入れて顔見知りになっているサマルカンド入口のベンジンスタンドについた。閉まっていたが特別に93オクタンカを入れてくれた。ラッキーだった。ほっとした。先週永原さん達がホームスティした家に向かう。

　永原さんは「マツオの顔も見たい」ので「連れてこい」と言われていたとかでいっしょに連れて行ってもらった。ルスタンさんの家に17時ごろ着き家族みんなが喜んでくれた。広い玄関にオートバイを乗り入れる。大きな家で中庭には家庭菜園や花を植えられていた。ルスタン夫婦、おばあちゃん、長男高校生と長女中学生。二人ともおだやかな性格でうらやましい家族である。

2003年9月17日水曜　はれ　はれ　サマルカンド

　ルスタンさんは片足が曲がらない。オートバイで事故って今もその後遺症が残ってる。しかし持ち前の気の強さは身体から感じることが出来る。もとはミグ戦闘機の整備士だったと聞いた。今は川魚の卸しをやっているようで

ある。オートバイのスプリングの修理をあっちこっち行って見てもらったが
ダメだった。昼間は森の中にあるレストランへ連れて行ってもらった。

　広い池もありテーブルを木陰下に配置されたしゃれたレストラン。みどり
さんは結婚式に呼ばれて家族といっしょに出かける。夕食は家族といっしょ
にごちそうになった。あしたはタジキスタンに向かおう。

2003 年 9 月 18 日木曜　　20℃はれ　　30℃はれ　　サマルカンド〜デノ

　夜中も仕事で働いているルスタン 9 時に帰って来た。朝食をごちそうに
なってタジキスタンに向かおう。気持ちだけでもとお金を渡そうとしたが受
け取りは拒否される。家族の写真を撮ったあと 10 時に出発……ほんとうに
おせわになりました。朝から太陽の陽差しは強く照らしてくる。タジキスタ
ン国境まで 60 キロぐらいだからすぐに入国出来るだろう思っていたが……
道なりに走っていたのにどうも違うようだ……。

　400 キロ走っても国境ゲートに着かない、どうしてだ。走るに走る。ベン
ジンを入れよう。交差点の大きなスタンドは閉まっている。少し待っている
と開いた（開けてくれた）満タンに入れて進む。途中スタンドではないと
ころでベンジンをペットボトルで売っている。どうなるか不安だったので 2
リッター二本を買って走る。ベンジンスタンドはほとんど閉まっているので
ひやひやしながら走る。

　砂漠の山岳地帯に入った。車は走ってこない。追い越す車もない。なんだ
か不気味な砂漠の岩山が続く。標識は真っすぐ行くとアフガニスタン・テル
ミズ。ここから左に入ってドウシャンベに向かう。直線になっている道路で
アイスの水を売っている子供たち。なんだか小さい顔の日本人の顔に似てい
る子供たち。こんなところで売れるのかなー。ちょっと休みながら写真を撮
らせてもらった。

　標識で見るとタジキスタン・ドウシャンベまであと 100 キロのところの「デ
ノ」という街についた。宿に入ってシャワーを浴びてすぐ食堂に行く。ホテ

ルの一人がついてくる……なぜだろう。ひとりの方が気が楽だからと帰って
もらった。二軒目のうどんや見たいな食堂に入る。地元の腹の出た中年がま
とわり……隣りに座る。言いがかりみたいな言葉をいっている。いやなので
席を移る。

　食堂の人がなにかいうが効き目がないようだ。「うるせーなー」怒鳴った、
するとおれの「胸ぐらをつかまれた」。ゴムゾーリを脱いで裸足になった。
片足上げて空手の姿勢で「カモン！」「お前の眼」を「えぐり抜くぞ」と眼
球を獲る「しぐさ」を見せた。すると今まで威勢のよかった太った男は突然
両手を上げて「バンザイ」の形でおとなしく降参した。本気でけんかするつ
もりだった。

　どこにでも安い酒を飲むといばる男がいるもんだ。

泊めてもらいお世話になったうらやましいルスタンさん家族。

２時間ぐらいですぐだと思っていた国境は丸一日かかった。真っすぐ行くとアフガ
ニスタン。タジキスタンは左へ

冷たい水を売っている日本人の顔に似たかわいい子供たち（日本人が似てるのか
……）

タジキスタン入国

2003 年 9 月 19 日金曜　はれ 20℃　はれ 30℃　30℃はれ　32℃　デノ〜タジキスタン・ドウシャンベ

　8 時過ぎにホテルを出た。国境まで 30 キロ、国境についた。どこでもそうだが人の流れが出来ている。しかしそんなには人は多くない。係官なのか地元の人なのかオートバイの周りに寄ってきた。ウズベキスタン出国簡単に終わる、レジストレーチャーの提出もなし。泊まったと言う「証明」を毎日ホテルで書いてくれていたのになー。タジキスタンの入国手続きへこれで両方で 30 分ぐらいですみそうだ。

　と思いきや、タジキスタン側は 3 〜 4 カ所回されて最後 20 分以上待たされた。その間地元の人と思われる人たちは歩きでぞろぞろ出ていく人、入っていく人平行棒の鉄棒の中を歩いている。結局 1 時間 10 分かかった。9 時 32 分→ 10 時 40 分。国境が変われば地形まで変わるはずはないのにいつも見知らぬ国に入ったばかりはやっぱりどきどき緊張もする。そしてあたらしいことを期待する気持ちも出てくる。

　日本ではほとんど見なくなった「綿作り」がタジキスタンでは盛んのようだ、キルギス、ウズベキスタンも盛んだった。家族で収穫作業をしている畑が多い。中腰で腰も痛かろうと思う。今が最盛期なのかワタを山積みしたトラックが行き交う。道には白いワタが落ちていて、それを拾っている老人も見かけた。道路はきれいな方で案心して走れそう。60 キロで首都ドウシャンベについた。

　こぎれいな街、アーチ型のモニューメントが出て来たここら辺が街の中心か。ジープを運転していたイキな兄ちゃんに「ホテル」「ホテル」と聞いてホテルまで引っ張ってもらう。どうもありがとう。フロントに入って料金「いくら」「3$ 〜 5$ ＝ 400 円 600 円」と話す「安いな」3$ と思って「OK」した。しかしどうも様子がおかしいよく聞いてみると「30$ ＝ 3600 円」だったのだ「オーノー」。

　いったん荷物を部屋に運んでいたので荷物を部屋から出してオートバイに積み替える。フロントにこの近くに「安い」「ホテル」はないか「10$」と紙に書いた。するとこの3階にあると話す。エーこのホテルにあるのか。指定された3階に再び荷物を部屋に運びこむ。あー荷が重い。きょう国境越えてここまで来る間、岩山は木のはえない灰色、砂漠もある、その向こうには雪山も見えていた。

　いまの気持ちは奥まった山間地方に入り込んだ気分になっている。ホテルの前に焼き鳥を売っていたビールを買って部屋で飲む。

最盛期なのか家族で収穫していたワタ畑ドウシャンベ

2003年9月20日土曜　はれ　暑い　はれ　ドウシャンベ

　てっきり金曜だと勘ちがいしていた、金曜なのにどうして銀行は休みなのかと……。きょうは土曜日だった。でも修理工場は休みでなくてよかった。ボックスの軸が折れていたので9時に修理屋を探して溶接屋に来た。セントラルからちょっと外れて場所にあった。1時間ぐらいで溶接してもらい元に戻ったがまたいつ折れるか心配だ。ホテルに戻って街なかを散歩、郵便局が開いているので切手を買う。

タジキスタンの首都ドウシャンベの中心街のモニューメント

　アーチ型のモニューメントを撮ったりしたあとオートバイで郊外まで走ってみた。すぐに水の流れが速い水路に出た。これ以上山に入ったら戻れなくなりそうだ。パミール山脈を走ってみたいが道が悪くてわたしのオートバでは無理だと言われる。それに日数もかかるのでウズベキスタンのビザが切れてしまいそうなのだ。それにしても検問が多すぎる、中心街は数百メートルおきぐらいにポリスが立ってうんざりだよ。

2003 年 9 月 21 日日曜　あつい　35℃　40℃　あつい　あつい　ドウシャンベ〜タジキスタン〜ウズベキスタン

　ウズベキスタンに戻ろう。朝 6 時 30 分にホテルを出発。市内を出るとワタ畑が広がる。写真撮っていると地元のおじいさんが話しかけて来た。「ジャパン、ジャパン」と繰り返すだけ。国境についた。タジキスタン、ウズベキスタンともスムーズ 30 分ぐらいで通過した。朝が早いので人も少ない。木の生えてない灰色の岩山はなぜかかすんで見える。

　行くとき入れたベンジンスタンドに寄る。ベンジンは「ない」と言う。「少

しだけ」でいい……すると裏の倉庫に隠していた緑色の鉄製タンクからベンジン5リッターだけ高い値段で手に入れることが出来た。ワタ畑〜砂漠〜岩山〜ワタ畑〜砂漠と繰り返して3つか4つの山を越えて来た。道が荒れて不気味に感じる岩山の崩れそうなそばを慎重に走る。小さい村が出て来た。

さびしい道が続くタジキスタン・首都ドゥシャンベへの道

　土塀の集落を見渡せる小高い丘に上がる。ロバがじーと動かずに二頭たっている。山を越えてサマルカンドとブハラに別れる道につく。ここは交差点のベンジンスタンドもある。行くとき入れたスタンド「ベンジン」「今日はない」と言う。「空っぽ」だと言うとロータリーの曲がり角にあると教えてくれた。ベンジン・スタンドではないその場所に行く。家族で出て来てポリタンクを持ってきてくれる。

　10ℓ＝3000ソンが4000ソンとだいぶ高いがしょうがない。15リッター入れる。ブハラまでどうにかたどり着ける量だ。家族の写真を撮らせてもらう。小学一年生ぐらいの女の子はうれしくてたまらないというような輝いている顔がなんともかわいらしい。なんだか自分でもうれしくなってくる。その子のヘルメットをかぶったままの写真を撮った。それにしても300キロ

近くベンジンスタンドは全部閉まっていた。

タジキスタンの途中の集落

　ブハラまでの道は平たんで走りやすく助かった。今のところボックスも外れていない、このまま大丈夫だろう。ブハラの手前100キロぐらいのところから軽自動車二人連れがずーっとついてくる。ブハラの街までいっしょ走ってきた。彼らは学生であると話す。サマルカンド「B&Bバハディール」で教わったホテルに電話してもらうように二人に頼んでみた。すると電話したあとホテルの近くまで案内してくれた。

　ついてきたばかりに走ってきた学生達はいい迷惑だったろう。ありがとうございました。池の周りについた、レストランなど商店もありだいぶにぎやかなところである。ホテルの人が迎えに来てくれる。B&Bホテルに18時頃着いた。この宿はサマルカンドの宿とお互いに連絡して助け合ってあるのだろうか。外人客も多く見かける。シャワーを浴びて先ほどの池のあるほとりのレストランまで出かけ食事をすませる。

　サマルカンドやタシケントのつもりで呑んでいたら倍の値段なのだ。池の
周りにレストランがグルーと建ち並んでいる。焼とりを注文ビールを一気飲
みして昼間暑かったので元気を取り戻す。勘定いくら、エー 8000 ソン＝約
1000 円サマルカンドやタシケントのつもりで呑んでいたら倍の値段なのだ。
「お金が足りない」店員さんとホテルまでお金を取りに戻る。すみませんで
した。冷や汗もんだった。

　ホテルの 3、4 才ぐらいのおんなの子は手伝っているつもりだろう。ほう
きでいつも掃除している。かわいいものだ。

竹を組み土を塗って出来ている民家の取り壊し中。新しい家を作るのだろう

2003 年 9 月 22 日月曜　あつい　あつい　とにかく暑い　ウズベキスタン
　午前中 T/C トラベルチェックを使って両替しようと TUB ウズベキスタン
銀行へ行くがやっぱりダメだ。国境で書いてもらった用紙を持って行ったが
だめ……200$ と書いてあり 300$ だからダメなのかな？。ビール飲んで夕
方まで宿にいる。ここは旧い宿なのかフランスのスチーブンソンが泊まって
いたと記録がある。どんな人だったっけな。

2003 年 9 月 23 日火曜　涼しい　寒い　涼しい　風涼しい　ウズベキスタン

　朝 7 時過ぎて写真を取りに出る。なんだかぐーっと寒さを感じる、半そで
でよかったのになー。8 時半宿に戻るが手がかじかんできた。9 時過ぎ両替
200$ だと「OK」とこのホテルに来ているガイドの人といっしょに銀行にい
くがやっぱりダメだ。ここの泊まっている外国人は一泊二泊ぐらいで出るよ
うだ。①ドイツ人②フランス人③イタリア人④日本人とガイドの話だとツー
リストの多さの順と話してくれた。

　宿から歩いて世界遺産になっている修道院を見て回る。朝が早いから地元
の人もパラパラと歩いているだけ。観光の物売りの女性は一人で店開きの準
備をしているだけ「おはよう」。見るからに歴史を感じる土色の寺院。すこ
し離れた場所にどでかい塀をめぐらせた要塞の寺院に入場料を払って入って
みた。市内を一望できる高台になっている。2 時間ぐらい散策して宿に戻る。

ブハラ遺跡これも世界遺産とかあとで知る

2003 年 9 月 24 日火曜　はれ　はれ　ウズベキスタン

　午前中ネット屋を探して歩く 2 軒あったが英語（ローマ字）も打てずダメ。
結局宿のネット 2 時間打った＝ 6$ ＝ 720 円。夕方初日に途中からここブハ

ラまでいっしょに走ってきた大学生3人が訪ねてきてくれた。しばらくホテルのロビーで片言日本語英語で話をしたあと飲み屋に行くことにする。タクシーで彼達の案内で2、3キロ離れた市内のはずれの飲み屋「バー」に行く。

　店は開いているが電気がついてないローソクで営業していた。電気は中心部だけで毎日停電らしい。へー停電なんだー。ローソクは常時用意されているようだ。なれれば何とも不便は感じない。2、3時間呑んで宿に戻る。

丸一日かかってようやくトルクメニスタン入国
2003年9月25日水曜　18℃はれ　28℃はれ　28℃はれ　ウズベキスタン〜トルクメニスタン

　ブハラの宿を7時30分に出てトルクメニスタンのマリーと言う街まで走る予定である。ブハラの街から郊外にただ広い野原に出た。まずまずの道だけれど本当に国境に向かう道なのか心配になるほど車が前からもうしろからも一台も通らない。へんぴな畑みたいな所が続くので間違って走っているのではないか不安になってきた。ようやく1台の車がやってきた。

　手を上げて「ソーリ」「トルクメニスタン」「ボーダー」「OK」か。「OKOK」安心した。1時間ぐらいで国境についた。ホッとする。ウズベキスタン側出国は30分もかからない。これは調子いいぞ。10時にトルクメニスタン入国手続き。ツーリストの場合ホテルの「紹介状」は「あるのか」とか……言われる。そんなものない！。ない！。2時間ぐらい押し問答した。英語の出来る人と交代通訳してくれる。

　トランジット5日間「ビザ」ならホテルの「所在地証明は入らない」と通訳者。エーほんとにダメなのか。タシケントに戻ってトランジット「ビザ」の取り直し。それは出来ないな。きょうでウズベキスタンの「ビザ」は切れてしまう。進めない戻れない。いったいどうなるんだ。ウズベキスタン側に戻りテレホンセンターに行き地元のおばさんがトルクメニスタンに事情を説明してくれたがこれもダメ。

　日本大使館に電話する。「旅行会社」に電話してみたらと言われて「あっ」気がついた。インビテーションの「控え」を「旅行会社」から「渡されて」いたのをすっかり忘れていた。日記帳に挟んだままだったのだ。あーそうだ、そうだこれだったんだ……。さっそくそれを持って3時頃再びトルクメニスタン側に「インビテーション」の「控えの紙」を持って行く。すぐにOKだろうと思いきや1時間2時間を過ぎてゆく。

　この間「国境地帯」800mぐらいを行ったり来たり朝から何も喰ってない。その国境では地元のおばさん達5、6人は白い布に入った穀物らしいものを国境地帯の真ん中に積んでおしゃべりしながら休んでいる。同じ国境地帯でお菓子屋タバコをばら売りしている。ばら売りのタバコで気を落ち着けよう。5時を過ぎてもパスポートが戻ってこない「ワイロ」ほしさかなーと一瞬頭をよぎるが、どうもそうでもないようだ。

ウズベキスタンとトルクメニスタンの緩衝地帯で丸一日足止め。地元のおばさん達は楽しそうにおしゃべりしながら休憩。展望台はトルクメニスタン側

　国境係官はあっちこっち電話を入れてくれているようだ。そのうち「ツアー会社」の人が「こっち」に向かっているからもう少し待ってと話す。おかし

いなー首都アシガバードからくる？？英語の出来る3人目の人が説明して
くれる。しかし相当時間がかかるだろうにどうなることやら。また「きょう
18時30分にOK」だと話す。でもこのボーダーは18時で閉まるとのこと。
あまり信用できないのでここ国境にテントで寝る覚悟をする。

大型トラックの運転手2、3台はすでにここで泊まる用意をしている。国
境ではいつものことのようだトラックの荷台下に炊事用具、ガスから食料ま
で特製に作られていつでも炊事場になるすぐれものだ、感心する造りである。
さっそくゆで卵をごちそうになる。18時半になって係官が来た。こっちに
向かっているが「途中「橋」が壊れて1時間2時間遅くなると」と伝えてくれる。

橋が壊れた？ってなんの関係があるのだろうか。橋が壊れたら数時間で直
るはずがない。よしここに泊まるしかないなと覚悟。まわりにいた行商のお
ばさん達もだんだん少なくなってくる。トラックの運転手は運転台の寝台付
だから安心した顔であせりなどみじんもない。とうとう19時半になって暗
くなった。トラックの運転手さんからもらったメロンとパン、そしてプロパ
ンガスを使って温めたあずきをいただいた。

国境係官ではない女性が来た。その女性の話しを聞くと紹介状を書いた
ツーリスト会社の女性だとわかった。国境は閉鎖になった。しかし係官は書
類の手続きをしてくれている。他の国境係官はウォカー呑みながら楽しそう
に夕食をしている。喰いたい顔して「うまそうだ」とひやかしながら……「頂
いた」肉片一個をほうばる。腹へっているので最高にうまいありがとう。ど
うもお世話になりました。

手続きは終わった20時30分。ツーリストの女性はあせている。その
車のあとについて走る。暗がりの中ボコボコした道、浮いた鉄板をつないで
いる橋のようだ。その上を慎重に走りきる。先の「橋が壊れている」との話
はこの橋のことだったのかもしれない。40キロぐらい走った街についた。
30$のホテルは高いのであなたの家に「10$」でどうか……泊めてほしいと
言うと「OK」になった。

　食料を買いに大きなバザールはにぎわっている。ビール、にわとりブロイラー、漬けものを買って子供さんを保育園へ迎えに行きツーリストの家につく。広い屋敷になっている。おばあさんとご主人、弟さん 5 人で住んでいると話す。弟さんはいなかったが家族で 12 時頃までおしゃべりしてすごす。壁にはトルクメニスタン大統領の写真が飾ってある。

首都アシガバードに建っている大統領のモニューメント像ひまわりと同じく太陽といっしょに向きを変えて回ることからひまわり大統領と言われていた当時
（2011 年大統領死亡）

「ひまわり大統領なのか」と言うとおばあさんが「シー」と口に指をあてそんなこと言ったら「ダメ」みたいなしぐさをした。どこの家庭でも写真飾らなければいけないことになっているようだ。「告げ口」されるのをこわがっているようすだった、そうなのかこの国は。子どもも腹へっているようだブロイラーをおいしそうにたべている。あーでもきょうはどうなるのかと一時思った。

　タシケントまで戻ってまた「ビザ」21日間待って取り直して、その前ウ
ズベキスタンのビザが切れているのでどうなるかとか心配した一日になっ
た。ところでこの町はなんと言う町なのだろうか。

'03 9 26

10 $ = 1200 円で泊めてもらったツーリストの家族

**2003 年 9 月 26 日金曜　はれ 18℃　はれ 28℃　はれ 28℃　トルクメニスタ
ン**

　8 時半ツーリストの女性に①銀行②警察に行くときのう決めていたので早
目に家を出る。銀行を一軒・二軒回るがやっぱりカードを使えない。シティ
バンクの T/C ダメだと断られた。シティバンクはアシガバードにあると聞
いていたのできょうはそこまで走ることにした。お金の残り 65$ = 7000 円
ぐらいしかない。ガソリン代とか考えるともう心配になってくる。

　トルクメニスタンのここは「ベンジンがないこと」の心配はしなくてよく
なったが今度はお金のことが心配になってきた。警察にはアシガバードに向
かう途中検問所で証明してもらうためご主人が車でそこまで案内してもらっ
た。検問所から一気に首都アシガバードまで向う約 600 キロだ。砂漠、畑、
砂漠の中をスピード上げて走る。ここらあたりは砂漠なのか。道はそれなり

に 100 キロ出しても大丈夫の道だ。

寄って見たかった「マリ」を通過したあと 300 キロ、今 3 時これなら 6 時頃にはアシガバードにつくな。太陽が降りはじめた正面に来て走りづらくなってきた。ホテルを聞くとけっこうありそうだった。検問所でホテルを聞くと「橋」を渡った所に「1$」で泊まれると教えてくれる。橋を越えるとホテルはあった一軒あるだけなのでわかった。5 時になった。ほんとうに「1$ ＝ 120 円」だった。泊まることにする。

一泊 120 円これまでの中で一番安いホテル

120 円は今まで一番安いホテルだ、これまではトルコとシリア地方国境で 250 円が今までで一番安かった。おやじさんと高校生ぐらいの娘さんがいた。食事はホテルの奥さんがやっている近くの食堂へ行くらしい。水シャワーも浴びたことだし早目に日記を書きあげて今 18:44。ビールだ、よし行こう。オートバイのスプリングが効かないせいか疲れが早めに出てくるような感じかする、なにごともなければいいが。

今までで一番安かったホテル 1 $ ＝ 120 円

あーすべての銀行でお金下ろせない

2003 年 9 月 27 日土曜　はれ 12℃　20℃　はれ　はれ　トルクメニスタン

　7 時 45 分 1 ドルの宿を出る。寒さを感じるなー。太陽は背中を照らして
くれている。ラクダが 5、6 頭どこに行くのか朝早いのに歩いている。先回
りしてオートバイとラクダを入れて写真におさめる。首都アシガバードに
10 時半についた。セントラル、ひまわり大統領の銅像が回っているモニュー
メントまで走ってみた。写真を撮ろうとしたらビルの中にいた男が「ノー
ノー」と言っている。ふーん、どうしてだろうか。

朝早くどこに行くのか 5、6 頭の野生ラクダが歩いていた

　シティバンクがあると聞いてきた。「シティバンク」「シティバンク」と聞
く。すぐそこだと教えてくれるが、そこはトルクメニスタン・セントラル銀行。
ここでアメックス・カードだったら OK というがそのカードは持っていない。
そこに行ってみたがカードを使えない。T/C もだめ。二軒目もトルクメでダ
メ。町の人にその銀行の前に建っているホテルトルキーにあるパキスタン銀
行は OK と街の人に聞いて行くが土曜日でクローズ。

　ホテルのフロントに行って「マスターカード」を使える銀行は「ウェスト

バンク」と聞いた。タクシーを使ってそのうしろについて行く 5 分ぐらい。なに！ウェストバンク」もマスターカードはダメ。ウェストバンクが教えてくれた 24 時間オープンの ATM 機械に行った。その ATM でもすべてのカードがつかえない。ウワァーこれじゃダメだ。安宿を探してもトルクメニスタンにいてもしょうがない。

残金は 50$6000 円だけになった！

　イランに向かおう。イランへの道を聞きながら 13 時アシガバードを出る。すぐにボーダーがあった。ここでツーリストカードを渡して国境スタンプは 30 キロ先だと言う。第 2 のボーダーについた。ここまで岩山をぬって上がってきた、これから先はだいぶ寒いだろうと感じる寒さである。気温 23℃手続きの書類とパスポートを出した。その書類は走るルートが書いてある。

　その書類にはイランではなくてカスピ海経由でアゼルバイジャンに向かっているルーである。だからここは通れないと言う。「エエー」「どうすんだ」。書類を造り直すためにアシガバードの「事務所」の地図を書いてくれた。あーまた戻るのかよ。その書類をたよりにアシガバードの街まで戻る。オフィスを探さなければならない。第一で渡したツーリストカードを受けとらないで戻ってしまった。

　途中からオートバイのお兄ーちゃんがついてきた。国境でもらった地図を見せる「OK」オフィスまで引っ張ってくれた。ひとりで探し出せないオフィス街だ。おーありがとう。オフィスに入ると係官がいない、しばらく待って書類を書いてもらった。5$ ＝ 600 円。ウァー残り 50$ ＝ 6000 円になった。オートバイのお兄ーちゃんのところに泊めてもいいと OK になっていたが書類作るのに時間がかかったので帰ったのか。

　それとも泊めるとノーマネーだから大変なことになると思われたかもしれない。オフィスを出たらオートバイのまわりは人だかりになっている。そのうちの 3 人連れの人にベンジンを入れたいから連れていってほしいと頼んだ。もしオートバイのお兄ちゃんが戻ってきたらと思い……一人だけ残って

もらった。ベンジンを入れて戻ってきたが兄ちゃんの姿はなかった。

トルクメニスタンの山

トルクメニスタン、民家に泊めてもらう

　ガススタンドから中年の男がマイカーでついてきた。さてこれからイラン
へか。それとも3人の中に泊めてくれる人がいるかも……。「寝んね、ネン
ネ」両手を耳に添えたしぐさを繰り返す。中年の男の人がホテル？携帯で連
絡してくれている。英語の出来る女性が出ていた。「ハウマッチ」聴こえない。
中年の男の人「こい」というしぐさ。ホテルか？。着いたところは街はずれ
まで走って自宅らしいところ。

　中庭に「ここだ」とオートバイを入れた。家にはおばあさんと奥さんがいた。
お金はいくら「いくらでもいいと」言われたような……。「マイ・ノーマネー」
「二日で5$」と言いながら渡す。奥さんに少しだけ笑いがあるので大丈夫な
のだろう。おばあさんが「エー」たったの「5$」って言う感じのおどろい
た言い方だが悪意はないみたいだ。とりあえずあした日曜までここで図々し
く粘るしかない。

　夜9時になって子供3人帰ってきた。長女15歳、長男14歳、二男13歳と言う。いとこ夫婦も来た。その奥さんが最初に携帯電話に出た人だったのだ。トルクメニスタンはどうか……。うーんワールドワーストワンだ。どうして……。うんあれこれ。そのうちマスターカードが使える銀行があるとの話になった。その銀行にはここのご主人 USP さんの友だちが勤めているとのこと。

　すぐに電話を入れてくれたが本人は留守。中庭の奥にはかなり古いクラシックのめずらしい自動車が止めてある。少しづつていねいに直しているとか。日本で売るとすればいくらぐらいするだろうかとご主人が聞く。うーん700万円〜1000万円ぐらいかなー（本当のところはわからない）がご主人は不満そうな値段と受け取ったみたいである。それにしても立派、わたしにお金があったらほしい旧い車だった。

お金がなくて二日で5＄民家の家に泊めてもらった。家族の人たちにお世話になりました・記念写真

　あした又電話すると話した。11時頃まで話しして床につく。わたしは個室おばさんも一人部屋。他の家族6人は大部屋にふとんを敷いて寝る。申し訳ない。いったん床についたが、いろいろと特にツーリストカードを国境第一ゲートで渡したまま、戻る時とってくるのを忘れて来たのをまた思い出し

た。ウーンどうして取り戻すか「きのう渡した」と「話してわかるかどうか」考えると寝つかれない。

　この国のむずかしさがわかってきたのでなおさらだ。いったん収めたものを戻してくれるかどうか心配になってきた。取り戻すのに地元の人を連れていき説明してもらう必要になるかも。さっきまで英語の出来るおばさんについて来てもらった方がいいな。床についていたご主人を起して、そのおばさんに電話を入れてもらうがまだ帰っていない。

　しょうがないあした早めに起きて第一ゲートの係官が交代する前に取りに行くことにしよう。

2003 年 9 月 28 日日曜　はれ 20℃　はれ 20℃　トルクメニスタン

　8 時になったが日曜のためかだれも起きてない。迷惑とは思ったが思い切ってご主人を起して第一ゲートまで行ってもらおう。事情を話して第一ゲートのある場所の地図をくわしく書いた。ご主人はまだチンプンカンプンだったが男の子供一人はわたしのオートバイに乗せて 15 キロぐらいあった

第一ゲートまで走った。きのうの係官はいたが、ツーリストカード半券を預かった係官は今はいないと……、さて困った。

　そばにいた係官に「事情を話した」らあれはなくとも、あと一枚の「これが」あれば大丈夫だと……。ほんとに大丈夫かよ、「OK、OK」と繰り返す。とりあえずホッとなでおろし不安はなくなった。ご主人は事情わかったようだ、ようやく表情が明るくなった。市内をぐるぐるまわって USP さんの家にもどった。お昼すぎにお姉さんが来た。車の輸入をしたいとの話も出た。パキスタンの港から陸路で持ってくるとか……。

　おばぁさんはご主人が殺されたと話す。ある夜 7 カ所ぐらい刺されて亡くなった。警察も調べたがわからなかったと。「犯人はわかって」いるんでしょうと聴いたら……。「わかっている」。話しを聞くとわたしもなんとなくわかるような感じがする。亡くなったお父さんはアゼルバイジャン出身とも聞いた。アシガバード・セントラルの街中にはボコボコと噴水が吹きだしてあふれている。

　その中心にはひまわり大統領の銅像が太陽に合わせて回っている。ところが U 宅に泊めてもらった時、池に水をためていた。1 日に朝と夕方の 1 時間づつ 2 時間だけ給水されると聞いた。そのために池を作って水を貯めているのだ。池の中には魚を放されている。もし魚が死ぬようだと「危険信号だ」とわかるためのものだろう。飲み水と炊事に使う水は別に汲み置きしていた。

　隣りの小屋にわたしも手伝って池から運んだ水を沸かしたお風呂に入らせてもらった。熱いときに「うめる」水も隣りに汲み置きしてあったが水を極力使わないようにした。この国でも、ちぐはぐの政治になっているな、どうなってんだろ。さーあしたは月曜銀行でお金を下ろせるかどうか、マスターカードで大丈夫と友人に昼間電話して確認してある。夕飯にヤギかヒツジの足先の部分を煮てもらったが臭みが強くて喰えなかった。

イランに入国　残金40$！（4800円）

2003年9月29日月曜　はれ20℃　はれ22℃　トルクメニスタン～イラン

　10時にオープンと主人と長男、10時前の早目に銀行についた。エエーこ
こはきのうおととい来てダメだったところだ。一応カードを持って銀行に
入った。これマスターカード大丈夫……。ノーvisaカードだけです。うー
んそれにしてもご主人の友人がこの銀行にいると電話で確認してくれていた
はずだったのに、どうなってんだろうか。もうここまできたらしょうがない
イランに行こう。

　ご主人も申し訳ないような顔になった。お金が降りたらユースープさん宅
に20$おいて行こうと考えていたが40$しか残ってない。お金は渡せない
……「ほんとすみませんでした」「お世話になりました」「ありがとうござい
ました」深々と頭を下げて合唱ポーズであいさつして別れる。

　二日前きのうも走っているのでイランへの道はわかっている。第一ゲート
通過、ツーリングカードの半券はなくてもほんとうに大丈夫だった。よし第
二ゲートへ。右のオフィスからちょっと離れたオフィスに行ったりと1時間
近くかかった。お金がなくてようやく息苦しいトルクメニスタンをほうほう
の体で出国する。車は通らない静かな白い岩山の道、道そのものはいい。カー
ブが続く山道が続き峠についた。

　国境イランボーダーについた12時半。トルクメニスタンとイランの緩衝
地帯も10km近くと長かった。チリとアルゼンチンも14kmと長がかった。
わたしの走った中で二番目に長い。峠にあるイラン国境オフィスは3か所
に分かれていた。意外にスムーズに手続きは終わった。13時に入国できた。
スイス人ライダーと再び会った。ウズベキスタンからトルクメニスタンに入
る時会ったライダーだ。

　トルクメニスタンは「ノーだね」と嘆いていた。ここで彼はなかなか手続
きがうまくいかないで手こずっているようだ。手伝うことも出来ないので悪
いけど「お先に」と別れる。通りかかった人に「マネーチェンジ」というと

青年が走って来て「ドーラ」。最初トルクメニスタンの残った30000両替、つぎに20$を両替した。160000なのに120000しか渡さない。さっきスイス人と1$＝イラン通貨840と確認していた。

　数え方がおかしく少ない枚数だ。ヘルメットを脱いで「ふざけんなー」「この野郎」日本語で叫ぶと若い青年に代わってまとめ役みたいな男が来て正規な電算機どうりの「お札」を渡したが、いっせに逃げた所を見るとそれでも少しごまかされたのかもしれない。トルクメニスタンの国境でベンジンはイランに入って5kmのところにあると係官が言ってた。しかしイラン国境係官は25km先までないと話す。

トルクメニスタンから国境越えてイランに入ったばかり。うしろの峠は国境

　手続きを終わり山を下り始めた。カーブの道が続く、すこぶるいい道路だ。子どもヤギが一匹山の中にいた。カーブのところで通りかかった小型トラックの二人連れはヤギを捕まえてトラックに乗せていた。きのうアシガバードで10リッターいれていま100kmなのにブスブスと「あれーっ」もう無くなったのかリザーブに切り替える。まだ100kmぐらいは走れると思っていたのになー。まぁ25km走れば入れられる。

　しばらく走っているとオートバイ中年の男の人が来た。停まって「ベンジン・ベンジン」というと「うしろ」に「ついて来い」。あとについて走った。うん？わき道に入った、ハテそう言えば「マガジン（雑貨屋）」とか言ってたな。そこに行くのだろう。狭い村の道を走る。村の雑貨屋の前に止まった。こんなところにあるのかいな。おばさんと何か話している。「ない！」男はまぁ待て。おばさんはポリタンクを下げて来た。

　3、4リッターのポリタンクだ。これ「ベンジン？？」「ベンジンだ」フタをとり少しこぼしながら入れる。4リッターらしい。初めて使うイランのお金。男の人が交渉してくれてイラン……円。いくらだかわからない、少しやりとりして、又足して渡した。おつりはコインで戻ってきた。リザーブの残りを計算してもこれで60〜70kmぐらいは走れることが出来る。

　村の道からビックリするほど立派な幹線道路に出ると男の人は「先に行ってよい」と言う、ありがとうございました。80キロから100キロで走れる道路だ。最初の街についた。街の名前はわからないがそれなりに大きな街に感じられる。街の入り口でマイカーの人に銀行とベンジンスタンドを聞いていたらさっき村まで案内してくれた男の人が追いついてきた。

　銀行は閉まっていると男の人。「ホテル・ホテル」と言うとホテルまで引っ張ってくれる。宿は最初80000の計算がつかなかった。エー10$＝1200円じゃないか。いったん部屋に入ったがこれは高すぎる、すると60000にすると。いや他を探すと本気でリュックを背負うと、すると50000＝（800円）でいいと言う。まぁいいか泊まることにする。駐車場10000＝120円別の場所。

　マイナス1時間30分イラン時間に直した。16時→17時30分。シャワー室で洗濯して日記を書いているところである。シャワーは水だけ……で身体を洗って出て来たらホットもあることがわかった、今少し寒い。これからビールショップ探さなければ。ホテルには食堂はついているがビール・アルコールはご法度だから意味さえ通じない。ビール、ビーラ、ビーニャなにを言っても通じない。

　クッチャン銀行が開いていたので夕方行ってみたがここではカードダメ、130km 離れた街、マシュハドで OK と銀行員がアドレスを書いてくれる。自分の常備アルコール・ウィスキーを飲んで一日が終わった。

イラン、マシュハドでもカード使えず
2003 年 9 月 30 日火曜　12℃はれ　マシュハド

　一刻も早くお金を下ろしたい！　130km 離れたマシュハドに向かって 8 時 45 分出発。10 時半頃マシュハドの街につく。マシュハドに着くあたりからオートバイのお兄ちゃんが並行してついてくる。街に入った所で兄ちゃんにきのう銀行で書いてもらったアドレスの紙を見せる。「OK」と兄ちゃんは銀行までジグザグに走っていく。銀行に着いた。さー下ろせるか。銀行の中に入っていく。

　T/C トラベルチェックもカードも「NO ー」ダメだった。となりの銀行に行った、ここでもダメだった。ここで 5km 先のセントラル銀行のアドレスを書いてもらう。オートバイの兄ちゃんがずーっとつき合ってくれている。銀行の前に止めていたオートバイ、パトーカーがとり囲んでいる。パスポートを見せると……何事もなく離れた。セントラル銀行に行こう。兄ちゃんがひっぱってくれる。

　セントラル銀行に着いた、ここで大丈夫だろう。銀行の中に入った。イランは「カード」「オール」「イラン」「ノー」。トホホ。ノーマネーノーマネー。セントラル銀行で「プライベート」両替所を書いたアドレスを渡される。そこの 300m はなれたプライベート両替所の入っている商店街のビルに入った。モンテネグロと同じ電話で確認しているようだ、もしかしたら「OK」かも。しかしやっぱりダメだった。

ビデオカメラを売ってお金を得る
　あーもう次は物を売るしかない。その前にプライベート両替所から日本大使館に電話を入れてもらった。大使館は「身ぐるみはがされた」「パスポートもない」人にだけ大使館の個人のお金を対処しているとのこと。しかたな

い最悪の場合アメリカで買ったビデオだったが使いづらくてほとんど使ってない。金になる「金目の物」「ビデオカメラ」を売るしかないか。

泊めてもらった民家の家族と現地の人たち。イラン・マシュハド

　20$だけしか残っていない。これではテヘランまでも行けない。プライベート銀行の人にカメラを売りたいと言うと下の二階のカメラショップ店まで案内してくれた。500$ぐらいで売れるだろう。2年前フロリダで買ったビデオは10万円ぐらいだったものだ。あまり使ってないビデオ13$（15万円）の品物だと書いて見せる。店の人は300$と言う。わたしは700$と書いて2分の1・350$で売ると言った。

　店の人は330$と上げて来た。時刻は12時を過ぎている。店の人はあっちこっち動き回って電話して価格を聞いているようだ。SONYだったらいいが、これはダメ傷も付いている。300$になった。まぁこれでも36000円心の中で「これでもいいか」と。テストしていた若い店員が「のぞき窓」から見えないと指摘、故障を発見。エーおれも気づいていなかった。ほんとうにのぞき窓からなにも見えない。

マシュハドでも民家に泊まる

映像は画面で撮るから支障はないはず。しかしこれでは買えないと。うーんまいったなー。頼む「ノーマネー」だから。店の人は250$と書いて見せる。「OK」3万円でもいいや。売れればいいや100$紙幣2枚とイラン通貨50$分を受け取る。これでどうにか息つける。13時になった。店の前に置いたオートバイの前にはすごい人だかり。店の人に食堂を案内してもらう。

食堂から出て来たら、帰ったと思っていたオートバイの兄ちゃんが待っていた。おれは「テヘラン・テヘラン」と言う。「OK・OK」ついて来いと。てっきりハイウェイかテヘランに向かう入り口まで引っ張ってくれるとばかり思ってついて走る。しかし東に走っている変だなー。着いたところは彼の家だった。鉄の扉を開けてティを飲んで行け？中庭にオートバイを入れる。写真を撮ってテヘランに向かおう。

お父さんお母さんが迎えに出て来た。2階にあがれと。14時を過ぎている。じゅうたんを敷いてある広い大広間20畳以上ありそう。あとで聞いたらじゅうたん3m×4m4枚を敷いていると。テレビ、クーラも付いている。しばらく話をしていると日本に働きに行ったときの写真を持ってきた。最初は日本人のライダーがここに来たのかと思っていた……。

夜になって日本に行ったときオートバイを借りて日光やあっちこっち行ったときの写真4枚を額にいれてあった。そうだそうだ、ここに泊まれるのかな。お世話になろう。両手を耳に当てて「寝る」しぐさをして泊めてもらおう。厚かましさが出て来た。ティ（茶）を飲みながらちょっと昼寝をさせてもらおう。家の人はテレビを消して静かにしてくれた申し訳ない。16時に起きた。

兄ちゃんの名前は「アマド」君と知った。そのアマド君とオイル交換に連れて行ってもらった。ついでにそれにスプリングのオイルなくなったのかカタカタ音がするようになってきたことを話す。オイル60000リア＝720円を買って家に戻りご主人ホシンさんとオイル交換をやってもらった。ついでにオイルフィルターも交換しようとオイルの店に再び行き1個30000リア

＝ 360 円を 2 個買った。すぐに店の人が直してくれる。

泊めてもらった民家の家族と。イラン・マシュハド

泊めてもらった民家で水タバコを吸う

　次はスプリング直しにオートバイ屋に行く。暗くなりかけてきた。きょうはダメあした 18 時頃までに直すからと修理屋さんの車でホシンさんの家に戻りいっしょに二階の部屋でお茶を飲んで帰っていった。アマドのお姉さんもいつのまにか帰っていた。男・女の子の双子 6 才二人を育てているらしい。入れ替わり立ち替わり地元の人が来ては帰っていく。

　頭に女性がかぶっているチャドルをお姉さんは部屋では脱いでいる。聴いては見なかったが気持ちがさっぱりするかのように感じられる。それに海水浴ではイスラムの女性も水着になっていると聞いたことがある。考えただけで開放感を味わっているのではないかと想像した。お母さんは脱いでいる姿は見なかった。エジプトのスエズ運河の出口？入り口？。

　地中海海岸で出会った地元の女学生は申し訳ない程度のスカーフだけだったことを思い出す。昼からウォッカ・ウォッカと話していた。ここイラン（ホメニイ）ではアルコールはダメだ。ときのうから聴いている。見つかると 100 回のムチ打ちの刑罰。わたしはアルコールがないと食事が「のど」を通らない。どうしても「ほしい」「タノム」「タノム」と頼んでみた。

　夕食はスパゲティでいいかと聞かれていたので「OK」と応えていた。少し残っていたウォッカをコーラに混ぜて飲む。アル中はしょうがないなー。地元の老人がきていたその老人は 9 時頃になって 50000 リア＝ 600 円でウォッカを買ってくると出て行った。最初は青年アマド兄ちゃんが買いに行ったがダメだった。ベテランの出番か 1 時間ぐらいかけて戻ってきた。

　ポケットから一合ビンぐらいの緑色の瓶を取り出した。女性の姿が印刷されているビンだった。見た目には日本酒一合瓶だ。サンキュウわたしはそのビンからペットボトルに移し替える。でもアルコールがあるんだ。どこかで隠れて飲む人がいるんだろうな。ほんとうかどうかわからないが大事なイスラム・コーランを忘れるからアルコールを禁止しているのだと聞いた。

　飲むとそのビンは老人の息子さんが帰りに割って帰るからと内ポケットに

なおした。ウォッカーみたいな、焼酎みたいな、めずらしい味がした。味などどうでもいいんだ手に入れば。11時過ぎまで家族と日本のこと、イランのこと、いとこのこと、英語の絵本を見ながら過ごす。眠くなった……温水シャワーがジャージャー出る浴室でさっぱりさせてもらった。床に着くがお茶（ティ）の飲み過ぎかなかなか寝付けない。

　さてあしたスプリングは直っているかどうか……。「ピン」を外すのにウズベキスタンのお世話になったミグ戦闘機を修理していたルスタンさんと同じ工具を使っていたなー。大丈夫かな。お金のことばかり気になって写真を撮る気持ちの余裕も出てこなかった。部屋の中は長袖でないと肌寒い。

2003年10月1日水曜　はれ20℃　はれ30℃　30℃　マシュハド

　昨日夕方オートバイのスプリングの修理に出していた、オートバイ屋から直したと連絡があり取りに行く。スプリングは元に戻っていた。あー直ったんだ。

　しかし店のオーナーは出かけていてしばらく待つ。戻って来たのは18時過ぎ。それからテスト運転なのか街を2、3回走りバランスを調整しているのか？。そのあと「OK」と店主。日本の俳優井上順さんに似たやさしそうな人だ。

　昨夜ホシンさん宅に来た時100000リラ＝1万2千円ぐらいかなと話ししていた。50000リラ＝6000円でと安くしてくれた。さらにこのお金はあなたが使ってとわたしにそっくり戻そうとした。いやいや安くしてもらって上にタダでは申し訳ないと日本語でお礼を言って受け取ってもらった。アマド兄ちゃんには20$を両替して「この」新しく「日記帳」を買ってもらうように頼んでいた。

　夜9時時頃に奥さんの両親も昼ごろ見えていっしょに食事する。夕べどこからか仕入れてきてもらったウォッカをお湯で薄めて飲む。ニワトリ・ブロイラー1羽を買ってきたので奥さんに料理してもらう。アマド兄ちゃんの話

だとイランではすべて 125cc 以下と決めてある。それ以上のオートバイは
警察に捕まるとかの話もしていた。もちろんアルコール類もすべてダメ。し
かしツーリストは問題ないとも。

　昼間幼稚園に通っている 6 歳の男の子供を迎えに行く。ここでは男・お
んな別々の幼稚園になっているようだ。街にあるパン屋さんの入り口も男・
女・別々柵で仕切られ並んでいた。気になっていたオイル交換、オイルフィ
ルター、フワン、フワンと弾んでいたスプリングの修理、「チチチ」と小さ
い音がして気になっていたフロントの音も直った。スプリングを直したので
うしろのボックスを直す必要もないかもと思う。心おきなくあしたから走れ
そうだ。

イランの東マシュハドから西・首都テヘランに向かう

2003 年 10 月 2 日木曜　はれ 20℃　30℃　30℃　マシュハド〜テヘラン

　イランのガソリン 1 リッター＝ 6 円。8 時前にホシンさんは 250km 離れた妹さんの家に行くと昨日から話していた。アマド兄ちゃんのオートバイで行くのかと思っていたらわたしのオートバイに乗って行くと言う。うーん弱ったなーでもこんなに今までお世話になって自分勝手なことは許されまい……反省。ただめし喰って悪いと思いごちそうになった奥さんに 100000 ＝1200 円渡した。

　ホシンさんを乗せるためうしろのバックはバックの上に移動ゴムロープで固定した。100 キロ近いホシンさんを乗せて出発。約 2 時間走って 10 時に妹さん宅に着いた。思ったより早くついた。幹線道路からちょっと入った場所だった。ティをごちそうになり 10 時 45 分再スタート。今まで 80 キロ平均で走ってきた。道路が良くて 120 キロ〜 140 キロで走れる気持ちのいい道だ。

テヘランに向かうとき太った１００キロぐらいホシンさんを乗せて２５０ｋｍ離れた妹さんの家に

なんだろうか？トラック停めてもらい運転手さんに撮ってもらった。わざわざ停め
てすみませんでした。なんの建物かわからなかった。

　200キロ、400キロの距離があっという間にすぎてゆく。でもこのまま走っ
てテヘランには暗くなる18時〜19時になる。200キロ手前の街で泊まるこ
とにする。さいわい今日も二人連れのオートバイの兄ちゃんが途中からつい
てきたので「ホテル・ホテル」と安ホテルまで引っ張ってもらった。自分で
は3、4＄のつもりだったが7＄と高い。その前聞いたホテルは30＄のホテル
だったのでここに泊まることにする。

　夜、首都テヘランに着いてホテルを探すのは面倒だから早めに宿に泊まり
朝早く出発して昼間にテヘランに入りホテルを探すのが気が楽だと思った。
スプリングを直したお陰でガタガタしたところでもショックがなく走りやす
くなって快適だった。イランに入ってトイレットペーパーはない。汲み置き
の水を手桶かホースから水を流してお尻を洗う。

トイレに紙がない
　これまでも中央アジアに入ってからトイレに紙がない。あっても拭いた紙

は目の前の用意されたバケツや容器の中に入れることになっている。最初べっとりついたうんこの紙を捨てるのは自分のウンコでも勇気がいる。拭いた紙は捨てるしかないのでどうしても目にしてしまう。2回目3回目になると捨てやすくなる。なれるとなんともないが慣れるまではきつい。しかし何回やっても気分のいいものではない。

　イランではトイレの中にある水道水をホースでお尻を洗うことになるが慣れないと足に引っ掛かってしまう。

イラン首都テヘランに到着
2003年10月3日金曜　20℃はれ　くもり　くもり　マシュハド～テヘラン

　ホテルを8時間に出発、カーブの多い山道になった。首都テヘランまで200キロ。10時ごろテヘラン市内に着いた。車もオートバイも多いな。市内に入る手前からオフロードの兄ちゃんが走ってきた。右端に止めてホテルのアドレスと地図を見せるこのホテルの名前と地図はウズベキスタンで一人旅のカドテラさんが書いてくれていたものだ。「OK」といっしょに走ってくれる。

　30分ぐらい走ってテヘランの中央ホメニイ広場に着いた。ありがとう助かりました。オートバイが走っている国ではこれまでたびたび案内してもらっているが今回もすんなりとセントラルにつくことが出来てありがたかった。地図をたよりにこれからホテルを探す。ホテルへの大きな道はなんと一通になっていて入れない。ここは度胸だ……どっと車がバイクが隙間なく流れてくる……。

　一台一台右手を上げて止めて、強引に突っ込んで大通りを横切る。信号が変わるとマイカーの人もバイクの人もわれ先にと走る。その数はどこの首都より川の流れにようにひっきりなしに流れてくる。それを停めるのだ、しかしイランの人たちも意外と親切だったすぐに停まってくれた。これで近道になったようだ。狭い路地道に入って地図のホテルにようやくたどり着く。ほっ

とする。11 時になっている。

　きょうは金曜日で商店街は閉まっている。ホテルの宿泊手続きを終えた。ひとり部屋は 2 階になる。オートバイは路地裏に止めた。午後ネット屋に泊まっている日本人のヤギさんに着いて行く。途中トイレに行きたくなりホテルに入った。このホテルはヤギさんはきのう会った日本人留学生 S さんが泊まっているホテルだと話す。わたしたちが泊まっているホテルより数段上のホテルだ。

　ヤギさんはついでにと部屋に行って留学生 S さんを連れて来た。S さんはめずらしいイラン建築を研究しているとか話す。「へー」いろんな人もいるもんだなーと感心する。ネットは日本語が打てるのでうれしい。2 時間ネットをやって 3 人で食事にいく。宿に戻ったのは 8 時頃。ロビーには日本人女性と男の人がいた。4 人で 12 時過ぎまでしゃべる。

2003 年 10 月 4 日土曜　くもり　午後カミナリ雨　テヘラン
　朝 10 時までベッドそのあとゆっくり起きてウォッカ水割りして昼飯兼用。ホテルにある情報ノートを読む。くわしく書く人。ひとり旅の女性「ぐれねこ」さんのマップと情報はすごいにつきる。気が気でないお金の工面をどうするか最初トルコに入ることを考えていた。国境の近くでは ATM 使えないところもあるようだし。アルメニアのシティバンクはカード使って「下ろせた」と情報ノートにある……しかしビザがない。

　いろいろ考える……あと 80$ ではアルメニアビザ代で消えてしまう。ビザ発給まで 7 日間待っているその間のホテル代も食事代も……いる。アルコールもない。イランにはいたくないし、よしアゼルバイジャンまで行こう。ダメだったらアルメニアへ（実はアゼルバイジャンとアルメニアは仲が悪くて国交がないことをこの時知らなかった）日本女性クニモトさんが帰ってきた。マツオさんお金どうしました。

　うーんトルコでもむずかしいようだし……ここのホテルでお金を借りて

……と。するとクニモトさんは「200$ ぐらい」だったら「貸して」もいいと……。ほんとですか。その代わり「日本からわたしの口座に振り込んでほしい」と。さっそく 200$ (24000 円) お借りして電話局にすぐに行って日本の自宅に電話を入れた。家族は変わりないようだ。実はお金を振り込んでほしいとカアサンに口座番号を伝えた。

　振り込み先をすぐに伝えることが出来てよかった。このころカミナリが鳴って大粒の雨が降ってきた。しばらく店先の軒下に雨宿り。ホテルに戻りクニモトさんにお礼と日本から振り込むことを頼んだことを報告した。それにしてもお金の工面が出来てほっとした。気持ちの落ち着きが出来た。あーこれで不安は少しなくなった。あしたアゼルバイジャンまでお金下ろしに走ろう。

お金下ろしに隣りの国アゼルバイジャンまで 2000km 走る
2003 年 10 月 5 日日曜 18℃ 寒いぐらい涼しい 20℃走っていると肌寒い 20℃　テヘラン～アゼルバイジャン

　ホテル前、部品店に入れさせてもらっていたオートバイを出してアゼルバイジャン・首都バクーに向かう。約500km ぐらいと聞くが地図はなし。クニモトさんから借り「地球の歩き方」からノートに書き写す。さらに行き先の途中の町何カ所か「名前」は大きく「英語」で書いた。走っていく途中地元の人に見せながら走るためだ。

　しかしよく考えてみると「イラン」の人は英語はわからないわけだ。何人かの人に見せたがチンプンカンプン？いつもとは違うようだ。テヘラン市内を出るのに苦労したがそれでも「バクーバクー」繰り返して走る。右手に灰色の岩山を見ながらどうにか国境・アスタラに着いた。16 時。最後は地元の人が国境事務所をくわしく教えてくれたので助かった。しかし係官が不在。

　一人いたおじさんはすぐに戻ってくると言ったが 30 分待っても戻ってこない。催促して 17 時ようやく戻ってきた。「ハリーハリー」イラン側出国手続き終わり 17 時 30 分。

お金を下ろしに 2000km3 泊 4 日かかって隣りの国アゼルバイジャン・首都バクーまで走る。その途中の山にイラン国マーク？だろうか。

　アゼルバイジャン側に入る。手続きを終えたと思ったら右に入った広場の小屋みたいな所に誘導された。「どうした」音沙汰ない。だいぶ待たされたあげく「パスポート NO」と言いだし始める。若い係官は英語が出来る人だった。

　「上官」「マネーマネー」「OK」と「言ってる」と若い係官が話す。そうか「ワイロ」要求なのか「フザケルナ」。若い係官に「ノーマネー」で通すと話す。バクーに行かないと「ノーマネー」。若い係官「それでいい」「それでOKOK」シーと口に人差し指を充てる。もう暗くなってしまった。上官のいる事務所に入れられた。「なんでダメなのか」「パスポート」「9 月 25 日〜10 月 25 日」になっている。

　「どこがダメなのか」日本語でどなり声を上げる。「おさえて、おさえて」若い係官のしぐさ。結局そのままワイロ渡さずに済み手続きを終えることが出来た。ここら辺もまだまだワイロの悪習が残っているんだなー。真っ暗の

なかアゼルバイジャンに入国。しかしまったくわからない。家の明かりをたよりにそろそろ走る。道がデコボコだ。さっき見えていた明かりは商店だった。ホテルは若い係官に訪ねていた。

　1キロも走らないうちに焼き肉がありそこの家主に「ホテル・ホテル」と聞いたら「そこだそこだ」と指さす。トラックもノロノロ走っていてほこりが舞い上がりなお見えない。そこの「ホテル」までの道がどうなっているのか判断も出来ない暗さ。とうとう店の人に車を出してもらった「あとに着いて来い」しかし焼き肉（シャクリク）を食べにくるんだぞみたいなことを言ってるようだ。

　車のうしろに着いて行く。500mもしないうちにホテルに着いた。すみませんでした。カスピ海のほとりに建っているホテルだった。半月に光で波がかすかに光っていた。いいところに宿があってよかった。2＄＝240円＋食事代……久しぶりにビールもある。しかし2本分しかお金がない。ウォカーをサービスしてくれとせがんで一杯半ごちそうになる。

　ホテルには飲みに来る人もいて浜辺には夜遅くまで月の明かりの下で飲んで騒いでいた人もいる。海岸砂場にはテントみたいなものも立っていた。飛び込みでなんとも素晴らしい環境のホテルに泊まることが出来た。いい思い出の宿になった。（時差イラン18時30分アゼルバイジャン19時55分だった）

2003年10月6日月曜　20℃　ここはあったかい　はれ20℃　22℃　アゼルバイジャン

　夜中2時20分ごろトイレに起きる。やっぱりお金のことが気になる。もしアゼルバイジャンでダメだったら……アルメニアのビザを取りに行きアゼルバイジャンの銀行でお金を下ろそうと考えていた。しかしアルメニアのビザ国境でダメなことがわかった。アゼルバイジャンとアルメニアの国交はないらしい。

　したがってこの国ではアルメニアの大使館がないのだ。アルメニアに入る

のにはグルジアに回って入るしかないことがわかった。

　また、途中出会ったポーランドのトラック運転手の話を聞くとグルジアまで 500 キロの道路は悪くて 10 時間〜 12 時間かかると話していた。そんなに道が悪いのか。いったいそこまで走れることが出来るだろうかと不安が増す。ウーン、もしアゼルバイジャンでお金が下ろせなかったらグルジアに入り……トルコかアルメニアに行くしかない。持っている 200$（24000 円）でアルメニアビザ代 50$……。

　もしアルメニアで下りなかった時はイランビザ 50$ アルメニアからトルコには入国できないらしいから……。グルジアからトルコへ回ることになりそうだ。ガソリン代が日本と同じだったらお金が足りなくなる。ウーンなかなか寝付かれなかった。時計を見ると 8 時を過ぎている。イランだとまだ 6 時台だろうに……。太陽がカスピ海に上がったばかり光が弱弱しい。海岸の浜辺を仕事なのか何人かの人が歩いている。

　8 時半にホテルを出る。カスピ海に流れる細い川の橋が国境になっていることを朝になって分かった。ガススタンドで給油。給油もアゼルバイジャンのお金オンリーだと。バザールで両替したらと教えられた。途中マイカーの人に聞いてついて行く。停まった所に両替してくれる人がいた。首都バクーに向かって再スタート。大きなデコボコはなくなり道路は少しずつよくなってきた。

　しかしゴトゴトした道は田舎の道路のように狭くてカーブが多い。両側にはポツンポツンと民家が並んで出てくる。時に商店みたいなものもある。14 時に首都・バクーに着いた。さて大丈夫か。最初に聞いたセントラル銀行に行く。立派な金色のビルだ。セキュリティの人がここではダメだ。インターナショナルバンクへの道を教えてくれた。「シティバンクカード」でも「OK」か。「OK」と言う。

　ほんとうに大丈夫か？ここの人間はイヤな人間はどっかに早く追い出した

い気持ち、そのための「OK」なのかも……トルクメニスタンのことを思い出すなぁ。教えられた「紙」をあっちの人こっちの人に見せる。最後Uターンしてインターナショナルバンクに着いた。思ったより早く着いた。銀行に着いた「紙を見せ」「ここかい」「そうだ」銀行の中に入る。

「トラベルチェック」「シティバンクカード」「OK」かい。「OK」まだ疑って「OKか」。

アゼルバイジャンのインターナショナル銀行に着いた。パシャパシャとATM機械がお札を数える音がした。カードが使えたのだ。とたんに身体がへなへなとなった

パシャパシャ ATM お金下りてホッと安心

　カウンターの女性何事もないような平然とした顔……小さい声で「OK」。よかった、よかったー。カードでも大丈夫か……「OK」。ATMで200$下ろしてみることにした。パシャパシャとお札を数える音がした。あー大丈夫だぁ……。身体がふにゃふにゃになってしまった。眠れない日が続いたので力が抜けてしまったのだ。持っているT/Cトラベルチェックすべて800$現金にする。14時30分。

あーこれでもうお金の心配しなくてすむぞ。トルクメニスタンに入った
9月25日からこれまでいったいどうなるのか、今日10月6日まで12日間
ずーっとあすはどうするか不安で眠れない夜が続いていた。まぁこれでしば
らくは大丈夫だろう。今度は下ろせる所で早めに用意するようにしとこう。
ホテルに向かう。ここもウズベキスタンで会った女性ひとり旅の千葉のカド
テラさんがメモしてくれたオテルに泊まることにした。

　ホテル（OtelAraz）メモをタクシーに見せてうしろに着いて行く。一泊
8$＝960円＝40000マナト。夕食ビール大1、チキン、トマト、キュウリ、
ワイン1本、パン6$＝720円ガソリン1リッター＝16000マネット＝50
円＊アゼルバイジャン通貨10000Manat＝2$＝240円

真っ暗くなってイランとアゼルバイジャン国境を越えた直後。安ホテルはカスピ海
のほとりに建っていた。朝日の光はよわよわしい

**2003年10月7日火曜　はれ　はれ　はれ　15時過ぎて暑くなる　アゼル
バイジャン**
　再びイランに戻らなければならない。9時過ぎにイランビザを取りに行く。

最初大使館へタクシーでいく 2$ ＝ 240 円。ビザ発行は別のところと警備員の書いてくれた紙を持って再びタクシーで行く、2$。手続きの場所にはアドバイスしてくれるおじさんがいて親切に教えてくれた。用紙を提出したがなにを言っているかわからない。

　7 日〜 10 日間かかる？「エー」「そんなにかかる」日本にも来たことがあると言う申請に来た男の人が通訳してくれた。係官からパスポートを受け取り銀行に行って 50$ を振り込めと教えてもらう。通訳してくれた男とその銀行に向かう。イランの男の人はここアゼルバイジャンでツーリストの仕事をしているらしい。「ミリーバンク」で 50$ 振込。ふたたびイラン大使館に戻る。

　あした 10 月 8 日 13 時に「ここに来い」ビザを渡すからと。イラン人は 12 時に来た方がいい、13 時にはクローズと教えてくれた。ありがとう。しかし、あしたビザが下りるとはよかったなー。タクシーでホテルに戻った 11 時、2$。ホテルから近くのマガジン（酒屋）に行きコニャック 2 本（1 本 1$500ml ＝ 120 円）、ウォッカー 1 本 0、5$(500m) ＝ 60 円。べらぼうに安なーこれじゃアル中が増えるぞよ……でもうれしい

　コニャックなどホテルでペットポトルに入れ替える。これでイランでもアルコールなしの生活ともお別れだ。さてグルジア、アルメニアに行くことにするが高い山で寒く、道も悪いと聞いている。トルクメニスタン、イランでも聞いているがどうなっているか不安である。あまり道が悪かったら国境を越える前に引き返そう。でもタクシーの運ちゃんから聞くところよるとそうでもないような顔していたなー。

　だから行く気になったのだ。最初はお金が降りたらすぐにイランに引き返そうと考えていたが落ち着いてきたら少しずつ考えが変わってグルジア、アルメニアに向かってもいいな。

使った紙は黒い容器に入れる。紙のない人は赤いジョロでお尻を洗う。紙がもった
いないのでわたしはいつもジョロ派。ここは小ぎれいなトイレで気持ちがいいほう。
首都バクーホテル。トイレの写真撮ってごめん

2003 年 10 月 8 日水曜はれ　20℃はれ　30℃はれ　30℃　アゼルバイジャン

　イランビザ 13 時に渡すと言われているが早目に出かける。切手を買いも
とめたあと 11 時タクシーでイラン大使館じゃない、イランビザ発給事務所
に向かった。係官は 13 時とそっけない。しょうがないしばらく座って待っ
ていた。早目に発給してくれるかもしれないと思ってきたが甘かった。近く
の食堂でビール、焼き肉（シャクリク）喰って 12 時過ぎに行く。

　係官は待ってたとばかりにすぐさま「イランビザ」を貼ったパスポートを
渡してくれた。外に出るときのう乗ったタクシーがいてホテルに戻る。少し
でもグルジアに近づきたい 13 時前にホテルをチェックアウト。グルジアに
向かう。聞いていた話では高い山を越えていくのかグルジアは。イランから
来た道を 70 キロ戻ってトラックの運ちゃんに道を聞く。ここまでは道は素
晴らしい。郊外に出たとたんアップダウンの道になる。

右にカスピ海、左に丘を見ながらまもなくアゼルバイジャン首都バクー市内に入る

右にカスピ海、左に丘を見ながらまもなくアゼルバイジャン首都バクー市内に入る

　聞いていた山は、なんか遠いところにあるだけで山には入っていかない。道は平坦が続く。白い塩みたいなものが土から浮き出て緑の畑みたいな雑草も生えないような所が続く、もしかしたらカスピ海から黒海まで続いているのではないかとさえ思う。そう言えばカスピ海の水を「黒海」にそそいで「白海」にしてみようとペットボトルに入れて持って来た。

　作物は作られていないというより育たないから作らないのだろう。家はさっぱりした造りでひさしが日本より長く伸びている。裕福にも見える。約6時間300キロ走ってきた。道は平たんでもやっぱり飛び上がるほどの道が出てくるのでスピードは出せず時間がかかってしまった。町に着いた静かな小ぎれいな落ち着いた街。どこの町かはわからないが小都市。ホテルを探す一軒目30$、2軒目25$。

お金下ろしにイラン・マシュハドから２０００ｋｍアゼルバイジャン・バクーまで走ってきた。ザクロの季節なのか乗用車にも詰めるだけ積んで走っていた。露店で売るザクロ屋さん

　3軒目大きなホテルだったが6$＝720円に泊まることにしたがエレベー

ターは上がるときだけ、シャワーなし。部屋は古びてカギ穴は二つあるが「頼りないひとつ」だけ使うようだ。ベランダの窓も閉まらない。まぁ安いからガマンガマン。少し離れたレストランに行くと結構にぎわっている。生ビール3杯、チキン半分、牛のシャクリク（焼き肉）トマト、キュウリ全部で6$ = 720円。うまくて安い料金だった。

　寒いと聞いていたがシャツだけでいいようだ。ザクロの最盛期なのか乗用車の中に詰めるだけ積んで運んでいた。路上には露店を出してザクロだけを売っていた。そう言えばザクロはアゼルバイジャンだけでしか見なかったな。

グルジア（ジョージア）入国

2003年10月9日木曜　はれ20℃　アゼルバイジャン～グルジア

　安ホテルを8時45分元の道に戻り130km走ってアゼルバイジャンとグルジアの国境に着いた11時9分。狭い国境の一段高い国境事務所で出国手続き。やっぱりせわしい雰囲気を感じる。アゼルバイジャンは20分ぐらいで手続きを終える。緩衝地帯で国境の写真を隠れて撮ってグルジア側に入った。グルジア側に並んでいるトラックを追い越して一番前に並んだ。どこでもオートバイは一番前まで通してくれる。

　グルジアはジョージアと地元の人は呼んでいる。20分ぐらいで入国手続きを済ませる。意外とこの国境はスムーズで気持ちがよかった。国境を出てすぐに食堂があった。道ばたでなんと大木の切株をテーブルにして肉をさばいている。獲りたて？ヒツジみたいだ。これは寄らなければならないうまそうな雰囲気。分厚い肉を焼いてもらう。3$ = 360円だった。

　首都トビリシまで50キロ。途中市内に入る手前でホテルを聞くためオートバイから降りた。なんとオートバイのボックスが外れている。これまで大きくバウンドしながら走ってきたために外れたのだろう。外れたボックスはウィンカーにあたりウィンカーが折れてぶら下がっている。若い青年にホテルを聞いていた3人にオートバイ修理屋も聞いた。500m先に自動車修理工場があった。

アゼルバイジャンの手続きを終えてこれからグルジア入国手続き。ここは緩衝地帯
画面の橋がグルジア国境

国境を越えてすぐ通りのそばで大きな切り株の上でヒツジをさばいていた食堂。寄
らないわけにはいかない。うまかった

今電気が来ていないから電動を使う修理はダメと……仕方ないネジの部分
だけ直して。ウィンカーは持っていたチュウブを切りロープにしていたもの
でウィンカーをトランクバックにあたらないように縛り上げた。頼りないが
どうにか走れそうだ。17時を過ぎている。市内に入るとビックオートバイ
がうしろから二台走ってきた。停まってもらってホテルまで案内してくれと
頼む。

「ソーリ」「ビッグホテル」「ノー」「スモール」「デスカウントホテル」。二
台はヤマハ 750cc、ホンダ 1300cc のオートバイに乗っている。ドイツで買っ
たとか話していた。うしろについて走り出す。「スロースロー」で頼むと話
したのにうれしいのか飛ばして走りだす。ボックスのことが心配もあってつ
いてゆけない。セントラル……とかあっちこっち停まっては電話してくれて
いる。わたしは 5$ 〜 10$ ぐらいのホテルを頼んでいた。

しかし、そんな安いホテルはないと言われた。着いたホテル 50$ ＝ 6000 円。
そのうちオートバイの仲間が電話で連絡したのか 3 台になり 19 時頃 6 台に
なった。全員レストランで食事をと誘われる。わたしはホテルに荷物をいっ
たん置いて再びみんながいるレストランに行く。ホテルに着いたとき仲間一
人がホテルでお金を払っていた。立て替えてもらってあとでいいのかと思っ
ていた……。

今まででー番うまかったつぶつぶワイン……。35 歳で孫が
いる！

レストランでは一人だけ用事あって帰った、残り 5 人でワインは自家製。
飲み物も 3 種類ほどあった。肉、魚、ピザ、などご馳走である。一人は医者
の息子、ホンダ 1300cc、スズキ、ヤマハ、ホンダと 750cc 以上の大型バイ
クばかり。いろんな家族の話の中で……35 歳で孫がいる話しになった。本
人 18 才奥さん 15 歳の時結婚したと……みんなで大笑い。

日本では 40 歳でおじいさんになった人は知っているがなんと 35 歳で孫
がいるとはビックリだった。ワイン特大ジョッキーで 2 杯飲んだ。いやはや

ここのワインのうまいこと、うまいこと。ブドウのぶつぶつが残っていてなんとも味わいのある造りたてのワイン。こんなワインは初めてだ。ここらあたりはワインの産地なのだ。そう言えばアルメニア・コニャックを飲んだ時こんなうまいコニャックがあるのかと今でも味を覚えている。

　となりの国がアルメニアだもんな。ブドウ酒もうまいわけだ。なるほどと思った。料理はだいぶ残っていたが8時になってホテルまで送ってもらった。残った料理はわたしだけ持ち帰る。そしてホテル代二日分はみんながプレゼントしてくれるという「いやいやお金だけは払います」と言ったが{ノーノー}「いいからいいから」みたいな言葉を残してぶっ飛ばしてホテルをあとにした。

　いやーすみませんでした。ありがとうございました。

　今日、さっき出会ってすぐにレストランでお世話になった。バイク仲間はどこでも気持ちが通じるんだなー。言葉は話せなくても会話になるんだもん。ホテル代までプレゼントしてもらってほんともう、申し訳ない。新築なのか気持ちのいいきれいな3階建てのホテル。両サイドに部屋があり真ん中の奥にステージのレストランがあり朝3時頃までプロの歌声が聞こえていた。

　ちょっとうるさいけどバイク仲間が泊めてくれたホテルだものガマンしなくちゃ罰が当たる。ここ首都トビリシにアルメニアの大使館があるかどうかもつかんでいない。あしたはその確認とカードが使えたら銀行で少し下ろしておこう。あとフイルムもなくなってきたので買おう。アルメニアがダメだったらトルコに抜けてからイランに向かおう……と思う。そこまでの道がどうなっているのか……またまた心配になってきた。

　オートバイのボックスもトルコで直すか、イランで直すか……うるさい音楽と重なって夜もうつらうつら寝付かれなかった。

2003年10月10日金曜　はれ20℃　はれ30℃　昼間は暑い　グルジア
　朝8時になってもうす暗い……なのでベッドに引っ込む。11時頃になっ

て下でやっているレストランにビールを買いに行く1本1$＝120円3本買って部屋で昼飯。夕べバイク仲間がレストランで残りのさかな、ニワトリ、ニワトリの煮込み、トマトキュウリ、サラダがたっぷりある。晩飯まで持ちそうだ。12時半頃アルメニア大使館にビザ申請にタクシーで行く。申請用紙に書き込み。

　書き込みしながら発給は「いつ」「10月15日」になると話す。あーやっぱりなーそれじゃいらない。アルメニアが悪いわけじゃないけどあと5日間は待てない。ホテル代5日間×25$＝100$。泊まるだけで100$もかかる。食費を入れると倍以上になってしまう。トルコは「ノービザ」で入国できるだからやめにしてトルコから回ることにしよう。ホテルに戻った。

　ホテルに戻ろう、タクシーに乗ってからホテルの名刺を失くしている、探してもない。乗る前に運ちゃんは「OK」と言っていたが自信なさそう。エーわからないの。大体の方向を指さして走ってもらう。覚えていたホテルの名前を途中でおまわりに聞いて「あっちの方」と教えてくれたのでわかったようだ。ホテルでオートバイのボックスの補強をさらに強いロープでしめ直していた。

ホテルで若い従業員がボックスのリアーの補強をやってくれる。うれしかった

　ホテルの若い従業員が手伝ってくれた。わたしが常日頃考えていた三角形の鉄板で補強したいと思っていたことを話したら鉄板2枚を持ってきて穴をあけて切断して固定してくれた。きのうの修理工場の人よりも手っ取り早く

あっというまに直してくれた。おーありがたかった。これで心配のタネがやわらいだ。ホテル前でお巡りさんと地元の人2、3人が話し込んでいた。

　よし聞いておこう。割り込んでトルコ方面への道のりを聞いてみた。その中の一人がくわしく地名を教えてくれる。あーよかった。あした走りだすので不安もなくなった。グルジアのみなさんお世話になりましたありがとうございました。

2回目のトルコ入国
2003年10月11日土曜　くもり20℃18℃はれて来た20℃温度あがらず20℃　グルジア～トルコ

　朝8時になっても暗い感じで夜明けが遅い。3時5時と目が覚め7時半に起きる。8時20分ホテルを出る。くもりで太陽が弱い。きょうはトルコ国境をめざして走る。

グルジアからトルコ国境に向かう途中観光地と思われる場所を走った。あと20キロぐらいで国境と教わる

　160キロ走って村の道みたいな細い道になってきた。さらに山の中に入っていく、雲が立ち込めて雨でも降りそうで肌寒いいよいよカッパ用意か……。

　そのまま走り続けると山岳地帯になってきれいな紅葉も出て来た。道も川づたいに沿って上がっていくグルジアの観光地なのだろうか、避暑地になっているような感じの別荘？みたいな建物も出て来た。泊まってみたいような魅力の場所だ。しばらく同じような景色の山あいの町は吊り橋が続く。広くなっている吊り橋のところでオートバイを停めて写真を撮る。吊り橋を渡って地元の家など見て回った。

　誰がつけたのか「黒海」カスピ海の水を注ぐとたちまち「白海」になってしまいましたと言う神話を作るためにカスピ海の水をペットボトルに入れて黒海に注ぎこもうと持ち歩いてきた。しかしグルジアのホテルが高くて黒海に行くのをあきらめて一番近い国境のトルコに変更。したがってペットボトルのカスピ海の水は吊り橋の上から川に戻した。再びカスピ海に戻ることだろう。

　残念ながら白海になる神話は実現できなかった。線路が川に沿って作られていた。「ヘー」こんなところまで鉄道が来ているんだ。地元の人とは一人も会わなく残念。うす暗い林道の中に建っている民家を過ぎたあたりから雲が切れて晴れ間がのぞいて日差しも出て来た。あーよかったーと思ったとたん。エエー、こんなところを走るのか、天気はよくなり喜んだのもつかの間、いったん立ち止まる。

　歩いて点検しなくちゃならないような荒れ放題の道。真ん中が雨でくぼみが出来てえぐれている。石もごろごろ。それにしてもひどい道路だ。これじゃ下手するとひっくり返るぞ。しかし行くしかないなー。慎重に慎重にローギアで登り始める。息をつめ道の端を選んで進む。峠みたいな所に建物が見えて来た。車は一台も通らないが……来るとまた困るのだ。ほうほうのていで国境らしい金網の扉・建物に着いた。

グルジアとトルコの国境。この先の道は雨で真ん中がえぐり取られて石ころの道。
息を殺してローギアで国境まで進んだ。こわかったー

　心臓はドキドキ震えが止まらない。動けない。うーんこわかった。でも転
ばないでよかったなー。グルジアの国境は 10 分たらずで通過 13 時である。
トルコ側に入ってスムーズにいくだろうと思っていたが「カルネ」の扱い方
がわからないのかあっちこっちに聞いて一度書いたところを「修正液」で消
したりしている。最後はどこにいったのか「カルネ」「承認印」を押す係官
がいなくて 30 分以上待たされた。

　トルコに入国できたのは 14 時 30 分。トルコに入ると先ほどの道とは違っ
て見違えるほど立派。安心して走れる。すぐに登りになってぐんぐん高度を
上げていく。国境の場所は峠と思っていたが違った。中腹だったのだ。山頂
に着いてから登り下りが続く高原地帯が 200 キロぐらい続いた。ここらあ
たりも見事な紅葉になっている何度か止めて写真におさめる。

　高原にちょっとした町も出て来て泊まろうかと考えるがホテルらしきもの
はなかった。高原を過ぎて町に降りると寒さもなくなり走りやすくなった。

カルスからドウバルセットに向かいその手前イグデス aguis の町で泊まることにした。19 時トルコ時間 17：00。3$ ＝ 360 円のホテルがあったので予約した 15$ ＝ 1800 円のホテルを断り 3$ に移った。富士山に似たアララト山も目の前に・今 18：30 晩めしに行く。

ごちそうになったグルジア・首都トビリシからトルコに抜けるため早朝出発

2003 年 10 月 12 日日曜　くもり　午後カミナリがなって夕立　トルコ

　午前中グルジアの残ったお金を両替に行ったがダメだった。8$ 分あした銀行でどうなるか。マスターカードは使えるがドル紙幣ではなくトルコ紙幣なのでこれもあした銀行に行って……から。アゼルバイジャンでそれなりにお金は用意したつもりだがこれからイラン、パキスタン、アフガニスタン、インドとお金が下ろせないことになったら……またまた心配しなくてはならない。

　カードが使える今お金を下ろしておこう。ギリシャから入った時もトルコ紙幣のゼロの多さにたまげた、今回も物を買って返ってくるおつりを計算できない。

10,000,000 ＝一千マン＝ゼロ四つとって＝ 1000 円

ビール 1,250,000 ＝ 125 円。食事 4 品＝ 4,000,000 ＝ 400 円

トルコ紙幣１００００００（一千万）＝１０００円
写真は百万＝１００円

2003 年 10 月 13 日月曜　はれ　夕べの雨から青空　20℃　はれ　19℃ 22℃はれ　トルコ〜イラン・タブリーズ

　9 時に AK 銀行に行き、マスターカードを使って 500$ ＝ 6 万円を下ろしてそのまま今度は両替屋に行く。ドルに交換する。現金を下ろせるときに余分に用意した。両替屋で 600,000,000 金額がでかくてごまかされたような感じもするがとうとう計算できなかった。渡されたドルを受け取って 9 時半に街を出る。アララト山を左に見ながら 45 キロでドウバヤットに突き当たった。

イラン、ガソリンワンリッター6円→ 15 リッター 90 円

　ここで本線に出たようだ。左へ 35 キロ走って国境に着いた。10 時 40 分。トルコ側 30 分、イラン側 40 分イランに入った時は 12 時。ガソリンをトルコで入れず今までがまんしてきた。イランで満タン入れた。ワンリッター 6 円。15 リッターで＝ 90 円。トルコでは 1500 円ぐらいもするのだ。日本では 1750 円ぐらいか。イランに入って道路が格段によくなった。道になれるまで飛ばさないで 80 キロ走行。

　よし、もういい 100 キロに上げてずーっとイーブンで走る。タブリーズには 16 時に着いた、今日はここに泊まることにする。数回街角で「ホテル・

ホテル」と聴いて最後はオートバイの兄ちゃんに安ホテルまで連れて行って
もらった。貸しガレージにも。3$ = 360 円の宿。

トルコからイランに入ったばかり。うしろの建物は国境。ここから先は白い岩山の
あいだを走るカーブの多い道だった

トルコとイラン国境近くトルコ側にあるアララト山とめずらしい家造りだった。こ
の日は雲がかかってよく見えなかった

2003 年 10 月 14 日火曜　朝 20℃　10 時 30℃　30℃途中長袖を脱ぐ　タブリーズ〜テヘラン

　青空のもと早目にスタートしようとオートバイを預けているガレージに 7 時に行く。残念ながら 8 時でないと開かないと隣りの喫茶店で言われる。ホテルに荷物を取りに行くが今度はホテルの部屋のカギが開かない。ホテルの人がやっても開かない。破れていたドアーにビニール・セロハンテープ？を貼っているのを破って中に入り荷物を出してくれた。駐車場に戻り隣りの店でチャを注文。

アララト山

　駐車場は 20 分前にあいた。一路タブリーズから首都テヘランへ約 700 キロと教えてもらったが実際は 600 キロちょっとだった。砂漠の山をぬってカーブが多い、トンネルもある。片側 1 車線トラックも多い。反対車線からときどき思い切って入ってくるのでこわくて無理も出来ない。「テヘラン・テヘラン」と何回も聞きながら平均 80 〜 100 キロで走る。

　市内に入いるといつものように若いオートバイをつかまえて途中まで引っ張ってもらい、引き継いだ青年に地図とアドレスを見せたら「OK」とホメニイ広場まで引っ張ってくれた。ここまでくれば安心。いつもながらオートバイ仲間に感謝。16 時頃には着くだろうと思っていいたがテヘランに着いたのは 18 時になっていた。1 週間前、泊まっていたホテルではオートバイを見ただけで中から出てきて歓迎の握手。

　オートバイは前回同じホテル前の部品売り商店の中に入れさせてもらった。ウィンカーの電球が切れていたが即とり替えてくれてお金はいらないと……。すみません。ありがたい。ホテルでシャワーを浴びてスッキリしたあと下着もサッサッと洗いレストランで持ち帰り弁当を作ってもらう。ここのレストランにはろうあ者が一人いた。手話を交えながら「わたしのオートバイを見た」とうれしそうな顔で話してくれた。

　そして「いいなー」みたいなうらやましそうな顔の表情をした。日本人は

泊まっているのかどうか今は見かけない。グルジアでウォカーとウィスキー、トルコで缶ビールをたっぷり仕入れてきた。缶ビール一本は冷水で冷やしていたので一気に半分飲んで残りはウォカーを足して少しずつ飲む。なにせビールは貴重なのだ。アルコールはご法度の国イラン。呑んだあとは部屋からあまり出ないようにしたい。

　朝からコーラだけで走ってきた。腹ペコだったのでビールもウォッカーもうまい。最後は持ち帰り弁当で腹を満たした。こころよい気持ち……こころよい温度……9時前にベッドに入る。あした60才。

イランに戻って60歳の誕生日
2003年10月15日水曜　はれ　はれ　はれ　テヘラン
　とうとう……イヤイヤ……ほんとうは待ちに待った60歳！誕生日。ようやく来たなーという感じ。しかしこれからの人生あといくばくもないことを……思うと、やっぱり死ぬことは恐いと思う。80歳になってどうして生活しているのか……想像もつかないが。まぁーしょうがない……考えてみたところでどうにもならんことだ……。バイクにまたがる年数も限られる……いくばくもないだろう……あと5年ぐらいはもつかなー。いやダメかなー。

　これで3回目、海外での誕生日になった。日本から出発したオランダが最初。アメリカ・ニューヨーク9・11事件一週間後一時帰国して誕生日10月15日にアメリカに戻って2回目。午前中オートバイを預けている工具部品屋さんへ。①前照灯を下げる②マフラーに穴が開いているのでふさぐ③補強した金具がスプリングにあたるので削る、などここでは出来ないだろうと思ったが話してみた。

　するとなんとすべてやってのけてくれた。そればかりでなくてオイル交換、オイルフィルターの交換も……なんとお金はいらないと……いやーすみません。厚かましかったなー。ここのオーナーはオフロード・オートバイに乗っている人だった。お礼にわたしのオートバイを街に出して「テスト」してみてと頼んだ。するとお店の人を何人かうしろのに乗せて何回も走りまわって

いた。これぐらい喜んでもらうとこっちもうれしい。

　イランでは250cc以上を買うことは認めていないので余計にうれしかったのではないかと一人思ってしまう。夕方まで4時間ネットをやった30000＝300円。ホテルに戻ったのは18時。自宅に電話を入れる変わりなしで安心。夕食は持ち帰り弁当を買って缶ビールは冷水で冷やしてある。一人静かに盛大に60歳の誕生日カンパーイ。

2003年10月16日木曜　朝21℃　20℃　昼13時38℃　テヘラン

　朝8時前にホテル前に預けているオートバイを出してイスファンに向かった。ハイウェイに乗るまでかなり複雑な道を通ってハイウェイに乗って走り始めた。あーパスポートがない……9時になってベンジンを入れて気づいた。ホテルでパスポートを受け取るのを忘れてきたことに気づいた。いつもパスポートはホテル、フロントに預けることになっている。それをチェックアウトの時受け取るのだが……。

　前に日に精算をすませていたのでそのまま出てきてしまった。いやーあせるなー。しかし、Uターンする場所が出てこない。Qomという料金所ここまで120km。テヘランにすぐに折り返した。10：30になっている。テヘラン市内に着いた。ここからホメニイ広場まで行くのが大変なのだ。何か所かで何人も聞いて走る。あっちだこっちだまったく逆の方を教えてくれる人もいる。

　信用出来そうな商売用のライトバンの人にホメニイ広場まで引っ張ってもらいホテルに着いた。ホテルに着いたのは13時30分。パスポートを受け取ってすぐにすぐに引き返そうと思ったがオートバイを預けている部品屋さんあした「金曜日で休み」だけど預かってくれるかどうか。お店に聞いてみたら「OKOK」休みでも朝8時には開けてくれると言ってくれた。

　あーこれで安心。あと一泊することに決めホテルに入る。シャワーを浴びてネット屋に行き2時間やって戻る。部品屋さんきょう木曜は早目に閉める

らしい。晩めしは持ち帰り弁当を買って部屋で食べる。

泊まっているホテル前の機械部品店の中にオートバイを毎晩入れてもらっていた。
地元の人たち

2003 年 10 月 17 日金曜　朝 20℃　25℃　30℃　テヘラン～イスファン

　イスファンに向けて再スタート。テヘランのホテルを出る。オートバイは
部品屋オーナーが 8 時前に出してくれていた。ありがたい。ハイウェイに入
口まで引っ張ってもらった。その前マイカーの人が突然日本語で話しかけて
来た。そばに寄って来て停まる寸前にバランスを崩してマイカーのうしろの
タイヤにオートバイのミラーがくい込んでしまう程倒れる。親しく話してい
たが倒れてから「保証してくれ」……。

「なにを言ってるんだ」あんたが「突然」「話しかけたからだ」……マイカー
はそのまま走り去った。ミラーは工具を出して直す。イスファンに向かって
ハイウェイを走り途中の料金所でおまわりに止められて「オートバイはダメ」
ときた……「冗談じゃない」「きのうは大丈夫だった」日本語でまくしたてる。
隣りの事務所にエライ人？がいるところまで連れて行かれる。結果は OK。

　そのままハイウェイを走りテヘランから約 400km イスファンに 14 時頃着いた。イスファンに着く 100km 手前から高原になっていた。イスファンの宿はウズベキスタンで会ったひとり旅のカドデラさんにおそわったメモを持っている。そのメモをオートバイの兄ちゃん二人に見せホテルまで引っ張ってもらった。ほんとにオートバイの人にはお世話になるなー。ホテルには日本人がわんさか泊まっているとのこと。

　泊まる手続きをしていると日本人が話しかけて「オートバイ？」と玄関前に止めているオートバイを見に行った。中庭のある宿になって何人かはくつろいでいた。日本人旅行者は 10 人以上泊まっているようだ。自転車 3 人、ツーリスト 3 人、その他ひとり旅とか……。80000 ＝ 10$ ＝ 1200 円。さっそくお店を聞いて夕食の買い物を済ませるイスファンは夕方肌寒さを感じる。標高 1400m あるらしい。

イスファンに向かって走っていた、パスポートをホテルで受け取るのを忘れていたことに気づき１２０km 舞い戻った

2003 年 10 月 18 日土曜　はれ温度計見られず　はれ 19℃　昼 30℃　イスファン

　朝方寒い……やっぱりテヘランとはチト違う。朝 5 時前に目が覚めてから寝つかれずウトウト 9 時過ぎてベッドから出る。11 時半頃ホテルの前の道に続く有名？な「橋」を見に行く。長い石橋を渡ってみる。けっこう地元の人たちの人出があり川の岸辺ではくつろいでいるひとも。橋の途中には見晴らし台みたいな避難場所みたいものもこしらえてありめずらしかった。

　そのまま帰りにはエルム（イマーム）広場へ。家族連れで来ていた親子に写真を撮ってもらったりしていた。ここは静かでゆったりしているが。案内の青年がしつっこくついてくる。「あっちへ行け」最後はどなる。一人でゆっくり歩きたいのだ。おじゃま虫め。宿に 3 時に戻った。ネットは宿にあり 3 時間（360 円）過ごす。夕食はニワトリのブロイラー焼き半分買ってきた。

イラン・イスファーン。イマーム広場

　午前中にパキスタンやアフガニスタンを旅してきた自転車旅人に情報を聞いた。反対車線に強引に入ってきたり、追い越しなど相手かまわず走ってくると。追い越し車が来て田んぼに「飛び下りた」こともあるとか……。危なかっ

たこと、アフガンは危ないとか、インドはもっとひどいとかの話にビビって
しまう。本当に危ないのかな。しかし「整理した」話しは大げさに聴こえた。
普通に話ししてもらえればいいのにな。まぁ注意して走れなければと思う。

2003 年 10 月 19 日日曜はれ 19℃　昼 30℃　はれ 30℃　夕方も案外暖かい

イスファン

今日は日曜日だけど、ここの休みは金曜日なので朝早くから車が走っている
6 時前に目が覚めていた。そのまま支度して 7 時にホテルを出発。昨晩ヤス
ド〜ケルマーンは聴いて確かめていたのですんなりと幹線に乗ることが出来
た。寒いと思って丸首＋カッパズボンをはいて走るが温度は 20℃でそんな
には寒さを感じない。

　予想では山岳地帯のカーブの多い道路だろうと思っていたけど平坦なまっ
すぐの道が続いていた。おとといのガス欠寸前のこともあり 100 キロ足ら
ずで給油してスピード 120 キロ平均で走る。平原地帯……砂漠地帯だっ
たり岩山のとんがった山が右手に見える。意外と早くヤスドを通過。あと
「330km」で「ケルマーン」の標識。片側二車線で上り下りは離れているの
で安心して走れる。

　ケルマーンに 15 時に着いた。ホテルを探すため一時停車、いつものよう
にオートバイの人に聞く。周りに人が集まる……ホテルまで頼む……。うん
……なにかおかしいぞ？。うしろのボストンバックの小物入れのチャックが
開いている。「うーお前か人のチャックを開けたのは！……「この野郎」「お
まえは盗っ人」か……と日本語でどやしつける。若者 7、8 人のグループだ。

　こっちはひるまない。一人になったらなにも出来やしないくせに……。空
手で「目玉」をえぐりとるしぐさを見せてオートバイから降りようとする
と、仲間の一人が「まぁまぁ」なだめにかかるがこいつら許せねー。物は入っ
てないけど人のバックのチャックを開ける行為が許せないのだ……。パト
カーが来てホテルまで誘導してもらうがなんと 65$ もする。

　そこのホテルの支配人にもらった市内地図に書き込んであったホテルマークを紹介してもらった。行ってみたが満杯でダメ。その前のホテルは行ったけど休業でダメ。またまた通りかかったオートバイに「ビッグ大きなホテル・ノー」「スモール・小さいホテル」を 10 分以上引っ張ってもらい 5$ = 600円のホテルに着いた。ここまで来る途中オートバイ 50cc・2 台 3 人のグループが走りながら話しかけて来た。

　最初適当にあしらっていた。ところがおれの前に出てきてブレーキをかけたり「じゃま」する、これも初めてだ。よーし、この野郎とニラメつけるが効き目なし。二度目に前に来た時「止まれ」怒鳴りながらおれの方から本気で蹴飛ばしてやろうと急接近したら U ターンしていなくなった。だんだん質の悪い地域になってきたな。ホテルではオートバイを中に入れないとだめだとホテルの隣りの人が言う。

　塀を乗り越えられて自分のオートバイを盗られてしまったと話した。その人は隣りの材木屋から板を持ってきて階段に敷いてくれたので玄関にようやく入れることが出来た。最初の若者がいた場所でバックからなにか盗られているか宿で確かめたらサインペン一本が無くなっていた。「ダダダーン」と機関銃でパキスタンは危ないと言う。国境近くになると隣りの国のことをよくは言わないところもある。ここも同じだな。

イランからパキスタンに入国
2003 年 10 月 20 日月曜　　はれ 22℃　6 時 19℃　8 時 30℃　12 時 35℃ 13 時 30℃　ケルマーン〜パキスタン

　ケルマーン泊まりここからザーヒダン国境まで 80km。昨夜 10 時頃寝ていたところを起されてオートバイを奥に入れなおすように言われる……。朝 6 時に出る、きのうと同じ平坦な道路……両サイドにはとがった岩山の姿を見せ続いている。平均 120 キロのスピードで予想どうりの時刻で街をかけ抜ける。国境に着いたのは 12 時 30 分。予想した時刻だ。イラン側 30 分で出国手続きは終わる。

イランとパキスタン国境に着く。イランの出国手続きはこれから

　パキスタン側に 14 時に入国手続き。ところがであるカスタム（税関）でなんと 1 時間以上かかってしまった。自分としてはもうちょっと先の町のところで泊まりの予定をしていた。国境で聞くとどうもこの先のホテルは 300 キロぐらいの遠いところらしい。まぁいいかきょうは走って、走ってきたのだ、最初の出だしは 120 キロで走っていたがだんだん落ちてくる。

　知らぬ間に 100 キロ以下に落ちてくる。疲れてくるとどうしても落ちてくる。最初から 100 キロイーブンで走った方が結果的には疲れもないし距離も伸ばせる。ところで手続きを終えたイラン側・パキスタン側両方の国境の建物は同じ。砂漠みたいなほこりっぽい中に土塀みたいなジグザグの仕切りで今までの中では味わいのある温か味のある国境だった。

　イランに比べてパキスタンは何か人柄はいいように感じるなー。イランは何か気を抜けない気がしていたし……。さてさてほんとうはどうなのかはこれからだ。パキスタンに入った。ううーんここはどっちを走るのだ。右側か左側か？走り始めて戸惑う。わかるまでしばらく真ん中を走って前から来た

車を見てから判断だ。そろそろと走ってわかった。日本と同じ左側通行だ。とりあえずガソリンを入れよう。

スタンドではない。道端のドラム缶からポンプで汲んで「ジョウゴ」で入れる。ガソリン 10 リッター 300 ルピ = 5$ = 600 円。イランは 10 リッター = 60 円だったのでパキスタンに来てだいぶ高くなった。パキスタン国境を出てすぐの左にあったこぎれなホテル。ホテルに戻って泊まる手続きをした。二階建ホテルは 5$ = 600 円。泊まっている人はあまりいない。水シャワーを浴びて下に行ったら両替屋が来ていた。

20$……レートは安いが仕方がない。国境カスタムで聞いたレート 1$ = 58 ルピ……両替屋 1$ = 50 ルピと大分安いが仕方ない両替した。

「グッ」「ゲッ」で通じる満タン
2003 年 10 月 21 日火曜　はれ　朝 20℃　10 時 30℃　12 時 33℃　14 時 30℃　パキスタン

パキスタンの国境のホテルをジャスト 8 時に出る。走り出すといつものように寒い……これまでのイランと違って砂漠の平原が続く。ここらあたりは砂漠地帯なのだろうか。不安になってきた。朝もやの中に平屋の民家が朝日に照らされている。道が悪い道の両端には砂ばかり……ヤバいなー。砂の道は最初の 20 〜 30 キロだけ。そのあとはイランにも負けないいい道路が続く。

ベンジン（ガソリン）スタンドは 100 キロぐらい置きぐらいにあると夕べ聞いていたがスタンドが出てこない。「ベンジン・ベンジン」とまとまっている村で聞くと「ここだ」という。「ガソリン、スタンド」ではなく道端にはポリ容器を集めて、これまで道端にはポリ容器を集めている何カ所かあった。あーそうなのか、ここら当たりの「ベンジンスタンド」はこんな風になっているのか。

「よし、納得」道ばたにポリ容器を集めているところが「スタンド代わり」である。それからはそこで給油する。何回か入れているうちに「ガソリン、

スタンド」がわかってきた。オートバイタンクに入れるのは「ホース」ではなくてどこでも「ジョウゴ」に「布」を使ってこして入れてくれる。こまかい「ゴミ」が入らないように布を使うのだ。左は砂漠右には光った岩山がつづく。これ以上砂の道がつづかないようにと祈る。

ペトロール（ガソリン）スタンドはない。ドラム缶から汲んでジョウゴで入れる。どこの国でも「満タン」は手の平を腹から首まで持ってきて「ゲッツ」

　ウーンこの調子ならクエッタには３時頃に着くぞ。よしよしと……ところが300キロぐらい走った所を過ぎたあたりから道が狭くなってガタガタ道のアスファルトになって60キロが精いっぱいである。峠には砂が道に張りだして埋め尽くしている。「エエー」停まって確かめる。50mぐらいなので乗り越えることが出来そうだ。ローギアーで足をつきながら転ばずに越えることが出来た。

　だんだん道幅が狭くなってくる。大型トラックが来たら路肩の砂によけなければなんない。幸い交通量が少なくトラック・自動車がきても路肩の砂によけることなくスローで通り過ぎてくれる。小さな町を左に見る。泊まるにはまだまだ早い。山に入ってどんどん登り坂カーブが多く、ところどころジャ

リも出て来た。途中では「駅」ではないかと思われる場所を通過。スロースローで進む。

パキスタン・クエッターに到着

　山を過ぎて村に入った。その入り口出口に「突飛」が出て来た。スピードを落とすための「土盛り」南米では何回もやられてきた「突飛」だ。線路のある前後にも造られている。注意していても大きくジャンプするほどでかい「突飛」が出て来た。何回かジャンプした。クエッター市内に入る時「エエーッッ」停まざるをえないほど大きな突飛が出て来た。チェックポイントらしき兵士の見張り人もいる前でいったん停まった。

> だんだん両サイドに砂が出て来て道に張り出してないかと心配になるが進むしかない

　斜めに乗り越えようとしたがオートバイの腹がつかえてしまって転倒してしまった。ウインカーライトの右が折れてしまいゴムひもでとりあえず固定して走る。見張りの兵士になんでこんなでかいストップ「突飛をつくるんだ！」捨てセリフを吐きながら手伝ってもらって起こす。市内に入った。ホテルを探すため地元の人が多くたむろしている場所に止める。「ホテル・オテル」

手招きしてくれる人に着いて行く。

二階に上がってみるとそこは「電話」する場所みたいなところだった「ノーノー」。両手を耳に当てて「ホテル」とやったものだから「電話」と勘違いしたようだ。「ノー」「スリーピング」「スモールホテル」再び聞く。オートバイに乗った青年が案内してくれるようだ。うしろについて走る。ついたホテルはなんと五つ星180$（2万円）だと。ええーなんとか52$（6千円）まで下げてもらって泊まることにした。19時になっている。

でっかいホテルで泊まりのお客でにぎやかさがある。兵士の姿もホテルの入り口にも玄関前の広い駐車場にも見かける。フロントで日本人男性3人とあった。日本人二人と日本大使館に勤めているパキスタン人だ。「おれたち」はパキスタンのカラチの方（海側）から列車でくるつもりだったがゲリラが○○砲？で「列車を爆破する」との予告を聞いたので「兵士を雇って」「ジープで来た」とも話す。

その話を聞いて「恐ろしいところ」に来たと本当にビビってしまった。この辺は危ないので「一人では」よした方がいいと話す。危ないと言われてもどうしようもない。しかし落ち着いてよく考えてみると「列車が爆破」されるのなら「ジープ」の方がよっぽど危ないのではないか。こっぱみじんになってしまうのではないか。話してる本人の方がかえっておかしな話ではないかと自問自答して笑ってしまった。

　これまで世界のその国の日本大使館に赴任して働く日本人は厳重に保護された「檻中<ruby>檻中<rt>おり</rt></ruby>」で仕事しているから余計に敏感になるのだろう。地元の現地の人をもっと信用して仕事した方がよかろうとも思う。現地の人たちとの交流など積極的にしている大使館員も中にはおられるはずだ。晩飯は部屋まで運んでもらってビール5本、チキン焼き7$＝800円。久しぶりに満足した夜になった。

山道の途中にあったベンジン・給油所。ここで入れなかった。写真だけ撮らせてもらった。ごめん

2003年10月22日水曜　はれ　はれ　クエッター

　クエッターの五つ星ホテルでくつろぐもイヤな思い。フロントに両替に行った。カウンターにいた男に頼んだ。何回も札束を数え直している。一回……3回・4回……まったく信用しているので何とも思わなかった。部屋に戻って計算してみるとどうもたらないようだ。なぜ何回も見ている前で数え直していたのか疑うが……。しかしパキスタン通貨をまだ充分に把握してなかったのでフロントに戻って文句も言えなかった。

　五つ星ホテルをいいことにこんなごまかし方もあり得ることを知る。きの

う「突飛」で転んだとき痛めたのか左足膝の内側が「あざ」になっている。歩くときビリーっビリーっと痛みが走る。メンソレタムをぬってきょうは静かにしておこう。ホテルの玄関前の駐車場には自動車が満杯の状態で停めてある。兵士のジープもある。「ソーリ」「マイ、オートバイ」「ラワルピンディ」その兵士に走るルートについて聞いてみた。

　地図を見せて……南ではなくて北に上がってスライマン山脈を越えていくように教えてくれた。夜は走ってはダメとも話す。昼ステーキ 7$ ＝ 800 円ビール、夜もステーキ・ビール。ビールは味がいい一日中ホテルで過ごす。テレビ、デスカバリーチャンネルに似た番組を見ていた。

2003 年 10 月 23 日木曜　12 時 22℃　クエッター

　日陰にいると涼しいぐらいだが 3 時過ぎに暖かくなる。昨夜から考えていたオートバイのフェインダー修理。市内を走って修理屋を探すホテルで書いてくれた地図の場所はわからず交差点に立っていたおまわりさんに聞いた。その場所はすぐ近くだった。10 時に修理屋に入って①うしろのフェインダーが割れている　②応急処置で走ってきたうしろボックスの軸を直す

　③突飛で転んだ時曲がったサブ前照灯を直す以上。ボックスの軸の直しには「銅線」を軸に合わせた形に沿ってガスバーナーで熱してプラスチックに埋め込んでいく。2 カ所同じ方法で元の形に直してくれた。「ふーん」こんなやり方もあるんだ。フェインダーも鉄板をあててビスを打ちこむ。前照灯もコロッととれていたがあっという間に溶接して直した。溶接のため取り外した「風防を取り付けておしまい。

　14 時頃だった。これでしばらくはボックスの軸について気を使うことはないだろう……。だけど用心のため今まで通り「布ひも」「ゴムヒモ」で縛りつけボックスが下がって来てうしろのウインカーにあたるを避けたいのだ。修理代約 8$（1000 円）と安かった。銀行でシティバンクカード使えず……どうしたのだろう。マスターカードを使って金を下ろす。2000 ルピー。

ホテルに戻ってからあした走るルートについて道路の状態、ホテルのある町、などこまかいことをホテルに常駐している兵士に聞いた。朝早く出発して夜は絶対に走らないこと。あしたは4時間走ってホテルに入るように注意される。ありがとうございました。膝の痛みは強くならず安心。

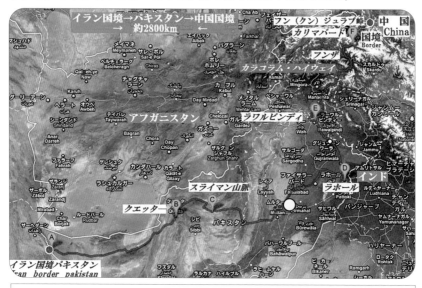

クエッタ〜ローラライ〜キングリ〜ラクニ〜デジハン─◯ムルターン
400キロを10時間20分きつかった。泊まった所は「丸」この辺

2003年10月24日金曜　朝17℃　22℃　昼30℃　クエッター〜ローラライ

　クエッターの五つ星ホテル「セリナ」7時40分出る。不安の気持ちの中に西に向かい東に走るのだが……。郊外に出るまでがわかりにくい。きのう細かく兵隊さんに聞いていたので少しは安心だ。本線に乗ったようだ……北へ、北へ走っていく。教えてもらった別れ道から右の道に入る。ここから東に走るのだろう……おそらくこの道で大丈夫。狭い道だな。家は見えなくなってさびしい山道に入っていく。

　休憩所みたいなワラで編んだ長椅子が家の前に並んでいる。うん？オートバイを停めて歩きで戻って写真だけ撮らせてもらう。すみませんでした。狭い舗装道を走り続けて本線みたいな少し大きい道に出た。ここまではのどか

な山道でほんわかした雰囲気の村を通ってきた。200キロを5時間かかっている。ローラライまで7キロというガス・スタンドに着いた。ここは普通のスタンドになっていて機械で給油する。

山道のさびしいところに建っていた休憩所「チャ」を飲む喫茶店と言ったところだろうと思う。歩いて戻って撮らせてもらった

ガソリンスタンドに泊めてもらう

　給油を終わったころオーナーがかえってきた「お茶でも飲め」みたいなことをいう。「ジャパンから来た」「ホテル？」「わたしの家に泊まっていけ」「エエ」「ノーマネー」でいいと言う。「ゲスト」だからお金はいらないと言う。この先走ってホテルがあるかどうかわからないし暗くなるかもしれない。兵隊さんの言ったことを守ろう。時間はだいぶ早いがよし今日はここに泊まることにする。13時を過ぎている

　時間もあるしゆっくり出来そうだ。とりあえずオイル交換することにした。トラックが入るたびにほこりが舞い上がりオイルに入らないかと気になる。さっそくオーナーの自宅に入れさせてもらう。「うん？」「寝ている人」もい

てふとんもある「旅人か」。大丈夫かいなこの男。まぁいいか荷物を運びこんだ。部屋は15畳ぐらいあるじゅうたんを敷いただけ。トイレは中にある。ふとんはあとで自宅から運ぶと……いう。

　昼飯はチキンカレーに似たものだった。これも無料でいいと。このあと寝ている男にじゃまにならないようにフトンを敷き夕べあまり眠れなかったので2時頃から4時頃までぐっすり眠る。夕方オートバイをガススタンドからオーナーの家の中庭に移す。部屋でオーナーのほか地元の人と雑談言葉は通じないがなんとなく話しはすすむ。不思議なもんだ。オーナーの長男15、6才は英語が出来る。

クエッターからスライマン山脈を越える途中泊まらせてくれたベンジンスタンド。寝ていたのは旅行者だと思っていたらガードマンだった

　アルカイダーは悪いものではないと長男は言っているようだ。6時には日が暮れた。ここのオーナーはこの地域のガススタンド4軒（店舗）受け持っていて地域のチーフだと従業員が話していた。さっきまで寝ていた男が起きて来た。てっきり「旅人」と思っていた男が「銃」を持って出ていく。ウン？兵士？オーナーに聞くとテロ対策のため雇っている男だと話した。夜中は見張りをして昼間は寝ているのだった。

泊めてもらったガススタンドオーナーの自宅。オーナーとガードマン。機関銃を借りて肩に担ぐ

　寒気がしてきたのでジャンバーを着たままそのままふとんに入る。オーナーは「食事は」と聞くが「いやー」「ノー」あまり食欲もない。もってきたコニャックをぐいぐい呑みココナツをかじり、リンゴをかじりそのまま夜を迎える。寒さはなくなってきた。寝る前に中庭で見はりの兵士とオーナー、息子などといっしょに写真を撮る。ガードマンの「機関銃」を貸してもらって写真を撮る。真っ暗なところで馬の糞を踏んでしまう。

2003年10月25日土曜　はれ昼25℃　長袖を脱ぐ　33℃　ローララ イ〜スライマン山

　きょうは日本では関東地区「ふるさと吉田会」の日だ。メッセージ届いただろうか。少しでも早く先に進みたい6時40分ガス、スタンド・オーナーの自宅を出る。見張り役の兵士も6時前に部屋に戻ってきた。きょう走る道路事情についてきのうくわしく聞いていた。それも、それも……しつっこく聞いた。夜は半そでシャツでも汗かくような暖かさ。

> すべてのトラックはピッカピカのチョ派手なものばかり。日本のトラック野郎目じゃ
> ない。しかしスピードが出ないんだ─これが……。山登りではバックしないように
> 助手が石を持ってストップ止めで忙しい

　80キロで給油、ここもスタンドであった。ここを過ぎ137キロからガタ
ガタ道になった。今までとガラッと変わってしまった道路、トラックのあと
について走ると砂ぼこりでまったく見えなくなってしまう。ほこりがおさま
るまで待つしかない。まっ白い土けむりパウダーみたいだ。トラックは歩く
速さだ。あまりに遅い。風向きを待って追い越しをかけ前に進む。

　しかしこっちのスピードも同じで追いつけない。前に出たとたん深いふか
ふかのパウダーに入ってしまい転倒した。フロントに挟んでいた手書きの地
図も土ぼこりの中……前から来たトラックとうしろから来たトラック2、3
人の人に起こしてもらう。エンジン変化なし大丈夫だ。顔も荷物もオートバ
イもまっ白になってしまった。まだ続くのかこの悪路……。「ソーリ」「この
悪道」あと「何キロ続く」

　何度も途中で会ったドライバーに聞くがはっきりわからない。日本語だか

らわかるはずがないのだ。デコボコ道に入って 70 キロでベンジンスタンド
が出て来た。ここはディゼル用専用のみでベンジンはない。店員に「アスファ
ルト」の道まであと「何キロ」あと「テンキロメータ」でアスファルトだと
……。ほんとに 10 キロで悪路が終りアスファルトになった。緊張の連続で
汗びっしょり。80 キロを 3 時間かかっている。

スライマン山脈峠越え

白い土けむりの上がるパウダーの道を過ぎると狭い山岳道路。あとでスライマン山
脈と知った

　地元の人が集まっているところで休憩。ヘルメットを脱いでも顔がまっ白
なのだ。みんなわたしの顔見て笑っている。地元の人たちを写真に撮りなが
ら休憩。アスファルトになったが今度は狭い道の山岳道路に入ってきた。ト
ラックは片方が停まって待っていないと通り抜けない狭さ。多少広いところ
で待機している気の聞いたトラックもいる。普通行きかう時は面倒だな。

　トラックには必ず助手が乗っていて頭大の「石」を持ってバックしないよ
うにタイヤに噛ませる役目なのだ。歩くより遅いトラック同士……ほんとに

遅いトラック同士。峠を越えることが出来るかどうかと心配になる。比較的広い路肩のある場所を狙って追い越しをかける。路肩に石ころがないところを狙うのだ。クラクションを鳴らして追い越すがすぐ前にはまたトラックがいる。停まっているように見える走り方。

谷の深いこの坂を下りていくのか……道は大丈夫かいな正直ビビった。スライマン山脈越え

　追い越すに追い越せない山岳道路。途中パンクして立ち往生のトラック。助手の人に石ころの路肩は支えてもらいながら通り抜ける。下りに入った相変わらず狭い道。ウヘー 3000m は楽にある山岳道路だろう。あの南米のアンデス山脈以上の深い谷底が見えて来た。ぞーっとする。こんなところを下るのか。慎重に下らなければ大変なことになる。

　下りに入った、そろそろ、もっとそろそろ用心して時にはローギアーで走る。よくもこんなところをトラックが走るものだ。ようやく下り終わった。もう 3 時を過ぎている。下り終わった所から二車線のアスファルトでホッとする。ムルターンまであと 30 キロだが手前の町で地元の青年にホテルを案内してもらい 800 リラのホテルに泊まる。17 時。まっ白になってしまった

オートバイを洗いたい。

　青年に連れられ洗車場まで引っ張ってもらいきれいさっぱりにした。氷をもらってビールを冷やして晩飯とする。19時。「一人じゃ危ないと」言われたことなどすっかり忘れてここまで来るのに目の前の道のことで精いっぱいでゲリラのことなど思い出す暇もなかった。もっとも普段どおりで危ない雰囲気などなんにも感じなかった。

2003年10月26日日曜　朝　はれ　はれ　　30℃　19時33℃　21時28℃
夕方もあったかい半そでで充分　スライマン山～ムルタン

　夕べはムザイターゲーヒ? muzaitargarh という町に泊まっていた。夜中に蚊にやられてあまり眠れず。8時過ぎにホテルを出る。夕べホテルの近くにホンダオートバイの看板を見つけていたので気になっている①セルとギア→ニュートラになってもグリーンのランプが点灯しない。②スタンドの位置が「突飛」に引っ掛かりづれてしまっている。どうなるかわからないがとりあえず寄ってみることにした。

　店では「バネ」が「延びている」とカットしてくれたがスタンドそのもは直らなかった。仕方なくラホールに向かって走る。30キロでムルトン……市内を抜けようとしたところにホンダ店の看板……折り返して寄ってみる……ダメだとか……ここでは無理のようだ。あきらめて出発しようとしたところが相変わらずギアーがニュートラに入らなくてエンジンがかからない。

　それを見ていた店の人がメカニックを呼ぶ?と店に戻った。しばらくしてメカニックの人が来た。配線をいじくっている……「そこじゃないのになー」しばらくして前照灯を外しにかかる……「そこらへんなのだ!」核心のところを直しにかかった……11時頃から12時頃までかかってニュートラの電気はつくようになった。がギアーの位置がニュートラに入らないのは直らなかった。

　スタンドの位置についてもお願いするとメカの人が自分の店に案内してく

れる。「ホンダ修理販売店」そこはメカニックの人のお店だった。お店の前でスタンドを短くカットして溶接してくれた。少しは気にならなくなった。修理代「いらないと」オーナーすみませんです。しかしどうも立ちすぎてしまう懸念が残り不安定だ。停めるときに注意しなければ……スタンドに下駄をはかせているのでどこかで外してもらおう。

パキスタンの子供たち

　14 時を過ぎていたのできょうは走るのをやめてここムルタンに泊まることにした。落ち着いた街並みに最初は感じていたが中心部繁華街に入ると走れないほどごっちゃごちゃした街だった。51$6000 円の高級ホテルチーフマネージャーやけに冷たい感じを受けた上に高すぎる。で別のホテルを探した。300m ほど離れた所に 3$360 円で泊まれるホテルがあった。

　ビール・アルコールはさっきの高級ホテルでしか売ってない。そのホテルに戻って物々しい警備員がいるところの地下特別室？入ってウォッカー 2 本・ビール 5 本買う。建物は旧いがホテルは寝れればいいんだ。感じのいいおじさんが管理しているのだろうか。部屋は二階だと説明を受けきょうは早い夕食にする。

修理していたら前日から３０キロしか走ってないムルタンという町で泊まることに
なった

活躍する三輪車タクシー　パキスタン

ラ・ホール到着

2003 年 10 月 27 日月曜 はれ 22℃ 10 時 20℃ 昼 30℃ 32℃ 夕方温度わからず　ムルタン〜ラホール

　朝 7 時 30 分ホテルを出る。ここのホテルは交差点にあった。すでに太陽は上がっていて車も人も三輪車も走りまわっている。あとひとつ気になっていたスタンド。高すぎて止めるとき不安定になる。どこかで……直そう。スタンドの隣でハンマー……鉄板を持ってきて「OK」といいながら下駄をたたく……。当たり前だろ溶接してあるのだから……たたいても直らない。

　仕方ないそのまま走るが「突飛」が出てくるのがこわいのだ。道は広かったり狭い片側一車線だったり……二車線だったり交互の道が続く。左側に鉄骨を扱いガスバーナーを使っているところがあった。Uターンして入り込む。ソーリ……「スタンドの下駄」を取り除いてほしいと指さす。あっという間に 20 人ぐらいの人だかりが出来た。バインダーで 5 分もしないうちに「下駄」を削り取ってくれた。

「いくら」「20」100 ルビしかなかったので渡すと「おつりがない」……「ノーマネー」でいい……。無料？！すみません、ありがとうございました。

　これで停まるとき場所を選ばなくて気にしなくてよくなった。停まるたびに気になっていたがこれで安心できる。途中から渋滞になってきた一向に進まない。ラホール市内に入ったようだ。それにしても進まない。ひどくガスっているラホールに 14 時に着いた、途中からついてきたオートバイに「セントラル」「スモール小さいホテル」を探していると話す。青年は近くをぐるぐる回る。どうもわかってないようだ。

　約一時間ついて回ってついたホテルは「ホリデーイン」高級ホテル。70$8000 円レセプションで「安くして」と……とてもダメ。レセプションの人にたのんで安ホテルの隣りは 30$3600 円……と高い。そのレセプションの人が 3 軒の安ホテルを書いてくれた。駅前ホテルだ。雑騒とした駅前を回り回ってたどりついた「パークホテル」3$325 ルピー 360 円。

　よしよし中庭にオートバイを入れて泊まれる。なんとなく陰気さを感じるがこの安さで文句は言えまい。

街全体がガスっていたパキスタン・ラ・ホールに到着

ラワルピンディ到着
2003 年 10 月 28 日火曜　はれ 22℃　ラホール〜ラワルピンディ

　あしたはゆっくりしようとズボンまで洗っていたが半乾きのままズボンをはいて 7 時 40 分ホテルを出発。なんとなく気持ちがしっくりしない街に感じたのだ。イスラマバードに向かう。ガタガタのアスファルト、立派なアスファルトが交互に出る道路。ガスみたいな春がすみみたいな……2、300m 先は見えない程のけむたい気になるモヤ？違うスモッグかも……。朝でも走りにくい。

　13 時頃ラワルピンド（ラワルピンディ）市内に着いた。「セントラル」何度かオートバイの人に聞くが英語が通じない。市内で一度二度オートバイを停めて聞いてみた。地元の人が話しかけてきて「ここがセントラル」だ。エーそうなんだ。安ホテルもここにある……。U ターンして言われた場所に待っているとさっきの「人のよさそうな」年輩の人が軽自動車で現れた。安ホテ

ルまで引っ張ってもらった。

　なんと真っすぐ行って左側2、3分ぐらいでついた。助かったありがとうございました。ホテルは300ルピー（5$）＝600円。日本語を少ししゃべるスタッフもいるようだ。ホテル前は道を挟んで食堂が並んでいる。あとでわかったのだがホテルは上に行くにしたがって安くなっているようだ。上に行くにしたがって部屋の料金が安い……国が違えばホテル階層の値段がまったく逆なんだー。「へー」こんなにも違うのかとなんだか不思議だ。

2003年10月29日水曜　はれ　朝8時20℃　はれ　ラワルピンディ～イスラマバード

　さてさて、あとはインドビザ、ネパールビザを取りさえすればネパールでゆっくり出来るぞ。どうなるか……夜に考えていた。夜に突然スピーカーを通じて長ーい長ーいあのイスラムの音楽が容赦なく流れる！朝歯みがき、顔を洗って下のレセプションにいってインド、ネパールのエンバシーのアドレスを聞いてタクシーを拾う。タクシーの運転手はわからないらしく停まるたびにドライバーに聞いている。

　イスラマバードに入りようやく公園の中へ……。エーここがエンバシー？……タクシー150ルピー（300円）払った。どうしてこんなに人が集まっているのかと思った。この集合場所から各国の大使館にバスで向かうようになっているようだ。乗る前にバス代125ルピー（250円）払って、並んだ順番に次々にバスに乗る。エンバシー村というか大使館が集まっている地域エリアにバスは入っていく。

　区画整理されている道に沿ってグルグル周り自分のビザ申請する大使館の前で降りる。インド大使館に近い停留所で降りる。なるほどこんな風に一ヵ所に大使館が集まっているとビザの申請もしやすくていいな。申請用紙を事前に受け取って開館を待つ。10時から11時頃までかかって手続きだけ済ませる。ビザの受け取りは7日後11月5日らしい。受け取りの紙には11月5日9時から11時と書いてある。

2003年10月30日木曜　はれ20℃　まっ白のスモッグ？　昼30℃　イスラマバード～ペシャワール

　きょうアフガニスタン国境に近いペシャワ（ペシャワール）に行くが夕べはなかなか寝付かれずうとうと……いったん寝込んだあと……1時2時とすぎていく。起きてホテルのフロントでペシャワールに行く道を確認して9時に出発。郊外に出てから一本道のペシャワールの標識が見つかった。ここまで2、3回ドライバーに聞いた。途中まっ白になったところに入るスモッグ？か、ガスっているが大丈夫かいな……。

　60キロイーブンで走り続ける。きょうはたっぷり時間がある。ペシャワールに着けばいいだけ。約170kmなので午前中で走り終わるので気は楽だ。途中でバザールでトマト、たまねぎ、小さい葉っぱ付のダイコン、を買ってペシャワー（ペシャワール）に12時ジャストに着いた。セントラルのホテルに入る。ここでビールを買ってレセプションに入っていくと一泊170$（2万円）負けてもらっても80$（1万円）だという。

アフガニスタンに向かったがオートバイはダメだった。パキスタンとアフガニスタンの国境近くのバザールで地元の人たちが集まってきた

そんな……泊まれない高さだ……。途中で見つけ確かめていたホテルに戻る。ここは 500 ルピー 8.5$ 約 1000 円なのだ。このホテルに泊まる。12 時半。買ってきたトマト、ダイコンで昼食。葉っぱ付の大根は塩漬けにした。キュウリも塩でもんでビニール袋に入れる。2 時頃から外に出て靴の修理屋さんで手袋の修理を頼んだ……10 ルピー 20 円

別の手袋を洗って電燈の上で乾かしていたらこげてしまってバリバリになってしまった。それではと焦げた右の手袋を再び持って行った。くすり指の付け根をどうして直すのだろうか……。見てる間にいとも簡単に縫いつけて直してくれた。10 ルピー 20 円。靴修理屋の前はトコヤさん……。そのままトコヤさんに入るアルコールが効いてきたのだろうか……いつのまにか眠ってしまっていた。

パキスタンでトコヤさんに初めて行ったが途中でアルコールが効いて寝てしまった。すみませんでした

何回も頭を押さえられていることは覚えている。いやーもうー眠くて眠くて……すみませんでした。主人は笑っている。トコヤは 1 時間ぐらいで終わった。30 ルピー 60 円。柿 2 個買う 10 ルピー 20 円。さてさて不安の残るア

フガニスタンにあしたは入るのか……。本当に大丈夫……。イランやその前の国から危ない……危ないと話しは聞いている、どうなることやら。

　市内をぐるーっと走ってみた、市内入り口に城壁みたいなところを抜けてセントラルへ高層ビルはないが４、５階建てが並んでいる。

露天で商売していた「人のよさそう」な顔の靴修理屋さん。ペシャンの町で

2003 年 10 月 31 日金曜日　朝方冷える　はれ 20℃　昼 33℃　ペシャワール〜ラワルピンディ

　7 時 30 分ホテルを出てアフガニスタンに向かって走る。約 16km 走った所で検問所。ポリスの小屋に入っていつもの車両ナンバーなど書いて終わりかと思ったら紙に何か書いている「なに、何！」よく聞くと「なんかの証明書」が必要らしいことがわかった。市内戻って「もらってこい」「エエー」、また戻るかいな。紙に書いていたのは「ポリスオフィス」のアドレスだったのだ。

　うーん仕方ない。戻るしかないのかー。市内地図だってわからないのに……。戻ってもわからないだろうな……困ったな。市内に戻りドライバーや通行人に見せるがわからない……。街中に立っているポリスに聞くこと 2、

3回……。最後にポリスの横で聞いていた自転車で通りすがりの地元の人が
おれに「ついて来い」と……5、6分自転車のあとをついて行くとここが「オ
フィス」だと教えてくれる。ありがとうございました。

　今8時半、玄関入口のポリスに聞くと9時からだと話す。ここで待たせ
てくれとそのまま居座る。しばらくすると9時前だけど2階のオフィスに「上
がって行け」と……。事務所には年輩の二人がいた。パスポート・カルネを
出してアフガニスタン「カプール」に行くんだけれど……日本語まじりの英
語。アフガニスタンは「オートバイはダメだ」係官はセキュリティのことと
か「オートバイはダメ」と。

　アドレスだけじゃわからないだろうと思ってきたのに……せっかくポリス
事務所を見つけて来たのだ。何回も聞き直すが「オートバイはダメ」「走行
を認めていない」とのこと。「アーア、そうなのか」しかしこれであきらめ
もつく。「そうかダメなのか」係官もうなずきその方がいいみたいな顔になっ
ている。正直時間のかかる山越えをしなくてすむし……内心ホッとする気持
ちにもなった。

　それではと「オートバイ抜きで」自分だけではアフガニスタンに入れるだ
ろう。オートバイをホテルに預けてバスかタクシーでアフガニスタンに一人
旅で行くか……。ホテルに「オートバイを預かってほしい」のだが……と頼
んでみた。ホテルは宿泊者のみの駐車なので「ダメ」とことわられてしまう。
仕方ないよし戻ろう、ラワルピンディへ……来た道なので少しは安心して走
れる。途中「ギルギット」方面の標識も見つけた。

　ラワルピンディに13時前に着いた。ビールを買ってからホテルに戻ろう。
アルコールは有名な高級ホテルでしか売っていない。ホテルの一角でアル
コールを売っている。ビール中瓶10本160ルピー320円。ウォッカー450
ルピ900円を買ってホテルに戻った。途中市内では追突した車5台が停まっ
て渋滞していた。しばらくここラワルピンディでゆっくりしよう。ホテルで
は一泊600円を500円にしてくれるとうれしい話。

　ギルギットの山の方にでも行って見ようかとも思う。ただムスタンを出た
あたりからエンジンが一気に吹かなくなった。パワーが出なくて追い越しが
思うように行かないので気になっている。

2003年11月1日土曜　はれ　温度計見れず　はれ　ラワルピンディ

　再びラワルピンディにきた。大根の葉っぱを塩漬けにする。午前中にホテ
ルの目の前にある「ヤマハオートバイ」修理屋に行って見た。「エンジンが
吹かない」「トラックを追い越す時ぶあーっと一気に抜けない」と身ぶり手
ぶりで説明しながら修理を頼んでみた。「間口」は二間もない小さいオート
バイ修理屋さん。見習いも2、3人いるようだ。大丈夫かな……。2台ぐら
い修理していてなかなか手をつけてくれない。

　「ちょっと待って」と……ホテルに戻ってあとどうなるか見守るしかない。
早目の昼飯のビールを飲んでオートバイ屋に行く。若い人二人しかいないと
思っていたが頼りになりそうなオーナーらしいおやじさんとエンジニアにく
わしいそうなお兄ちゃんが直しにかかってくれていた。プラグを外して洗っ
ている。なるほど真っ黒になっている。そのうちタンクを外してエアーフィ
ルターもチェックすると話す。

　エアーフィルターを洗って……乾くのを待つ。エアーフィルターを見るの
は初めてだ。洗っても使えるのだろうか。フィルターが乾いて夕方5時半に
終了。兄ちゃんがテスト運転・エンジンの噴くのが直ったようだ。あーよかっ
た、よかった。料金はいくら、親方が帰って来てからと……すぐに親方が帰っ
てきた。「お金はいらない」両手を野球のセーフのしぐさで現わして「ただ！」
でいいと話す。

　「イヤイヤお金取ってください」「イラナイ・イラナイ」と、どうもすみま
せん。テストのときフロントの付近がカタカタと音がするのであすまた見て
みると兄ちゃんが言う。晩飯を食ったあとホテルに泊まっている日本人と結
婚しているパキスタン・フンザ出身の人とアルピニストの三人で話す。ギル
ギット方面の山や道路についてパキスタン人の部屋で聞く。10時からテレ

ビで「K2」の山録画を見て 11 時に部屋に戻る。

　午前中にリヤカーでおじさんが野菜を売りに来た。葉っぱつき大根、トマト、ショウガ、たまねぎを少し多めに買った。大根の葉っぱはホテルの帳場を借りて塩漬けにした。それを見ていたスタッフが「メヘヘーン」とヒツジかヤギの鳴き声でからかわれる。大根の葉っぱはヒツジ・ヤギに与えるもので人間が喰うもんじゃない……と笑う。久しぶりに青の菜っ葉はうまかった。ホテルのスタッフは人なつっこい人ばかりだ。

　塩漬けはでかいどんぶりを借りてホテルの冷蔵庫に入れてもらっている。もちろんビールも。パキスタン・ペトロール（ガソリン）1 リッター 300 ルピー＝ 60 円。ニワトリ半分ライス付 60 ルピー＝ 120 円

葉っぱつき大根は塩漬けし、トマト、キュウリなど地元の野菜で食事、ビールのつまみにして食べる。持ち歩いている貴重品の塩はどこの国でもある

2003 年 11 月 2 日日曜　はれ 20℃　昼間温度計みなかった　ラワルピンディ
きのうプラグを掃除してくれたが兄ちゃん新しい「プラグ」と交換した方

がいいと……二人でオートバイ部品店をあっちこっち回る。3、4軒目でようやく手に入った。わたしはプラグのいい悪いはわからないので彼に任せている。6本400ルピー＝840円。だいたい60ルピ＝1＄＝120円。300ルピ＝600円になるのかな。午後シティバンクに連れて行ってもらうがATMでカードが使えなかった。

又あした行くことにする。夕方ビールを買いにホテル「ベストウェスタン」約4キロ。このホテルの裏側に買いに行くが日曜のためクローズになっている。レセプションに行って見たがダメだった。レセプションの2人が電話をあっちこっちにかけてくれるが出ない。そのうちチーフらしい者がポケットの手に入れたまま生意気な態度で話しかけてくる。

こういう人間は無視することにして「あんたとは話はしていない」「こっちの人」と話しているのだ。チーフマネージャー「お前のホテルじゃないんだ」「あんたはハートもない・クールなハート」で「うぬぼれるな」偉そうな態度をとる人間は許せねー。気に障ったのかセキュリティ兵士を呼ぶ……。「個人のホテルと勘違いしている」フロントに集まった兵士5、6人に「パキスタンピープル・ナイスフレンドリー」。

ホテルのこの人間は「ノーハート」「クールなピープルだ」指さしながらまくしたてる。兵士は笑いながらわたしに「まぁまぁとなだめ」にかかる。鼻をちぎって捨てるしぐさをチーフに示して他の人に対しては「サンキュウー・キュウーズミー」と手を合わせてホテルを出る。能力がないのに限ってこういうのがいるんだ、どこにでも……ちょっと上の「肩書」がつくと偉くなったように錯覚する「ヤツ」が……。

夕方オートバイの目の鋭い兄ちゃんがいっしょにと誘ってくれる。兄ちゃんの友だちと3人でレストランへ。もしかしたら立派なレストランかもと思ってついて行く。食堂が並ぶ道ばたのにぎやかな日本の居酒屋に似た食堂街だった。テーブルの上を指で触るとざらざらしたほこりがついている。でもこれでいいのだ気持ちがありがたい。焼とりとライスみたいなもの。料金

は兄ちゃんがおごってくれる。ホテルに 20 時に戻る。

ありとあらゆる自動車部品が集まる商店街ラワルピンディ市内

2003 年 11 月 3 日月曜　朝方冷える　10 時 30℃はれ　14 時 32℃　ラワルピンディ

　オートバイ屋の兄ちゃんが運転してわたしはうしろに乗る。きのうダメだったシティバンクに行く。きのうは日曜でダメだったからきょうは月曜だから大丈夫だろう。銀行の中に入った。どうしてカードが入っていかないのか？。試した銀行の女性のカードはスーっと入っていくのだ。しょうがないホテルに戻る。すぐにネパールのエンバシーに向かう。インドと同じ駐車場から行くのかと思っていたら違った。

　郊外にあった。検問所のポリスにアドレスと地図を書いてもらって向う、すぐにわかった。静かな住宅地の中にあった。受付の係官もいない・ビザをとる人は一人もいなかった。しばらく待っていると車で戻ってきた 20 代にみえる若い係官。10 時 10 分発給は「あした」と話す。「エー」渋い顔していたら午後 2 時に OK になった。受付の男性はパキスタン人で結婚している 27 歳だと言う。

　日本に行きたいがビザがなかなか下りないと……日本大使館は少人数しか
ビザ発行しないらしい。日本の問題なのか、パキスタンの問題なのかはわか
らない。午後再びネパール大使館に来て14時20分ビザを受け取る。30$ ＝
3600円。オートバイマフラーを吊っている左側に古くなってゴムロープで
代用している。オートバイ屋でベルト発動機に使うがっちりした使用済みの
ベルトと交換してもらおう。

　アリタフ兄ちゃんがわたしのオートバイに乗って一人で交換に行っても
らった。夕方ホテルのスタッフ二人が来て「オートバイ屋の人」は「悪い人」
「部品を取り換えられる」「気をつけろ」とわざわざ言いに来てくれた。そう
かな……言われるとオートバイが戻ってくるかどうか気になる。オートバイ
は約束の時間前に戻ってきた。電子部品の交換をしたらしい。お金は「ノー
ノー」いらないと……。

パチンコの景品交換所ではない。大きいホテルでしか売ってないアルコール販売所
の窓口。ラワルピンディ市内

　ホテルのスタッフはほとんどギルギット・フンザ地方出身であるようだ。
みなさんは心やさしい人たちばかりである。わたしが信頼してオートバイ屋

の兄ちゃんと二人で出かけたりしているのでもしかしたらやきもちを焼いて「気をつけろ」とホテルの人は言ってるかも知れないな。法外に「お金をとられる」とも話してくれたが……。夕方には兄ちゃんが小さい素敵なバックまでプレゼントしてくれた。

2003年11月4日火曜　はれ20℃　11時30℃　ラワルピンディ

　11月5日発給すると言われているがもしかしてインドビザが下りているかもしれないと思いインド大使館に向かう。駐車場に乗り入れてバスに乗り換える。9時20分インドエンバシーに着いた。すでに大勢の人が待っている。開館は10時……大使館の前の木陰で休む。10分前に大使館に入る。なぜか最初に入れてくれた。外国人優先なのか？館内に入る前に身体検査2カ所で受ける。

日本人他の旅人もすでに入っていた。呼び出されて窓口に行く。まだ許可がなくてここに届いてないと……。あしたか金曜日には下りると英語が出来るパキスタン人が通訳してくれた。あぁやっぱりなー。申請に来た時オーストリア人はビザ発行約束の日に来たが「あと2、3日」と「言われた」と話したことを思い出す。同じことだったんだ。ホテルに戻って昼めし。

オートバイ屋の兄ちゃんと切手を買いに行く約束をしていたがきょうは行くのをやめにした。オートバイ屋の兄ちゃんは自分の名前を「アリタフ」と教えてくれた。

2003年11月5日水曜　くもり20℃　12時29℃　ラワルピンディ

夕べ朝方雨が降ったのかアスファルトがすこししめっている。パラパラと降ったのだろうか。さて今日はインドビザが下りているだろうか。オートバイで直接インド大使館に9時20分に着く。きのうより申請者半分ぐらいだ。持ち物は全部あづけて10分前に例の身体検査二回受けて中に入る。タバコ、ヘルメットは入り口に置いたまま、2番目に受付に行く。少し待った……「まだビザ下りてない」やっぱりか……。

うーんきょうもダメだ、仕方ない。来るとき見つけた「ポストオフィス」に行って切手を買った。「ノートを広げる」しぐさでいろいろの切手を見せてもらう。5.6種類の切手をかった。全部で160リラ＝320円ぐらい。きのういやな思いしたホテル「ウェスタンホテル」に寄る。きょうは開いていたビール5本、ウオッカー1本トータル1250ルピー＝2400円。今度はシティバンクへ ATM はやっぱりダメ。

なんとか自分の預金から引き出そうと銀行のチーフに交渉してみたがダメだった。仕方なくマスターカードで2000ルピー300$＝36000円を下ろしてホテルに戻る。ざわざわしてにぎやかに感じるラワルピンディ市内も大体つかめてきた。

2003年11月6日木曜9時　はれ20℃　はれ　昼15：00　30℃　ラワルピンディ

　オートバイで9時30分頃インド大使館に着いた。大使館の中に入って待っていること15分。きょうもだめ……？？ウン……おおーOKだ。2800ルピー+500-50\$＝6000円。しかし午後4時に来いと……。どうした、まぁいいやホテルに戻り昼食。3時半にインド大使館に向かい待つこと15分。やったー！シングル3ヵ月ビザ、とりあえず安心だ。

　これからフンザ地方に出かけられる。アリタフさんが夕方食事に誘いに来た。大分お世話になったし断ることも出来ないし・食事に出かける前にビールを飲んでおこうっと……「ダメなんだよおれは食事の前にアルコールを飲まないと一日が終わらないいんだ」食堂に行っても「うまく感じないんだよ」と話したがアリタフにはわかってもらえない。パキスタンの人はアルコールを飲まないからわからないのだろうなー。

カラコルム・ハイウェイ、フンザ、ギルギットに向かって走る

2003年11月7日金曜　はれ20℃ はれ25℃　はれ20℃ くもってきた20℃ ラワルピンディ〜カラコルムハイウェイ

　朝6時電話のベル……モーニングコール？荷物をまとめてレセプションに降りるとアリタフさんがもうホテルで待っていた。昨夜いっしょに食事したあとコーラ、お菓子などもって行けと買って与えてくれたりとほんと親身になってわたしのことを心配してくれているようだ。60歳と年のことなど話したから余計に心配してくれているかも……。

　そして6時50分にホテルを出たあとガススタンドに寄ったあと軽自動車で来ていたアリタフは幹線の入り口まで誘導してくれた。「イーブンペース」で「追い越しはしないよう」に忠告も……。頭が下がる……ありがとう。そして何かあったらト「携帯電話番号」も書いて渡してくれた。ギルギットに向かう。前回看板は見ていたので気にしながら走っていたが突然標識が出て来たので行きすぎてしまった。

　Uターンしてギルギット方面の別れ道に入った。ここまで1時間。片側一車線の狭い道になった。(ここから中国国境まで約800キロを「カラコルムハイウェイ」と呼ぶことをあとで知った。実はハイウェイとは名ばかりであることをこのあと体験する)平均60キロで……まぁいいや。並木道に入った。朝の光で木の影が写りデコボコの道に見えて走りづらい。200キロ走って大きな川に出た。インダス川とあとで知る。

　乳頭色の水、氷河の解けた特有の川に見える。ここまでは山を越えては下っ

ての繰り返しであった。向こう岸にケーブルを渡しゴンドラで地元の人を運ぶ谷の深いところでちょうど子供たちが集団で渡ってきたところだった。だんだんさびしくなる山合いの道。スピードも3、40キロでないと走れない。川を渡ると平坦になってきた。川沿いに道が続いている。カーブのところで小さい店が一軒ここでひと休み。

カーブのところに店が一軒だけあった。反対側には地元の子供がこっちを見ていた

　反対側の高台には地元の子供たちが3、4人こっちを見ている。カメラを向けると恥ずかしそうに逃げる。車の往来は少ない。大きな家は養鶏場と思われるが今はやっていないようだ。南米のあのアンデス山脈を越えるときのように胸をしめつけられるような圧倒される山の深さ。あと27キロでペシャンの標識が出た。ここは時間をくってもしょうがない40キロイーブンのスローで走らざるをえない道路だ。

　ペシャン市内でホテルを聞く。ホテル一軒目満員？とか……。「ソーリ・デスカウント安いホテル」は。もう少し先にあると教えてくれた。道の両サイドに集まるごちゃごちゃした町に着いた。町は谷間に挟まれている。そばには大きなインダス川がとうとうと渦巻きしながら流れている。きょうは寒

いだろうと朝から一枚よけに長袖シャツを着こんで来た。今までは昼になると暑くて汗かいていたが今日はちょうどよかった。

　中庭に駐車場のあるホテル18ルピー（360円）で泊まることにする。到着したのは14時ちょうど。なんと250キロを7時間もかかっている。二階建ホテルの屋上から町の様子を写真に撮った。何も喰わず朝から水だけで走ってきた。早目の5時頃から晩飯を取り始めて19時には床に着いた。

泊まっているホテル「リージェント」の名前だったかな。6階建ての4階は泊まってシャワートイレ付宿泊料500円

一晩中カミナリ轟き音大雨
2003年11月8日土曜　夕方18℃　カラコルムハイウェイ

　昨夜7時頃から雨になってきた。カミナリを伴って大雨だ。いったんやんだあとウトウトしていると再びカミナリがナリ始めて大雨になっているようだ。こわれた「ウケド」から水の音がダダアーとひっきりなしに地面に響く。カミナリもひっきりなしに轟きの音・。時には地響き、地鳴りになってきた。地響きがするたびにうしろの山の上から岩が転げ落ちてこないかと心

配になってくる。寝ていられないカミナリのとどろき音。

南米のアマゾン・赤道を越えたベネゼェラ国境近くでこっぱみじんになるのでは思ったカミナリの爆音。そこで遭遇した雷に続いて二度目である。夜中に二度ほど外を見たが真っ黒で稲妻もひっきりなしに走っている。すぐにやむだろうとくくっていたが朝方までカミナリは一晩中続いた。日本だと1時間もしなくてカミナリはやむがそうではなかった。恐ろしかったとどろきの雷。朝小雨になった。

これでは出発できそうだとオートバイを出すとレセプションの人が出てきて「ノーノー」「スライディング」「スライディング？？」意味がわからない。エーなんのこと？ガケ崩れらしい……。でも「車が走っているじゃないか」「スライディング・スライディング」の繰り返し。2、3日はダメとも。しょうがないオートバイを元に戻して荷物も部屋に入れる。再びふとんに入った。どうなっているのか心配だなー。

明るくなるのを待って9時頃レセプションは……閉まっている。声を出して開けてもらう。地図を出して「どこで」「どうなっている」のか。50キロ先にガケ崩れでトラックもバスもストップだと。それではしょうがないここで待機するしかないな。でも夕べはトラックと思われる車が行き交う音がしていたのになー。どうなっているのだろうか？本当にそうなのだろうか。レセプションの人は人が良さそうなので信用するしかないが……。

電気もつかなくなっている。うす暗い部屋で昼飯食って一日中ふとんの中で過ごす。ギルギットのホテルの名刺をもらっていたので夕方電話してもらうように頼んでみた。旧い電話番号だと言われた。日本人女性が宿をやっている「ツーリスト　コテージ」のケイコさんに電話すればどうなっているのかわかると思ったがこれもダメ。一日中くもったり小雨になったりだ。

夕べは今までと違って寒かった。フトン一枚を敷いて一枚をかけて寝た。さてさて夕方レセプションの人が「あした」は大丈夫だろうと言ってくれた

がどうなるか。あと 350km ギルギットまでは走ってみたいもんだ。ここの町「ペシャン」は谷間にあり道の 500m 両サイドにはびっしりと並んでいる。初めて見るのだろう子どもたちはわたしの地元の人とは違った顔しているわたしの顔をじーっと眺めている。

　11 月 8 日土曜の夜
　○何回もあしたは「大丈夫か」と聴き直す不安の心
　○カミナリ轟く晩のあと静かに出て来た満月の月
　○ギルギットの山から出て来た日曜の満月
　○恐ろしく鳴り響くカミナリのあとの満月は気持ちを安らぎにしてくれる
　○とどろくカミナリのあと星ふたつかがやく夜空にホッとする。

> 書き忘れて「思いだしたこと」
> オートバイ屋のアリタフはオートバイの右ボックスを直しに近くの修理屋に持って行った。
> きょうは直らなかった……二つに割れたボックスはダメだったと帰ってきた。やっぱり「ダメだった」
> かと言う顔をしたら……。奥からボックスを持ってこさせて「これーっつ」と差し出した。エエー元のボックスに直っている。内側に補強のアルミ板を入れてある。今までは針金を通していたのだ。それを取り除いて「ビス」で完全に止めて元通りになっている。「ヘー」「ナイス」「パキスタン」と言うと笑って握手してくれた。タイヤチュウブで落ちないように縛って走ってきたがそれはしなくてもよい。キチンと「カギ」もかかるように直っていた。いやーありがとうアリタフ！！

大雨で陥没・崩落、道路は消えていた
2003 年 11 月 9 日月曜　朝17℃　16℃　昼 16℃　カラコルムハイウェイ〜ラワルピンディ

　昨夜は満月が出て心安らぐ。床に着いてからもあすは大丈夫か……何回もドアーを開けて外に出て月を見る。夜中 2 時頃まで寝付かれない。4 時に一回目が覚めて 5 時に再び起きて 6 時 6 分に起きる。大丈夫のようだ！6 時 50 分ホテルを出る。オートバイの周りに地元の人 5、6 人集まっていた。ホテル前のガソリンスタンドで給油。ガソリンのこと「ペトロール」と言うらしい。満タンにして走り始める。

　これまでと同じように山岳道路に入った。最初インダス川の右を走って橋を渡ると左を走る。どんどん高度が上がってくる、スピードは40キロが精いっぱい。山肌に沿って道が造られている。もういたるところで石ころが転がっている。小さいガケ崩れも出てくる。きのうのカミナリと雨で落ちてきたものだ。イヤイヤ恐いな……ガケ崩れでいつやられても仕方がない道に恐ろしくなってきた。石ころをよけながら走る。

　道路から川底まで200m以上はある山の中腹からインダス川を覗く勇気はない。黒四ダムの下（しも）の廊下を走っている感じである。岩を削り取った岩の下（へつり）をくぐったり土砂崩れした狭いところを緊張しながら通りぬける。1時間で35キロ通過。100キロを過ぎた所で川の右側に入った。小さいカーブが続く、うん・車が停まっている。そう言えばここまで来るのに車とは一台もすれ違うこともなかったな。

「どうした？？」一番前に出てみた。「土砂崩壊だ」山の上から「川底」まで「道がない」「消えてしまっている」うーんまいったなー。ちょこっとだけ残った道の上には土砂が山になっている。向こう側にも同じように車が何台か停まっている。これじゃ当分駄目だろう。いつになるのかわからない。写真をとって引き返すことにした。そこへ「河口湖ホテル」と「日本語」を残したライトバンが到着した。「へー」

　あちこちの国で「日本語文字」を残した車をよく見かける、実は「自慢する」ことを示すために「日本語」を消さないで走っているのではないかと思われる。すぐに引き返す、もたもたしていると戻れないかもしれない。ギルギットまで行っていたら帰りはどうなっていたのか……考えると生きて帰れなかったかも知れない。未知の道路崩壊で巻き添えにならずよかったなーと思う。

　ほんとうにわからない道路だもん、これは「運」としかいいようがない。しかしガレ場で待っていた地元の人たちはあたり前みたいな顔して平然としていたところを見るといつものことで見なれたものだろうか。地元の人たち

は残された土砂崩壊の狭い上を歩いている人もいた。ラワルピンディに戻ろう、わたしは一目散に逃げるように石ころが転がっている道を慎重に避けて下っていく。

周りは６千、７千メートルに囲まれたカラコルムハイウェイ。そのどしゃ崩壊を見て一目散に逃げる帰るように引き返した。途中の町で地元の人たち

ホテルで聞いた「スライデング」とはこのことだったのかと気づいた。夕べまで泊まっていたホテルの前を 12 時過ぎ通過。混雑しているいくつかの町を通過、そのたびに「突飛」が気になるのだ。ガガーとオートバイの腹がつかえので斜めに横断するか、端の方へ回ったりして走って来た。気持ちもおさまった頃高原の村に宿を見つけた。きょうはここに泊まることにする。300 ルピー 600 円。

なかなかしゃれたモーテルだ。小さい食堂を兼ねているモーテルの周りは日本の農村を思い出させる雰囲気。目の前にはとんがった丸い仏教の塔みたいなものもある。畑にはほうれん草やナタネの葉っぱみたいなものが育っている。ウラジオストック６月に出発してここまで「走っている時」半年雨に降られたことはなかった。今回も宿に着いてからの雨だった。

一晩中カミナリと大雨で崩落現場道が消えてしまっていた。カラコルムハイウェイ。
ギルギットまで200キロ残して引き返す

2003 年 11 月 10 日月曜　はれ 12℃　朝寒かった　カラコルムハイウェイ〜ラワルピンディ

　おだやかな朝の光が宿の芝生を照らしている。きょうはもう早起きしなくてもいい……。今回の大きな山場は越えたろう。インド、ネパールだけ心配は少し残るが……。夕べは寒かった、毛布一枚を敷き毛布とかけフトンをかけて寝たが朝方寒かった。8 時 40 分カギを戻しに行くがまだ起きてない。カギは部屋に置いたまま出発する。思ったほど寒くはない。

　小さな S カーブが次々に首飾りのように同じカーブの続く山あいを進む。しばらくすると平坦な道になった。60 キロで走れることがこんなににも楽しく楽なものかとありがたい気持ち。5 日間 30 キロ〜 40 キロとずーっと抑えて走れなかった分余計にそう思う、ありがたいもんだと。ラワルピンディのホテルに戻ったのは 14 時ジャスト！だった。

プロペラ飛行機で再びフンザに向かう

2003 年 11 月 11 日火曜　はれ 20℃　はれ 20℃　ラワルピンディ

　ギルギットまで安い飛行機があると聞いた。片道 6000 円往復 5800 リラ 12000 円とえーっというぐらい安い飛行機代。10 時頃アリタフ兄ちゃんと二人オートバで飛行機のチケットを買いに向かう。あした 12 日 7：10 分発の飛行機を予約して午後受け取りに再び向かった。話しの通りラワルピンディからギルギット往復 12000 円だった。アリタフの友だちは宝石店を親子で経営している。

　アリタフは宝石店のその友達とはだいぶ気が会うようだ。その友達の家にネットを借りに行く。三階建てのがっちりした家にはガードマンが張りついている。頑丈な扉を電動で開けてもらって中にはいる。オートバイも奥のじゃまにならない場所に置く。二階の友だちの部屋で弟に操作してもらってネットを借りる。終わったあといつもの食堂街に行き 3 人ですませた。きょうもアリタフのおごりになってしまった。

　あすの朝 6 時にホテルに迎えに来て飛行場まで送ってくれると……ほんと

うに申し訳ない。ホテルに戻り荷物をまとめてホテルに預かってもらう物と
ギルギットに持っていく荷物を分ける。オートバイはホテルの隅の屋根下に
入れさせてもらった。

カリマバードの隣り・東側にあるアルチット村の住宅と狭い通り道

いつもお世話になっているヤマハオートバイ屋の人たち。人のいいオーナー(左から二人目)オートバイのハンドルを握っているアリタフさんにはほんと面倒を見てもらいお世話になった

ヒマラヤ、ヒンズウクシ、カラコルム山脈

2003 年 11 月 12 日水曜　はれ　温度わからず　ラワルピンディ〜ギルギット

　朝 6 時に前にアリタフはホテルに軽自動車で迎えに来てくれて……そのままうす暗い中ライトをつけながら飛行場へ走る。6 時 10 分に到着。搭乗手続きを終えて 7 時前に飛行機に入る。プロペラ機は 20 〜 30 人乗りだろうか。飛び出した飛行機はきのうまで山を走ってきたようなところを飛んでいく。すぐに雪を頂いた山稜が見えて来た。初めて見る光景が続く。360 度雪山が広がってきた。

　山に三角波が出来たような白い雪山……6000m までの山には名前がつけられない。7000m 以上になって初めて山の名前で呼ばれるとパキスタンの山岳関係者から聞いた。それほど高い山が多くそそり立っているということだろう。それはこのことだったのか。それは実際上空からでないと実感することが出来ないなーと思う。ひときわ目立つ岩肌が光っている山も出てきた。

見るからに何百年も何千年もはげしい風雪に耐えている姿。震えるような銀世界。

カラコルムハイウェイの最後の村ススストの商店。八百屋さん

その山肌は「美しさ」などとは言えない白い峰々の中で雪を寄せ付けない峻嶺は浅黒い岩肌を光らせてすごみがある。世のクライマーはこんな山にも挑戦するのだろうかと恐ろしくて想像も出来ない。ほんと素晴らしく恐ろしい雪山だ。これだと片道 6000 円は高くはない。

ヒマラヤ山脈・ヒンズウクシ山脈・カラコルム山脈と三つの山脈は飛行機でしかみられない光景だった。ちょうど 1 時間でギルギットに着いた。狭い山間の盆地に着陸した。空港を出るときわたしの「泊まる宿」の「アドレス」を聞いた車で来ていた女性は「ニューツーリスト・コテージ」の宿の前で降ろしてくれる。ありがとうございました。朝 8 時を過ぎたばかりで番人の人に扉を開けてもらい中に入る。

部屋に入れてもらっても寒い、寒い今まで 30℃ぐらいのところの街で過ごしてきたので一層そう感じるのかもしれない。ストーブに火をつけてもら

いしばらくはストーブから離られなかった。夕方には日本女性と結婚している
るラワルピンディで会ったバダルさんが来てくれた。「待っていたけど大分
来なかった」ので心配していたと話す。オートバイでギルギットまであと
200キロまで走って来た……

しかし「土砂崩壊で途中からラワルピンディまで戻り飛行機できた」「こ
わかった」ことを告げた。約束していた地元の酒（ブドウ酒）ボトル一本1.5
リッターを仕入れて届けてくれた。すみませんありがとう。ここのオーナー
ケイコさんの昼は親子丼、夜は肉野菜炒め、スパゲティをたらふく食べて早
めに床に着く。日本人二人が泊まっている。

2003年11月13日木曜　くもり　うすくもり　ギルギット

　非常に寒い……。夕べは毛布・掛け布団2枚を借りて寝ていたがそれでも
寒かった。風邪気味でもあり、薬も飲んで寝ていた。朝10時頃起きて外に
出ると太陽が出ている庭で本を読み昼食はスパゲティと野菜炒めをたっぷり
食べる。夕べダバルさんが買って来てくれた地元の酒にお湯を足して飲みな
がら昼食。少し風邪も直りつつある。日本の100円ショップで買ってきた「ぞ
うり」が破けてきた。

　ぞうりを直しに街に行く。こちらの人たちはなんでも、どんなものでもい
つまでも永く大事に使っている人がほとんどだ。ぞうりは10円で直しても
らった、うれしかった。

2003年11月14日金曜　うすぐもり　きのうより暖かい　ギルギット

　10時にバダルさんの知っているツーリスト会社に行く。ジープを使って
中国の国境まで行って、帰りにはフンザの見どころに寄ってくるルートを頼
んだ。約1時間いた。宿に帰ると日本人Oさんに話ししていっしょに行く
ことになった。2泊3日大型クルーザー一台8000ルピー（14000円）。一人
約7000円。あした7時出発。天気が晴れてくれるのを待つだけである。風
邪気味だったがここ両日日本料理の緑の野菜など腹いっぱい食った。お陰で
すっかり直ったようだ。

2003 年 11 月 15 日土曜 くもり くもり ギルギット〜カラコルムハイウェイ

　朝 7 時にホテルクルーザーに乗って出発。天気はまずまずだ。わたしと
O さん二人のほかに T さんも途中までいっしょに行くことになった。カラ
コルムハイウェイを登っていく。狭い山あいの谷々……窓を開けると冷たい
風が入って寒い。ギルギットを通過。ギルミット・15 時ぐらいだろうか。
ホテルに荷物を置いて近くの小さい湖、インダス川にかかっている吊り橋へ。

　吊り橋を渡ってみよう……吊り橋に板ギレは 50 センチ間隔につけられて
いる。少し歩いてみたが……川の流れが真下に見えている。10 メートルも
すすめない……こわくてとても無理だ……戻って来た。地元の人慣れたもの
ひょいひょいと歩いてきた。吊りの重さがかかるので「板切れ」は少なくし
ているのだろうかと推そくする。宿に戻って夕食。熱いお湯が出ると思って
いたがぬるくてシャワーをやめにした。宿からはきれいなギザギザした雪山
が窓から見えて最高だが小さな電熱器を囲んで夕食を終える。一泊 225 ル
ピー（420 円）。

ゆれる吊り橋の板の間隔が５０センチ以上も離れているので恐くて一歩もふみだす
ことが出来ない。間隔を開けないと重さでつり橋にならないのだろうインダス川

パキスタン最北の村ススト

2003 年 11 月 16 日日曜　くもり　はれ　はれ　カラコルムハイウェイ〜中国国境フンジュラブ峠〜フンザ

　8 時半過ぎに中国との国境フンジュラブ峠（地元の発音）向けて出発。クルーザーはたびたびギアーが入らなくなる。途中の村で修理 30 分ぐらいで直ったようだ。村の店に 3 人別々に出かける。わたしはつまみのトマト、たまねぎ、ピーナツのいとこみたいなものを買う。その隣りでジャガイモをふかして皮を向いている店があった。店の前に 30 センチぐらいの小さい溝が流れている。

　その水を使って熱を取りながらジャガイモの皮をむいている。わたしはしゃがみこんでいた。蒸かしていた男はジャガイモ 1 個差し出してくれた。皮もむかずにそのままほうばる。塩をもらって 2 個食べた。いつのまに「物乞い」になったのだろうか。ものほしそうにしゃがみこんでいたのだ。いつのまにか「手を差し出していた」のだ。自分でもわからないがそこまで気持ちがすさんでいたのだろう。

　そればかりじゃない、二人がラーメンを作ってもらっている店に寄った。暖かい卵を落としたスープは実においしそう。N さんは体調がよくなくて食欲もいまいちとかでスープを残した。そのスープをもらって飲んだ。今まで考えもしなかった人の残したスープまで平気で飲んでしまう、そんな自分をなんとも思わなくなっている。なんと思われようとどうでもいい……気持ちになっていく、自分もだいぶ変わってきたもんだ。

　今までは他人が食べ残した物など食べたくてもガマン！してプライドがあった。そんな「はしたない」こと……しなかったのに。どうしたんだろう……か。ここの村はパキスタンの最北の村「ススト」であることをこのあと二回目にオートバイで来た時に初めて知る。クルーザーはだんだんと狭い奥へ、奥へさらに狭い谷間を……。いたる所にガケ崩れや岩が転がっている。迂回して進むがじゃりみちが続く。

「ようこそパスーへ」の意味だろうか歓迎文字を受けスストに向かう

小さいホテル３、４軒あったパキスタン最北の村「ススト」。ジャガイモをもらって喰った場所。ここから中国国境フンジュラブ峠まで約１００キロ

道から見える氷河は黒っぽい汚れている氷河だった。カラコルム氷河

パキスタン・中国国境、フンジュラブ峠

　雪の道に変わった、日陰の凍ったままの雪道もある。もう溶けない雪道のようだ。グンと高度上げていろは坂ごとくの道を登っていく。弱弱しいが太陽も出て青空も見せてくれている。登りきったところは台地になっている。ここが中国との国境フンジュラブ峠だ。2メートルぐらいの石碑塔には「PAKISTAN」と赤地で「中国」の漢字が刻みこまれている。あたり一面真っ白な雪景色。

　パキスタンは左側通行中国は右側通行ここの国境では「ここから右側」と標識が出ている。国境で交差しているめずらしい「道路標識」は初めてだ。パキスタン側には係官がいたが中国側建物は閉まって誰もいなかった。ひとつの目的でもあったフンジュラブ峠の国境を見ただけでも満足、あーよかった。あっちこっち国境付近を歩いていたら頭がふらふらしてきた。
　（ここフンジュラブ峠は標高4943mあることをあとで知る）

歩いているとふらふらしてきた４９４３ｍフンジュラブ峠。中国の文字反対側には
「ＰＡＫＩＳＴＡＮ」ジープで来たときに撮った写真

　２時を過ぎている。折り返してフンザに向かう、今日の宿泊地である。Ｔ
さんは途中グルミットで下車……別れる。宿に着いたのは 18 時を過ぎてあ
たりは真っ暗。250 ルピー 480 円。このホテルは熱いシャワーが出たので 5
日ぶりにきれいさっぱり身体を洗って夕食をとる。運転手兼ガイドのカリム
さんが中国トラック運転手から中国の白酒を仕入れてくれていた。グーンと
気持ちが明るくなる。うまい白酒。

登りきったここは「フンジュラブ峠」
標高４９００ｍ歩いているとふらふらしてきた。パキスタン事務所

　これでなくちゃ１日が終わらない。１本300ルピー×４本＝2400円ちょっ
と高くないかいカリムさん。まァ酒があれば文句は言えまい言うまい。

パキスタン左側から「ここ中国」は右側へ変更になる。めずらしい国境の道路標識。見えている建物は中国国境事務所。ジープで来たときに撮ったもの

Khunjerab	Pirali	32 km
Pirali	Tashkurgano	38
Tashkurgano	Kashghar	291 km
Kashghar	Urumqi	1500 km
Khunjerab	Bejing	6921 km

中国・カシュガルまで
291km
北京まで6921km

遭難された長谷川恒男氏「長谷川スクール」

2003 年 11 月 17 日月曜　くもり　ギルギットはれ　フンザ〜ギルギット

　ホテルの窓からインダス川に合流している地点の周りの景色は雪を頂いた峰々に囲まれている。二人でカリマバードの中心？に向かって登っていく。

天気は曇りだが桃源郷と言われる景色はさすがで雄大である。ここの雪山に
そびえるウルタル2峰(7388メートル)に挑み、遭難した「登山家長谷川恒男」
さん。お世話になった地元になにか援助したいと奥さんが提案されて学校を
造られたと聞いた。

フンザの山で遭難した登山家、長谷川恒男さんの遺族が贈った学校「長谷川スクール」
と呼ばれている

　そう言えばラワルピンディのホテルで働いているフンザ地方出身の人は長
谷川さんが亡くなった時フンザの人たちはみんな涙を流して悲しんだと話し
てくれたことを思い出した。その長谷川スクールを学校の人に案内しても
らった。子どもたちの目が生き生きしているように感じる。あっという間に
お昼になった。心配して迎えに来てくれたガイドのカリムさんにフンザ地方
の機織りをしているところや遺跡など……

　案内してもらった。Oさんはイスラマバードから〜ペシャワールにバスで
向かうというので今日で別れる。ギルギットのホテルに着いたのは17時を
過ぎていた。日本人女性と結婚しているバダルさんの話によると「天候が悪
くて」イスラマバードに飛ぶ飛行機は13日以降飛んでないらしい。風が強

くなると飛行機は運休することがあるらしい。で、チケットは順番に日付は
ずれていくとのこと帰りはどうなるのだろうか。

一人だけだったカリマバードの郵便局。日本へハガキ一枚４４円。全部で１６０枚
×２２ルピ（４４円）＝７０４０円。一枚の値段はイタリアと同じだった

2003 年 11 月 18 日火曜　はれ　晴天　青空拡がる　晴天　ギルギット

　11 時頃バダルさんがいるツーリストに行き帰りには宿で使うストーブの薪を買ってリヤカーを借りて運ぶ。お世話になっているので寄付 2、3 日分はあるだろう。地元のワインを買うため午後バダルさんとあっちこっち回ったが買うことが出来なかった。今年分はもう終わったのだろう。夜はニュージランドのライダー夫婦が日本料理を食べに宿にやって来た。イギリスから西に向かって走って来たと聞く。

2003 年 11 月 19 日火曜　晴天　ギルギット

　20 日の飛行機のチケットを取りに行くが今日飛ばなかったので 21 日になると……。あしたのチケットとれず。夜にネット屋に行く、原稿あと少しで「終わり」送信できるところまで来て……停電・あああーぁなんだよ、最初からやり直しになる。まったくー金返せ。がっかり……疲れが出るなー。停電になることを頭に入れて短く早めに送信する。これまで停電はすぐ復帰する時もあるが半日ぐらいかかる時もある。

日本人宿「ツーリスト・ケイコハウス」

2003 年 11 月 20 日水曜　はれ　　晴天　ギルギット

　あした 21 日飛行機のチケットを取りに行く。チケット OK だった。午後バダルさんの友だちの車で出かける。ヒマラヤ山脈、ヒンズウクシ山脈、ケルコルム（カラコルム）山脈が重なる分岐点まで見に行った。カラコルムハイウェイの路上にあった。

　よく見ないと見逃しそうな場所だ。（「カラコルム」をなかなか覚えきれなくてカルコルムとかケルコルムとか適当に発音していた）ギルギットから 40 キロ下った所だった。

　ギルギットの街は小さい盆地で周りには山に囲まれて雪山も見える。宿の「ニューコテージ・ツーリスト」は空港から歩いて 10 分ぐらい。二階建 15、6 人は泊まれる宿。日本人女性ケイコさんが現地の人と結婚・宿を切り盛りされている。通称「ケイコハウス」とも呼ばれている。ご主人は車の事

故で亡くなったと聞く。昼間は宿の庭に牛やヤギが入りこんでくる。

日本人宿「ツーリストゲストハウス」ケイコハウスとも呼ばれている。ギルギット市内

　この動物は帰る家があるのだろうか……不思議なことだなーと思う。結構にぎやかな商店街にも同じように牛やヤギはわがもの顔で歩いている。交差点ではお巡りさんが牛をけり上げたりしながら交通整理している。ギルギット、フンザ、スストなどはこれまでの国では見られなかった景色だった。パキスタンに住む人たちは控えめで親切でおとなしい感じを受けた。今度来る時はゆっくりしたいところだと思った。

パキスタンに入ってきょうで一カ月になってしまった
2003 年 11 月 21 日金曜　はれ　はれ　ギルギット〜ラワルピンディ
「ツーリスト・コテージ」通称ケイコハウスと呼ばれている宿 7 時 30 分に出る。宿のケイコさん、宿泊客 3 人はまだ寝ていた。歩いて飛行場に 7 時 40 分につく。ラワルピンディから飛んできた 8 時 15 分、この飛行機が折り返していくのだ。搭乗するとすぐに 8 時 40 分ギルギット空港を離陸した。強風のため一週間も運休していたので飛行機は満席。

右は山ヒマラヤ山脈。左はヒンズゥクシ山脈。真ん中はカラコルム山脈が集まる分岐点。ギルギットからカラコルムハイウェイを２０キロぐらい南に下ったところに展望台・この案内板も立っている。川も交わる右の川・インダス川・左はギルギット川

　景色を見るため飛行機に乗る時はいつでもどこでもわたしは一番うしろ座席をとる。きょうは左側をとっている。スチューワデスさんに機長席、操縦席から「山を見てみたい」と頼んでみた。しばらくするとスチューワデスさんが呼びに来てくれた。「操縦席に案内」してもらった。「ハロー・マイジャパン・マツオ」「ソーリ、ビッグ、ビッグワールドマウンテン・わたしの目で見てみたい」。

「OK」機長、副操縦士と握手したあと山の説明を受ける。来る時と同じように操縦席から青空に海の三角波が立っているような白い山並み……。目の前に拡がってすぐ目の下に近づいてくる。雄大な素晴らしい光景……あれが「テンザン？」「モンゴル？」あれは「ヒマラヤ」「ナンガバルバッド」とこまかく説明してもらった。がすべて英語なので聞きとれないのがほとんど……。いい天気でよかった。もしかしたらもう二度と見ることはないかもしれない景色だった。機長にアドレスを書いてもらった。

カラコラムハイウェイ・ギルギットの土砂崩壊で引き返したあと今度は飛行機でギルギットに飛んだ。雪山は見渡す限り三角波のように青空の中に広がっていた

　9時45分ラワルピンディ・飛行場に到着。いつもの「レージェントホテル」にタクシーで戻ったのは10時30分。すぐに洗濯、久しぶりにシャワーを浴びて昼飯。ホテル前のヤマハオートバイやのアリタフは「心配して」ギルギットからラワルピンディまで毎日「飛んでいるのかどうか」飛行場に電話して「確認」していたと部屋に来て話してくれた。心配してくれていたのだ。ありがとう。夕方フイルムを現像に出す。

2003年11月22日土曜　はれ　はれ　ラワルピンディ

　ギルギットに比べ寒くなくホッとした。午前中近くの八百屋さんにトマト10個、ほうれん草1束、なす3個、葉っぱ付き大根一本。全部で55ルピー120円。ホテルに戻り大根以外は調理の人に任せた。大根は大きな器借りて部屋で塩漬けにした。すぐに柔らかくなり塩だけでいい味になりすぐに食べられる。注文した、ほうれん草、ナス、ライスは2時間も立ってから部屋に持ってきた。

ラワルピンディ市内の魚やさん。そのまま持ち帰ったり、油で揚げてもらったり……

　冷たくなっていたので「もう要らない」と怒り断った。午後部屋にこもりガイドブックでインドの情報を読む。オートバイのスタンドがさらにうしろになっている「どうした」とアリタフに聞くとオートバイの店に入れるとき

「渡し石」にぶつけたらしい……どうして直すのか、あしたになればわかると思う。

2003 年 11 月 23 日日曜　はれ　10 時 18℃　ラワルピンディ

　午前中アリタフと会う約束をしてホテルのレセプションで待っていたがこなかったので部屋に戻り昼飯、昼寝。夕方 4 時頃になってアリタフが来た。スプリングのゴムを買いに行く。T 路地になっているそこはすべて自動車やオートバイの部品を扱っているお店がずらーりと並んでいる。小さい店がぎっしりと並んでごった返している場所だった。似た「ゴム」はあったがほしいゴムはなかった。硬さが違うようだ。

　オートバイ屋に戻って今までの「ゴム」を使うようだ。1 時間ぐらいかかってスプリングの修理は終了。アリタフはテストに走ってみる。今までふわふわ揺れ動いたのがおさまったようだ。

パキスタンの主食朝早くからチャパティ造りに忙しく食堂で働く明るい人たち

2003 年 11 月 24 日月曜　はれ　ラワルピンディ

　きょうもオートバイ修理。うしろの両サイドのバックを支えるのが走るた

びに不安定になる。そのバックの下にＬ字型の鉄骨をつけるためアリタは
スタンドも直してくるとオートバイで出て行った。3時頃オートバイ屋に行
くとアリタフは戻っていた。鉄骨をバックの下に取り付けたＬ字型はがっ
ちりと取り付けてこれでもう「ずれ落ちる」心配はない。しかしスタンドの
位置は直っていない。

　アリタフと再び鉄骨屋にいき、「バーナー」で熱してスタンドを「もどし
てくれ」と頼んでみたが、なにか「弱っている」のでダメと……。そのかわ
り補助の足掛けスタンドを溶接してもらった。テストにとウィスタンホテル
にビールを買いに行く。どうもスタンドがいまいちで下り坂だと自然に前に
進み危なっかしい。アリタフにその旨を伝える。「OK」あした直すと。

　ギルギット「ケイコハウス」でいっしょだったＴさん夫婦が同じホテル
に来ていた。午前中これからパキスタンのビザ延長の手続きに行くとのこと。
夕方いっしょに食事でもと言って別れる。

泊まっているホテル前にあるオートバイ修理屋さん。兄ちゃんこと「アリタフ」さん

2003 年 11 月 25 日火曜　はれ　ラワルピンディ

　朝方いつもと違った八百屋に出向きショウガ、トマト、キュウリ、たまねぎ、葉っぱつき大根……120 ルピー 240 円。いつものように大根を塩漬けにする。オートバイブーツ、雨の時チャックから雨が入らないように皮カバーを「縫い付け」に持って行く。

　50 ルピー 100 円。午後両替屋にドル交換にゆく。しかし 57.20 ルピーとホテルと変わらないので両替しないでホテルに戻る。アメリカドルがダウンしているとか……。

　夜約束していた高橋さん夫婦と 3 人をアリタフが食事に誘ってもらう。アリタフの車で夜の街レストランに行く。アリタフの友人も来てくれた。きょうもアリタフのおごり……（スマン）。きょうでラマサンも終わる。断食が終わる。なんだか街そのものがいっそうにぎやかに感じられ、こっちまでうきうきする。日本の大みそかにあたるのだろうか？一カ月の断食だものうれしさも大きいものだと思う。オートバイスタンドの直しはきょう出来なかった。

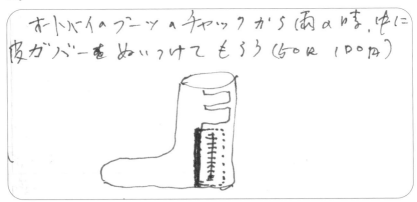

オートバイのブーツ。雨の時雨が入りこまないように工夫して皮をチャックの外側に縫い付けてもらった。５０ルピー１００円

2003 年 11 月 26 日水曜　はれ 23℃　はれ　はれ　ラワルピンディ

　朝早くから夜遅くまで馬車の「ひづめ」の音が聞こえていた毎日毎夜

……。昨夜から静かになった。馬もホッとしているに違いない。今まで馬の目には眼帯をつけられていて前だけしか見られないのだ。ときどき馬の目を見るとき眼帯越しに「横を見てみたい」と思われる「眼」を見た時もある。よく働く馬、ラバたちである。ある時はアスファルトの道で足を滑らして馬車の取っ手の下にのめりこんでしまって……

　横になったままもがいているのを見て「しどろもどろ」持ち主はどうしたらいいものか戸惑っている現場を見た時もあった。心配そうに地元の人たちも見ていた。馬は大丈夫だったろうか……。外には「たこ」を上げているのが窓の外に見える。きょうは「ラマサン」断食あけ？日本の正月みたいに静かである。人通りはぐーっと少なく歩いている人は新年のあいさつは「抱き合っている」？光景がホテルの窓下に見える。

　午後ホテルのスタッフのメブさん（フンザ出身）をオートバイに乗せてイスラマバードの湖、市内を見渡せる山の展望台、太陽は沈む寸前だったためモスクが夕日に照らされているが霞んでよく見えなかった。森の中に造られた新しい「イスラマバード」は見渡すことが出来る小さい首都の街だった。ホテルに戻りメブさんたちホテルのスタッフ、アリタフ、日本人Ｔさん夫婦６人でわたしの部屋で談笑……。

　ホテルのスタッフの一人は普段呑まないアルコールだったのかふらふらして「ゲッゲッ」とトイレでもどしていた。それからは会うたびに「ゲッ・ゲッ」とわたしにマネされてみんなに大笑いされていた。

　ビール、コニャックなど飲みながら10時頃まで過ごす。そのあとアリタフは子供たち男の子女の子５人のいとこたちを連れて部屋に来た。日本の正月のような盛装している。お年玉を全員に上げたら、「オーノーノー」とアリタフは子供たちから取り上げて返されてしまった。アリタフは「分厚い」新札100ルピーを持っていて三日間毎日100ルピーづつ子供たちにあげると話していた。

ホテルから見るラワルピンディ市内

パキスタンのお正月？

2003 年 11 月 27 日木曜　はれ　昼 28℃　はれ　ラワルピンディ

　日本の正月三カ日に似ているパキスタンの街は静かだ。午後ベストウィスタンホテルにビールを買いに行くが売りきれ！……。パキスタン人もやっぱり酒好きな人がいるんだなー。残っている「ジン」だけ買って帰る。今までは確か 400 ルピーだったが今日は 450 ルピーになっている。値上げなのか個人的に値上げなのか……？。「400 だったと」食い下がるが……無言。夕方ホテルの近くにフイルムを出しに行く。

　寒気がして来てくしゃみが出る部屋は北側で寒いのだ。アリタフと T さん夫婦 4 人でパキスタンの踊り「スーヒィー」を見に行くがやってなかった。昼過ぎに両替に行くが店が閉まっていたのでシティバンクで 2 万ルピー 4 万円をマスターカードで下ろした。ドルがだいぶ下がっているとのホテル話。今まで 1 ドルは「5.8」とか「5.9」だったのが「5.72」になっている。1 万円で 1800 円も損したことになる。

アリタフのいとこの子供たち。お年玉をあげたら「オーノーノー」とアリタフにとり上げられて受け取らなかった

2003 年 11 月 28 日金曜　はれ　あったかい　はれ　ラワルピンディ

　10 時過ぎ迎えに来てくれたアリタフのマイカーで「スーヒィー」踊りをやっているイスラマバード市内に行く。Ｔさん夫婦もいっしょ。立派なモスクの建物靴を脱ぎ素足で中に上がる。音はするがなかなか踊りが始まらない。しばらく待っていたがまだ始まる様子がないので会場から出る。まぁ雰囲気でも感じられたのでいいとするか。日本の正月の初まいりみたいな場所に向かった。

　日本と同じくごった返していて出店なども出ている。晴ればれとした気持ちで歩いている感じを受ける。なぜかわたしまでホッとする気持ちになった。夜はホテルのスタッフ 3 人が部屋に遊びに来た……アルコール 5% 入りジュースを飲むがわたしにはうまくはなかったなー。

街中ではあまり見かけない女性たちもラマサン開けは着飾って日本の正月初まいり
みたいなにぎやかな場所に集まっていた

泊まっているホテル前にある朝から活気あるチャパティ焼き。毎朝ティを注文していた

ラワルピンディ市内にある「リージェント」ホテル。スタッフの人たちはほとんど
フンザ地方出身

2003 年 11 月 29 日土曜　はれ　15 時 23℃　ラワルピンディ

　毎朝毎日のごとく遊びに行ってる路上の靴修理屋にきょうも午前中に行
く。コーヒーをとなりの食堂から運んでもらって飲んでくる。皮ジャンの左
胸ポケットに「メガネ入れ」を新たに造ってもらい縫い付けてもらおう。皮
を切りとってビス 6 個で留めて……取り付けはグッドに出来上がった。いい
ぞいいぞ。ホテルのスタッフの人たち、ヤマハオートバイの人たち、食堂の
人たちを撮った写真を配った。

　フンザ地方で写真を撮った。お世話になったじゅうたん織りの女性、郵便
客の人、民家でコーヒーなどごちそうになった方々にアドレスを聞いていた
ので焼き増しして送った。午後オートバイの点検……あとはスタンドをもと
に直すだけだ……。夕方日本のシティバンクに電話 1 ドル 110 円になって
いた。いつも寄っていた自宅に近い居酒屋「淀一」にも電話入れる。常連の
山ちゃんもいた、みんな元気の様子……。

2003 年 11 月 30 日日曜　はれ　ラワルピンディ

　朝 9 時に起きていつものホテル前の路上靴修理屋へ。かがんだときに落ちないように右胸ポケットに「マジックテープ」を縫いつけてもらおう。次々と地元の人たちが靴の修理にやってくる。1 時間ぐらい雑談しながら様子を見ながら待っていた。皮靴はもちろんのこと、エーこれも修理？と日本では考えられないサンダルも修理に、あるいはゴミ捨て場から拾って来たような片方だけの靴も持ってくる。

　家族の分 5 種類ぐらい持ってきた人もいた。父親の皮靴を直してほしいと子供が持ってくる。大事に使うんだな……。持ってきた子どもの足はヒビが入っている。冬寒くなると幼いころアカギレだったわたしの子供のころと重なる。わたしは「霜やけ」がひどくて足の薬指はただれて腐ったようになっていた。その指に「ナマコ」の「ジゴ」（内蔵）をお袋に巻きつけてもらって学校に通っていた時期もあった。

　今ではその指は「変形して」いる。その靴を持ってきた地元の子供を見ると「あぁーわたしの小さい」頃と同じだなーと自分とダブってみえた。

パキスタンのビザ延長手続き

2003 年 12 月 1 日月曜　8 時　朝 12℃　14 時 25℃　はれ　うすぐもり　ラワルピンディ

　8 時にパキスタンビザセンターへ。あしたでパキスタンビザが切れてしまうので延長手続き。約束していたホテルのメブさんといっしょにオートバイで向かう。9 時 30 分にとりあえず申請して……11 時に再び来るようにとのこと。11 時過ぎに行くと今度は「パスポートセンター」に行くように言われる。エーなに……。「どこや」ポリスに聞いて……得意のオートバイの人をつかまえて「パスポートセンターへ」と頼みたどり着いた。

　引っ張ってもらってありがとうございました。11 時 50 分！。混んでいる・。ラマサンが 26 日に開けて、27、28、29、30 日は休みになっていた。その初日だから混んでいるのだろう。どうにかコピーなどそろえて再提出した。

パキスタンはもういい「バイバイ」という気持ちだった。受付が終わり、あした 12 月 2 日 14 時 30 分〜 15 時の間に来るようにと……パスポートの引換券を渡されれる。

　そこの場所にフンザ・ギルギットケイコハウスであった日本人 M さんもいた。パキスタン「延長ビザ」とるためにもう 2 週間も待っていると話す。そんなにかかるのだろうか。わたしのオートバイでラワルピンディに戻る。わたしのホテルから M さんはちょっと離れた場所のホテルに泊まっているようだ。あしたもまたわたしのホテルで待ち合わせして「パスポートセンター」に行くことにした。

2003 年 12 月 2 日火曜　はれ　はれ　ラワルピンディ
　13：30 分オートバイでパキスタン滞在 3 カ月を過ぎたのできょう 12 月 2 日切れるのできのう申請した「延長ビザ」を受け取りに、いっしょに行こうと昨日約束した M さんをうしろに乗せて向う。M さんは 1 週間待たされていると話していた。どうなるのか心配したが今日すんなりと二人とも受け取ることが出来ホッとした。パキスタン「延長ビザ」2003 年 12 月 1 日から 2004 年 1 月 30 日まで 2 ヵ月の有効期間になっている。

　帰りに M さんといっしょにシティバンクでカードを使っておろそうとしたがやっぱりだダメだった。M さんのカードはすんなりと ATM に入って現金を手にすることが出来ている。いったいどうなってんだ。何回やってもだめだった。頭に来るな。夕方アリタフの友だちの実家に行って NET を借りに行く。いつものようにセキュリティの人に電動扉を開けてもらって 2 階に上がり自分のホームページを見るだけ。英語だけしか出ないのダメなのだ。

　アフガニスタンに前回オートバイではダメだったので今度はバスであしたアフガニスタンにアタックしてみよう。

再びアフガニスタンに向かう

2003 年 12 月 3 日水曜　はれ　はれ　ラワルピンディ～アフガニスタン国境～ラワルピンディ

　アフガニスタンに向かうバスターミナルまでアリタフが 9 時乗用車で送ってくれた。ホテルから 30 分ぐらいのところに大きな駐車場みたいなターミナル。どこのバスに乗ればいいのか……どうなっているのかアリタフが探してくれたので助かった。ペシャワール経由乗り換えアフガニスタン行きの車はハイエース運転手含めて 17 名。外国人はわたし一人だけ。料金 65 ルピー 130 円。

　国境の街ペシャワールまでの料金らしい。ペシャワールまでの道は、見なれている風景を見ながら 13 時 30 分到着。ここペシャワールで乗り換える。このバスターミナルはわかりやすい。その中のアフガニスタン行きのバスへ乗り換えた。外国人はわたしだけ……。10 ルピー 100 円。街はずれのポリスボーダーでストップ。前回オートバイで来た時と同じ場所だ。ポリスに乗客の一人が「なにか」話している。

　ここのポリス・ボーダーは踏み切りみたいな検問所になっている。外国人？のわたしは又もここで降ろされた。乗り換えたハイエースはアフガニスタン人 12 人の中の日本人……すぐにわかる顔だったのだろう。ハイエースから降ろされて「パーミット」が必要？なんだね「パーミット」って。街まで引き返して書類などと作るには時間がかかるし……何よりもそのオフィスを探さなければならない面倒なことだ。

　交渉してねばる気持ちもなくなっている。それを思うと「もうイイヤ」ポリスが 1500 ルピー（3000 円）とか言ってる……そんな金は払えないぞよ。OK おれはラワルピンディに戻る。市内バスに乗り換えてさっきのバスターミナルまでバックした。今度はラワルピンディ行きの大型バスでラワルピンディに戻って、さらにタクシーを拾う。何台か交渉してやったーと安く交渉したタクシーに乗り込んだらションベン臭いったらありゃーしない。

なんだい……このタクシー臭い。しかし我慢するしかないなーまいった。バスでは途中居眠りしてやっぱり疲れていたのだろうホテルに着いた 19 時頃。20 時にはベッドに入りロビーでフンザ踊りが夜開かれると聞いていたが起きれなかった。

何がそうさせるのか、アリタフさん達の親切心は不思議だ……
2003 年 12 月 4 日木曜　はれ　はれ　ラワルピンディ

　年賀の代わりに出す「ハガキ写真」の値段がいくらになるかカメラ屋に聞きに行く。1 枚 10 ルピー 20 円……1 枚 5 ルピー 10 円に負けてもらうことになったので 300 枚注文した（3000 円）。店で待って 20 分ぐらいで出来上がった。アリタフが封筒を 300 枚買って来てくれた。自分としては写真に直接書き込んで送ろうと考えていた、せっかく買って来てくれたのと、料金は封筒でも 64 円変わらないことがわかった。

　簡単な文章を「コピー」して送ることにした。今の部屋は北側で寒い、南の部屋が空いたら移してと頼んでいるがなかなか空きにならない。北の部屋は寒くてハガキ書きもままならない。パキスタンに来てからまもなく 2 ヵ月たってしまった。なぜかパキスタンの人たちの親切に甘えて来たのかオートバイで動く気力が出てこなくなってくるようだ……。わたしにはアリタフ達の見返りのない気持ちには頭が下がる。

　他の人も考えられないほど気持ちがいい対応をしてくれる。このままでは先に進む気力が出てこなくて自分がダメになる。いったん日本に戻って気合いを入れ直そう。気持ちも入れ替えよう。それに日本では「12 月」「1 月」は駅伝マラソンの楽しい季節、日本で正月を過ごそう。2 月にはふるさと嬉野吉田中学校の同級会もある。帰える理由はいくらでも出てくる。気持ちは早くも日本に向かっている。

2003 年 12 月 6 日土曜　はれ　ラワルピンディ

　ハガキ書きの文章作成にかかる。ホテルにこもりっきり。ホテルの南の部屋が空いた南の部屋へ移動した。いやーやっぱりあったかい。ホッとする。

久しぶりに太陽が出ている間にシャワーを浴びる。

ラワルピンディ市内

2003 年 12 月 7 日日曜　はれ　はれ　ラワルピンディ

ハガキ用文章コピー 300 枚店にたのみに行く。一軒目の店黒いスジが入ってしまいダメ。二軒 OK……A4 に 4 枚・40 枚× 80 ＝ 320。75 ルピ 150 円。ホテルに戻って封筒に住所を書き始める……

日本などへハガキ送る
2003 年 12 月 8 日月曜　はれ　ラワルピンディ

ホテルにこもり封筒に住所書き。トラベル会社に午後日本まで飛行機の予約をとりにアリタフにいっしょに連れて行ってもらう。日本往復 57000 ルピー約 11 万 4000 円あした正式に頼むことにしてホテルに戻る。

2003 年 12 月 9 日火曜　小雨　雨　午後　はれ　ラワルピンディ

朝、雨足の音……11 時頃トラベル会社にアリタフの軽自動車で飛行機のチケットを取りに向う。雨足が強くなる。久しぶりに雨らしい雨を見るパキ

スタンに入った 10 月 20 日、ギルギットに向かっている時大雨にあった以
来二回目の雨だ。しかし本ぶりの雨も一時間ぐらいでやんで晴れて来た。チ
ケット代 57000 リラ 11 万 4000 円払った。チケットは午後アリタフさんが
とりに行ってくれるとのこと。

　日本行き飛行機は 12 月 14 日 22 時 55 分パキスタン航空。ホテルで書き
始めた日本へのハガキなんだか 300 枚では足りなくなりそうな感じ。

ハガキを書く・ラワルピンディ・「レージェント」ホテル

2003 年 12 月 10 日水曜　はれ　ラワルピンディ
　朝からハガキのあて名書き夕方 20 時半頃封筒に写真、コメントコピーを
入れてすべて終了、ホー。292 枚。のりを買って封筒を貼りあしたポストオ
フィスに持って行き切手を貼るだけになった。あー終わった……。うーんつ
かれた。

2003 年 12 月 11 日木曜　はれ　ラワルピンディ
　ハガキを出したところ
　日本 292 枚

アメリカ2枚
イタリア2枚
モスクワ1枚

　ポストオフィスに持って行く。自分で切手を貼らなければならないと思っていたら、郵便局の人が手早く貼ってくれた。受け取った人が喜ぶように封筒に「イスラム語」で「ラワルピンディ」と「手書き」してよ、頼んだらころよく「OK」と、すべての封筒に書き込んでくれた。いやーすみませんありがとう。9時すぎから11時頃まで郵便局内で受付の人や手伝ってくれた人の写真など撮りながらすべて終わった。

郵便局で切手も貼ってくれて「ラワルピンディ」と手書きしてくれた局員。なにか日本と比べて余裕のある職場だった。ありがとうございました

　なんとなく気持ちが晴れやかになる。あとは日本に帰るまでにフイルムの整理と焼き増しのするフイルムの点検をするだけになった。午後トコヤに行く30ルピー60円。ホテルのフロントのおやじに日本への電話代をぼられた。ホテルの外でかけると十分の一ですむものを……教えてくれればいいものを「しらばっくれて」ぼったのだ。ホテルのスタッフに話しておやじに抗議する。

　チーフはホテルオーナーが帰ったら「辞めてもらう」と中を取り持つ。わたしとしてはこれからのホテルにかかわることだからと激しく抗議した。周りの人がみんな親切なのにこいつ一人のために腹が立つ。

2003 年 12 月 12 日金曜　はれ 18℃　はれ　14 時 25℃　ラワルピンディ

　午前中オートバイで 5 分ぐらいのところの日本語が打てるネット屋に行く。日本人の旅行者から聴いていた初めてのネット屋である。しかしまだ開いてない……。「もうすぐ開く」と隣りの花屋さん。しかしいつ開くのかわからないのでホテルに戻る。カメラ屋さんに寄ったあと 12 時頃再びネット屋にいく。2 時間半ぐらい打った 45 ルピー 90 円。ホテルに戻るとオートバイ屋で働いている少年 10 才、今日仕事は休みらしい。

上階の方が安いパキスタンのホテル。「リージェント」ホテル全景

　小ぎれいにさっぱりしている服を着ている。その少年をオートバイに載せて市内を走った。いつものホテルにビールを買いに行くが売れ切れ。夕方早目の晩飯は近くの食堂でチキン焼きだけ 90 円を買ってホテルで食べる。アルバムとフイルムがすぐわかるように仕分けして写真の整理も終わった。フ

ンザで買った中国の強い白酒を飲んだためか胃の調子が悪くくすりを飲み続けている。タバコの吸いすぎかも。

2003年12月13日土曜　雨　ラワルピンディ

　昨夜10時過ぎからカミナリをともなって雨が降り出した。カミナリをラワルピンディで聞くのは初めてのこと。カミナリは2時間ぐらいでおさまった。朝8時頃起きる、めずらしく傘をさして歩いている。この時期から雨が多くなるのだろうか。アリタフによると12月、1月、2月は雨が多い、雪は1月、2月で3月になると雪は降らない。4月以降はだんだん気候も良くなると……。

　あした日本へ帰国するその相談のため昼前にアリタフが来てくれたので聞いてみたら気象のことを話してくれた。日本に帰っている間オートバイはアリタフの友人宝石店のファルファンさん宅に預かってもらうことになった。これもアリタフのお陰である。

乗合い三輪車タクシーは安くていい。暇そうだったのでちょっとお借りした。ラワルピンディ市内

日本に一時帰国

2003 年 12 月 14 日〜 15 日日曜　はれ　ラワルピンディ〜日本

　午前中荷物を整理夕方 17 時にアリタフが空港まで送ってくれるとのことなのでホテルで待つ。アリタフの友だち宝石店のファルファンさんといっしょに空港まで送ってくれる。いつも、いつもお世話してもらい申し訳ない。二人にあいさつして別れる。22 時 55 分まで空港ロビーで待つ。北京経由日本行きの飛行機は定刻に出発月の明かりでヒマラヤ、カラコルム山脈など白く輝いているのが見える。

　泊まっていた「レージェントホテル」のオーナーは今日本での商談で東京池袋に泊まっている。そのオーナーに「届けてほしい」「物」を預かって来た。初めて中国タクラマン砂漠地帯上空を飛ぶ。明け方広大な中国、朝方見えるのはモンゴルのゴビ砂漠だろうか……。北京空港到着朝 4 時、そのまま機内で待ち時間約 1 時間半ぐらいで日本へ飛んだ。日本成田空港には 9 時、日本時間 12 時 30 分だった。

やせ細ってしまい吹けば飛ぶ身体になっていた

　池袋のホテルまで行って頼まれていた「レージェントホテル」オーナーに預かってきたものを届ける。池袋ホテルの場所はサンシャインビルの近くですぐにわかった。オーナーは不在でフロント係に渡してくれるように頼んで自宅に向かう。自宅には 17 時に着いた。久しぶりに刺身を用意してくれていたカーさんと夕食をとる。今回はたった 7 カ月なのにシベリア横断、中央アジア、中東などきびしい道路状況だった。

　その影響もあってか、どうしたものかと「心配」するほどやせ細っていたのを見た家内はビックリしている。自分でも吹けば飛ぶような身体になっていることに気づく。

```
２００３年１２月１５日パキスタンから日本に一時帰国
              ↓
２００４年３月２２日再びパキスタンに戻る
```

パキスタンに戻る
2004年3月22日月曜　日本～パキスタン・ラワルピンディ

　13時50分発北京空港経由パキスタン行きの飛行機に乗るため。自宅8時40分に出る。飛行場にはいつも3時間前に着くようにしている。天気予報関東地区は雨の予想。成田空港第二ターミナル10時50分到着。11時30分搭乗手続き。いつものように一番うしろの席をとるために一番前に早めに並ぶ。心配したオートバイのスプリング(サスペンション)の検査もOKだった。

　普通の人は見なれないサスペンションは50センチぐらいの長さ。見るからに砲弾にも見えるものだ。疑われた時説明をどうするかまで考えていたがその必要はなかった。機内持ち込みも出来た。このサスペンションは同じオートバイに乗っている仲間がタダ同然安く譲ってくれたもの、ありがたかった。手続きを終えて二階の食堂街へ、腹へっているのでなんでも喰いたいものばかりが目に付く。

　値段に見合った「そば、おいなりさん」セットを注文、生ビール2杯飲んで2000円。雨は日暮里を出たあたりから降りだして空港に着いたとき本ぶりではないがシトシト……。搭乗手続きは13時30分飛行機は13時50分定時に滑走路に向かう。いつも思うことだけど乗り込むだけなのでせめて10分早く「30分ぐらい前」に早く「搭乗」出来ないものか……そうすれば出発が遅れなくてすむのになーとわたしは思う。

　35秒で離陸した。離陸はわたしが計ってみて小さいのも大きい飛行機もだいたい35秒前後に離陸している。到着も同じ30秒～40秒でエンジンブレーキを外すようである。周りは雲の上名古屋あたりから青空になって来た。北京に18時に到着……三分の一ぐらい乗客は下りた。同じぐらい乗りこんできて夕暮れになった19時30分飛んだ。風のためか途中ギシギシと音を立てて不気味だ。

　食事は15時20時頃出て来た。パキスタン・イスラマバード空港に2時30分に到着。大分遅れての到着、疲れたなー。空港にはアリタフとファルファ

ンさんが迎えに来てくれていた。ありがたい。そのままファルファンさん宅に預けているオートバイを見せに寄ってくれる。わたしに「大丈夫だ」と安心させるため「寄ってくれた」ものだったのだろう。気づかいに感謝する。ありがとう。

　信用していたのでその心配はしてなかったのでそこまで気を使ってくれるとは申し訳ない。ホテル「レージェント」に着いたのは3時半（日本時間）シャワーは水のみだったのでそのままベッドに入る。気温は20℃ぐらいと聞くパンツ、半そでシャツで充分だ。

2004年3月23日火曜　はれ　ラワルピンディ

　疲れていたのでぐっすり寝た。パキスタン時間8時過ぎに起きる。午前中トコヤ40ルピー80円。鞄の修理10ルピー20円。12時にアリタフと待ち合わせしていた、13時過ぎにノックしたが起きなかったと……話す。わるい、わるい。日本から持ってきたスプリングをアリタフに渡して交換してもらうように頼む。アリタフがほしいと言っていた日本製テント、都内のスポーツ店で買った4、5人用をプレゼントした。

　アリタフの喜ぶ顔を見れてよかった。また100円ショップで買った子供たちが喜びめずらしいと思われるものを大きな袋に詰めたものをアリタフとファルファンにひとつづつおみやげとして渡した。なんだか疲れているなー……首、肩の節々が痛い。夕方パキスタンに着いたことを自宅に電話を入れるホテルの窓から見えるオートバイ屋、スプリングの取り替えが終わってオートバイをテストしているようだ。

　だいぶ時間がかかったようだけど……うまくいったかなー。もうあと5分で19時になる。時間もはっきりしないままだ……まだ日本との時差が身体に残っているようだ。4月から「地球ラジオ」に出演するために応募していたNHKに電話したが留守だった。

2004年3月24日水曜　はれ　16時頃直射日光のためか39℃　ラワルピンディ

スプリングを交換したのですっかり乗り心地が良くなった。シティバンクにオートバイで出かける。日本で新しくカードを作り替えて来たのだ。OKか……カードは入るがすぐに戻ってくる……。どうした・どうしてだろうか。腹が立つなー。しょうがないマスターカードで4万円を下ろす。ビールを買いに行くと6本しかないと……。ビールの値上がり？去年11月160円が200円になっていた。

あとウオッカービン入り450ルピー900円。昼めしのあと4時頃ネット屋に。WTN-J（ワッツ）は大丈夫だったのに……自分のホームページに投稿できたかどうか疑問だ。メール画面は出てこなかった。ネット屋で知り合った東京のIさんとわたしのホテルで夕食。

NHK「地球ラジオ旅でござんす」に出演が決まる
2004年3月25日木曜　はれ　ラワルピンディ

あしたフンザに向かうため地図を見たり、コースガイドを見たりして午前中過ごす。昼食のあとフンザ地方に向かうための支度、持って行く物・預けるもの荷造りをすませる。すぐに終わる。14時アリタフとあってネットをやりに行く予定だったが現れず……。夕方19時に来たが食事も注文すみ。アリタフはナンバープレートを外してコピーするため持って行く。21時頃戻ってきたがわたしは寝ていた。

あした朝7時に出発すると話して別れる。一時帰国していた時NHKラジオで「地球ラジオ」出演についてメールが来ていたので資料をNHKに送っていた。担当の安田さんから4月から「出演することが決まった」と電話連絡があった。「地球ラジオ」はNHKから世界に向かって放送していると聞く。毎週土曜・日曜夕方5時から7時までは世界同時放送。わたしは「旅でござんす」コーナー出演になるらしい。

毎週、旅先から「無理しないで」「出来る限りでいい」「旅の便り」NHKスタッ

フにメールや FAX を送る約束になっている。旅人はわたしのオートバイの
旅のほか自転車、バックパーカーなど5人が「旅先から報告」月一回最後の
日曜に「直接電話」しながらの出演になるらしい。さてどうのようになって
いくのか楽しみでもある。NHK「ラジオに出るよ」とさっそく家族や知り
合いに自慢しておこう。

再びギルギット・フンザ地方に向かう

**2004 年 3 月 26 日金曜　はれ　朝 20℃　昼間 39℃　夕方 30℃　ラワルピン
ディ～ダス**

　4時頃目が覚めてトイレへ……。6時前に起きて出発準備。「ティ」をホ
テル前食堂で飲んで6時55分出発。アリタフは現れず。ギルギット方面は
二回目で少しは気が楽だ。カラコラムハイウェイの入り口もすんなりわかっ
た、よしこれからだ。カラコラムハイウェイは中国国境まで約800kmと調
べてわかった。ねぎ畑、麦畑を見ながら走る。ペシャンには16時ジャスト
に着いた。

いたるところで一年中土砂崩壊とたたかう地元の人たち。でっかい材木は要所要所
に積み上げられているカラコルムハイウェイ。

　そこから 80 キロぐらい走ったところのダス（Disstic）と言う村、橋のたもとの宿 (Kohistan) に泊まる。300 ルピー 600 円。宿の裏にはインダス川が流れている。

ナンガーパルバット 8126m 山

2004 年 3 月 27 日土曜　朝 20℃　はれ昼 30℃　途中 39℃　ダス～ギルギット

　きのう 350 キロ走って来た。6 時 45 分出発。ペトロール（ガソリン）入れて前回泊まったホテルを通り過ぎて……土砂崩壊で恐ろしい目に遭った場所はきれいに直っている。しかしここの手前には大きな土砂崩壊が起きたらしく大勢の人たちで補修していた。そう言えばカーブが続くところどころに男の人が座っている。道路の監視なのだろうかと思いながら走ってきた。

道路にロープを張ってカラコルムハイウェイのチェックポイント。小屋に入りノートに「日付、オートバイのナンバー４３９１と国籍ＪＡＰＡＮ」と書いて終わり。チェックポイント。ギルギット～フンザ間は一カ所だけだったように思う

　きのうからインダス川に沿って左岸、右岸今にも崩れ落ちそうなガケの下を通りぬける。一応補修されてはいるがいたるところが崩れている。ガタガタのじゃり道を走る時もある。平均 40 キロで走る。道路のそばに「岩絵」

があるチラスの近くを過ぎるとインダス川に流れる支流の橋があった。その川で獲った魚をぶら下げた3人の少年たちがいた。10匹づつぐらい笹竹に通していた。

　最初はお金を払って写真だけ撮らせてもらおうと止まって5ルピー払った。小さいマスみたいな、イワナみたいな、5匹笹に通していかにもうまそうなサカナだったので一束買うことにした。100ルピー200円。

　ビニールを出してオートバイのボックスに入れる。10歳前後の少年たちの手は冷たい川で獲ったため真っ赤な手になっていた。走っていると前にもバックミラーで見える後ろにも雪の山が次々に出てくる。

ナンガーパルバッド8126m
走っている最中休憩所から撮った。この時は有名な山とは知らなかった

　垂直に切り立った今にも崩れそうな場所にきた。一旦停まって気持ちを入れ替えよう。よくぞこんな岩を削りへつりの道を造り上げたものだ。転ばないように慎重に素早く走り過ぎないと危ないところだ。でっかい岩が道路に落ちている。大型バスが道のそばの岩の前に止まって壁画の見学らしい。日

本人ツアーの一行だ。どこまでか行っての帰りのバス、ツアーの何人かの人と話す。

　自分はオートバイで来ていることを自慢したいのだ。わたしは壁画を見る気持ちの余裕などはないバスツアーの人たちと別れる。（日本に帰ってからハガキを出した）ここの壁画は「チラス壁画」であることをあとで知った。ギルギットの街13時30分に着いた。14時〜15時と予定していたから早くついたことになった。いやいや厳しい道だった。11月に来て泊まった「ニューツーリストコテージ」に泊まることにする。

カリマバードに向かう途中出て来た。中国の協力で造られた「カラコラムハイウェイの標識」。写真のようにおだやかな所もあるがハイウェイとは名ばかりで散々たる恐ろしい山岳道路

　11月の時いたスタッフもなつかしがって「オートバイで来たこと」に驚いていた。オーナーのケイコさんは日本に帰国して戻ってないとのこと、4月中旬には戻ってくるとか話していた。ここまで来る間にいつもの道路にスピードを抑える「突飛」をこしらえている。その突飛にスタンドがあたり停まるときにスタンドが立ちすぎて危ういのだ。近くのオートバイ屋に持って

行く。

　結果的にはスタンドを短くして安定させるように溶接してもらった。15時から19時頃までかかった。500ルピー1000円チト高いな。ラワルピンディの人がフンザ地方の人は「マネーマネーと言う」と話していたがやっぱりそうなのかな……とも思う。夕食は途中で買った魚を食べよう。調理の人に焼いてもらうように頼んだ。出来上がったものは輪切りにした魚をフライパンの油で揚げたのでバラバラになってしまった。

　アーアーこれじゃ魚が台無し、あしたは「おれが焼く」と皮肉を言って食べる。ここらあたりは魚を焼く習慣がないのかもしれないな。魚のほかにスパゲティ、トマト、たまねぎ。ビールはラワルから持ってきた。スパゲティはまずまずの味でよかった。食事代80ルピー160円。21時に床に着く。

カラコルムハイウェイは中間のギルギットとカリマバード間は比較的道路もいい走りやすい。（写真）しかしギルギットまでとカリマバードから中国国境までは道路が険しい

NHK「地球ラジオ旅でござんす」に初めて原稿を送る
2004年3月28日日曜　はれ　昼間29℃15時　ギルギット

　午前中靴下、下着シャツ3枚洗濯をすませる。11時早目の昼飯。きのう買ってきた魚2匹を焼いてもらう。スパゲティ160円ラワルから持ってきた最後のビールを飲む。13時頃からネットを打ちにオートバイで出かける。ネット屋は開いていて日本語も打てるのでホッとした。しかしである……15時になったとたんにスーッと画面が消えた、停電である。「アーッツ」まだ原稿の途中なのだ……。

　まだ送っていない書き込みの最中……日本語でちょっと文句を言ってたら店の人が電力？会社に電話して15分ぐらい大丈夫だと再開そのまま16時まで続けることが出来た。その時点で再び停電になった。1時間100円だが日曜日は60円。実際は90ルピー180円支払うことになっている。遅い機能だから……時間がかかった。と100円払って様子を見ていたらOKOKと負けてくれた。

　機械が遅いのではないほんとうは自分の腕が遅いのだ。停電が直ったら又来ると言って帰る。きょうはNHKに初めて旅の原稿を送る日であった。しかし停電のためFAXで送ることにした。FAX店に行くと大きいバッテリー

でつないで大丈夫だった。A4 版 1 枚送るのに 200 ルピ 400 円もかかった。21 時夕食後再びネット屋に向かう帰りは 23 時……それでも見なければならないネットがまだ 2 件残った。

ネットの立ち上がりが 10 分ぐらいかかる。次の画面に移るのに 2、3 分かかる。それに自分のキーを打つスピードが遅いのが原因なのである。又あした来よう。昼間 30℃近くになったがそんなに暑さを感じないむしろ心地よい天候だった。

2004 年 3 月 29 日月曜　はれ　ギルギット

きょうはカリマバードに向かう予定をしていた……しかしカリマバードにはネット &FAX など期待できないのですべてここギルギットですませてから向かうことにした。停電を見込んで早目の 12 時過ぎにネット屋に行き連絡する相手には大体済ませた。途中 13 時頃停電になったがすぐに復帰して事なきを得た。5 時間 30 分もかかって 17 時ネット屋からホテルに戻る。平日 1 時間 50 ルビー 500 円。

2004 年 3 月 30 日火曜　はれ　ギルギット～フンザ・カリマバード

10 時過ぎにケイコハウスを出てフンザ・カリマバードに向かう。商店街でボックスのスペアーキーを作っていこうと寄ってみたがキーを作る店はなかった。11 時左に大きく曲がってカラコラムハイウェイ本線に出る。去年ジープで向かったことがあるので気は楽である。うん、うんしっかりした道が続く……。しかし後半はチェックポイントを過ぎたあたりから垂直の岩壁の真下を走る。ガケ崩れも出てくる。大丈夫かいな……

緊張させられる岩壁道路を慎重に走る。約 100 キロを 3 時間かかった。ついにカリマバードについた。本線から左にグイッと曲がった急坂になって高台に上がっていく。去年泊まったホテルに行き料金を聞くとやっぱり高い。オートバイも停められるホテルを……もっと上にあるホテルを探した。連泊する条件で 500 ルピー 1000 円を 200 ルピ 400 円に負けてもらった。

このヒルトップホテル（Hilltop・hotel）に決めた。このホテルはウルタル山で遭難した日本人登山家「長谷川恒雄」さんも宿泊していた宿でもあると教えてくれる。泊まっていた部屋は15号と話した。わたしの1号の部屋からベッドに横になってもウルタル・フンザピーク南にはナカボシが見える。部屋から出るとリーランピーク・ゴールデンピークなどホテルの人が説明してくれる。眺めも申し分ない。

兄が登山家だと話すホテルに来ていた地元の中年男にフンザワイン・地酒白酒ペットボトルで買ってきてもらった。いずれも1.5リッター量り売りの酒らしい。手に入れることができてよかった、よかった。

2004年3月31日水曜　はれ　カリマバード

午前中ホテルのスタッフと思っていたが違ったシャダビルさんに連れられて水路工事を見に行く。山というか岩山の中腹に横に線を書いたようにみどりの線が延びている。遠くから見て最初なんだろうと思っていた。それは水路だったのである。幅1メートルぐらいの水路が続いている。今日はその工事現場を見に行く。ダイナマイトを使って補修していた。すべてあとは手作業で進めていた。

ちょうど休憩時間になったので買って来た飲み物を10人ぐらいの作業員の人たちに差し入れる。下を見ると崖になっているので作業も大変なことだろう。午後NHK電話を入れた……相手の声は聞こえるがこっちの声が届いてないようだ。九州の実家に電話を入れて「ヒルトップホテル」にNHKに連絡してもらうように頼んだ。14時頃NHKスタッフから電話が入った。1時間ぐらい話しした。

よかったNHKにつながって……。NHK地球ラジオは土曜日曜夕方5時ごろから7時頃まで放送されている、わたしたち旅人は4月から毎週日曜「地球ラジオ」「旅でござんす」コーナーで放送されることになったとスタッフ。オートバイのわたしのほかに4人の旅人は自転車が二人。バックパーカーOさん（ベトナム）Fさん（アフリカ）藤原夫婦（アルゼンチン〜中米）K

さんフイリッピン〜南米)

カリマバード村の一番上に建つバルチット故宮

　以上5人が旅の報告をするコーナーとスタッフのYさんが教えてくれた。夕食はちょっと離れた日本人が多く泊まっている「こしょう」の宿でとることにした。この宿は五つ星のホテルのすぐ道下にある小さな宿「こしょう」に食事に来た人泊まっている人含めて全部で12人。安くて量も多くて味もよし……うまかった。50ルピー100円。街灯のない道を登ってホテルに戻る。暗くてもつきの明かりで大丈夫。

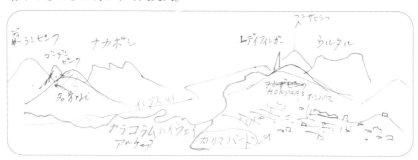

6000〜7000mの山々にグルーっと囲まれたカリマバード

2004年4月1日木曜　はれ　午後からくもり　カリマバード

　朝からおだやかな陽ざしホテルから2、3分の高台にお墓がある。グルーっと白い雪をかぶった山々をここに上がると見渡すことが出来る絶好の場所。さらに足元にはカリマバードの隣の村アルチット村、段々畑が美しい。写真をとりながら「あーいい眺めだなー」。ゆっくりとアルチットの村に降りて行く。馬の背みたいな峠が別れ道その分岐点には寄りあいの小屋が建てられている。

　段々畑の中にうすい桃色のあんずの花、ここらでは「桜の花」とは言わないらしい、「サクランボの花」と言うらしい。ポプラの木が周りの景色を一段と際立だせている……なんとも言えない風情……・なるほどこれが「桃源郷」と言われるゆえんなのだろう。そう言えば「なぜポプラ」があるのか聞いたとき、確か地元の人だったと思うが「外から持ってきてポプラを植えた」と聞いたことがある。

　6000～7000ｍの山々に囲まれて、あんずの花・さくらんぼの花、静かでおだやかなここ桃源郷と言われることが納得できるカリマバード・アルチット

　静かで気持ちまでがおだやかになる。まだ作付けする時期ではないのか畑

で作業している人は見かけない。地元の人に「こんにちは」と日本語であいさつをすると途端に笑顔で「……」なんとかの言葉が返ってくる。なかには「ありがとう」「おはよ」とかあいさつもかえってきたりする。ホテルに戻り今度はオートバイでカリマバードをひと回りしてきた。

　狭い村の道をゆっくり山の方からまわって本線のカラコラムハイウェイに出てホテルまで戻る。約7キロぐらいだった。ホテルには日本人女性Yさん。パキスタンに派遣されてきている海外協力隊責任者の奥さん。もう一人は京都大学大学院の男子学生Nさんが来ていた。晩飯は3人連れだっていつもの宿「こしょう」に食べにいく。ホテルに戻ったのは21時。

雪山に囲まれた近くの山が黒くなり「なべ底」にいるような感じになってカリマバードの夜は素晴らしい光景になる

2004年4月2日金曜　くもり　一時はれ　うすぐもり　カリマバード

　ツアーできょうは最北のスストに向かうNさん、Yさんに夕べ夕食代50ルピーを借りていたのを忘れていたので出かける前に渡す。午前中NHKのレポート下書き……洗濯・シャワーを浴びて昼飯など早く済ませる。実は借りていた本「シルクロードの旅」宮本輝を読むためだったが夕方まで3分の

一ぐらいしか読めなかった。旅先で朝から晩まで本を読む時間は気持ちを落ち着かせる。

　それになんと言ってもわたしには贅沢さを感じる時間でもある。けっこうこれまでも宿に置いてある日本の本を読んで過ごしてきた。二人が帰って来たのでわたしは近くの焼き鳥屋さんに 1 本 10 円× 6 本＝ 60 円を買いに行きいっしょに夕食をすませる。焼き鳥屋のとなりは岩塩の石を積んでいる、塩の店である。カリマバードには羽根が白と黒の尾の長い「かちガラス」に似た鳥が多いなー。

カリマバードのおみやげ屋

2004 年 4 月 3 日土曜　くもり　午後から晴れて来た　カリマバード

　ここんとこはっきりしない天気だなー。4 月 1・2・3 日ともくもりで周りの山が雲におおわれて見えなくなっている、ホテルの二階にレストランへ。誰もいないレストランの隅のテーブル朝方ほのかなジャスミンの香りのするグリーンティに砂糖をたっぷり入れて日記をつけながら飲む。そして NHKに送るレポートの下書きも終える。おみやげ屋が並んでいるメイン通りの写真を撮りに外に出てみる。

　200 メートルぐらいのメイン通り、急斜面のため左側のお店は二階になっていて右側は石垣を積んだお店になっている。おみやげ屋は着物の店・ハガキなどの店・民芸品店・食堂、電話屋、焼き鳥屋・全部で 30 軒ぐらいだろうか。石を積んだ岩塩のお店を初めて見た。帰りに石段を上がったところに食堂がある。えーと……いうぐらいうす汚い感じの食堂に入る。

　おやじさんは人なつっこい人柄一生懸命に造っている。メニューは日本語でも書かれていた。そう言えば洋服屋・民芸品店などの看板も日本語で書いてある。日本人が手伝って看板を作り上げたものと思われる。「日本語看板」があるということは日本人の観光客が多いことをうかがい知ることが出来る。食堂ではうまそうなチキンスープを牛乳の紙ケースに入れてもらってホテルに持ちかえる。

カリマバードのメイン通り石垣上に食堂に通っていた。この奥に長谷川スクールがある

民芸品店では日本語で書いてある看板も目につく

　おととい買ったたまねぎ4個、10円、トマトはにぎりこぶしの半分ぐらい大きさ……4個10円、ゆで卵1個10円。フンザ白酒ワイングラスに半分飲んで昼食とする。白い桜が満開の庭に出る。すーと香りがとおるポカポカ陽気の青空。右にウルタル山、左にナカボシ桜を入れて写真に撮る。ホテルの奥さんも子供を連れて庭に出てきている。

青空の下白い桜の花が満開、ピンクのあんずの花……周りの白い山々を望める、なんともおだやかな気候。「ハイトップホテル」の庭

　昼寝のあと晴れて来たので午後オートバイで二回目のカリマバードをぐるーっと走ってみる。なんともかわいい子供たちを何組か撮る。はずかしそうな顔をしながら集まって来た。それでも笑顔がはちきれそうでかわいい。地元の人たちにあいさつしながらゆっくりと走る。カラコラムハイウェイに出てそのままカメラ屋を探した……店は空っぽで誰もいない……しばらく待って子供たちを撮って来たフイルムを現像に出した。

　夕食は19時から「こしょう」ホテルで食べる。日本人5人、韓国女性3人、きょうはカライ、辛い食事だった。きょうは食事中停電しなかった。暗い夜

道をホテルに戻るときがまた楽しい……月の明かりでなべ底にいるような感じになる。手前の黒い山のその背中にはグルーっと白い山嶺がとり囲んでいる。

高台にあるカリマバードから大きくきれいなカーブを描いて最短の橋でインダス川を渡るカラコラムハイウェイ

１．雑記・思いつく……今思うこと

①安いツアー旅行があったら今度はそれに参加して楽しんでみたい。

②放牧されている牛。朝は牛のリーダーに連れられて出かけて・・帰りもリーダーがまとめて連れて帰っているようすを度々あっちこっちで見て来た。帰り時間など「なにを」判断材料としているのだろうかといつも不思議に思っている。

いつかは牛の行動をじっくり一日中見てみたい。

２．雑記・思いつくまま

自分の「カラ」→「殻」のカラの漢字が書けない（パソコンではすぐ漢字が出てくるが……）。

①よそおい人生→いつも「よく見せよう、よく思われたい」人前ではまじめさを見せ、誰もいなところではなにをするのかわからない性格

②素直になれない→いつも誰かに怒っているような……お金持ち、高学歴の肩書のエライやつ、有名人……の人たちに対して「目の前ではすごいですね」「たいしたも

のですね」と時には素直に言える人もいるけど。大半の人にはネタミみたいなわだかまりがどこかにひそんでいるのではないか。いつも反対のことを言ってみたり、反発してみたり、自分でも嫌なこの性格、旅で少しは直るのかなと思うがどうも無理のようだ。

尖った山レディーフィンガー
2004年4月4日日曜　はれ　いい天気　25℃　カリマバード

　朝から青空でいい天気。6時前に起きてホテル裏手にある「お墓の丘」に上がり写真撮りに歩く。ひとり立っている人は誰だろうと近づくと同じホテルに泊まっている日本人Yさんだった。これからイスラマバードに帰るとのこと、こんな朝早く出ることはマイクロバスでも予約していたのだろうか。同じ風景、同じ山だけどウルタル、ナカボシなどの白い山々はフイルムがいくらあっても足りないなー。

カリマバードのお墓の丘から眺める白い山々

　いつもの安い食堂で牛肉の煮込みみたいなもの……サラダ、チャパティ1枚トータル80円……サラダの塩漬けのキューリはみずみずしい……ついつ

い、つまみ食いしながら貸してくれたお盆の上に載せてホテルにもどる。ワイン、フンザの白酒で昼食。昼寝のあと、きのう頼んだ写真店にオートバイで向うが閉まっている。店の前の人に聞くと夕方5時頃開くとのこと。そのままカリマバードを通り過ぎてススト方面へ。

　今日は良く見えると地元の人が「レディーフェインガー」が「あれだ」と指さして教えてくれる。レディーフィンガーが全体的によく見える場所まで来た。小指みたいに見事にとんがっている山である。カラコラムハイウェイはここで大きく円を描くようなカーブになっている。さらにカリマバードに上がる分岐点から見るレディーフェインガーはより「とがった」形としては一番いいアングルの場所。

とがっている「レディーフィンガー」と地元では呼ばれている山

　写真屋さんに再び行くと店は開いていた。現像の写真を見せてもらい子供たちの人数だけ焼増を頼むむ。ホテルに戻る途中日本人ツアーの人たちがぞろぞろ歩いている。「日本から来たの」「そうです」「どのくらいかかって」「エーシベリアから来たの」北海道の人とあとはわからない……女性二人と話しし

た。写真など撮りながら「お互いに」「気をつけて」……別れる。

夕食は「こしょう」さんホテルへ。ジャガイモの煮付け、なすびの煮付けがでた、うまかった。帰りは満月に照らされた白い山いつもより一層高く感じる。なんとも贅沢ないいようのない夜景はすばらしい。「こしょう」さんホテルから借りて来た本を読む……すぐに眠たくなる10時前に消灯。

インダス川沿いのフンザ温泉

2004年4月5日月曜　いい天気山もはっきりと見える　20℃昼28℃夕方27℃　カリマバード

夜中1時頃トイレに起きた。それからNHKの原稿のことを考え始めたらなかなか寝つかれない。いつのまにか寝いって目が覚めたら8時近くになっている。いい天気だ山もすっきり、カメラを出してホテルの庭から「さくらんぼの花」を入れて周りの山の写真をとる。いつのまにか12時を過ぎてしまっている。

メキシコで買った底の深い一人用ご飯炊き「鍋」を持って常連客になった小さい安い食堂に行く。おやじさんもなにかと気遣ってくれてお互いに気持ちがなごやかになっている。鍋に肉煮込みいつものようにチャパティ、サラダを入れて……あーっお金を忘れて来た。80円あとでいいとおやじさん。1時頃食事を終える。シャダビルさんは通訳を出来る人。

彼がジープで温泉に行かないかと誘われる。「お金はいくら」どこに行くにもお金がかかる。100ルピー「200円」でいいと言う。それならばと運転手入れて3人温泉に向かう。険しい温泉だと話しながらカラコラムハイウェイをギルギット方面にしばらく下った村に着いた、駐車場もある。普通の人はこれじゃわからない場所だ。気楽に考えてスリッパで来た。

エエッ……ガケを下りる狭い道でジャリは滑りやすい。スリッパで来たのにこれは大変な場所だ。ウーン険しい断崖、クサリやロープがほしい。これじゃ年寄りは「無理やねー」「いや今まで引き返した人はいない」とシャダ

ビルさん。30分ぐらいかかって慎重に下りきったインダス川のほとりに着いた。かすかに煙が出ている。硫黄の匂いもするその黄色い硫黄の筋がついた溝にお湯が流れている。

　手をつけると熱い……。男女別々になっていて湯船はなく石で囲ってあるだけ。筒からお湯が流れて「打たせ湯」見たいになっている感じ。温度はちょうどよかった。インダス川から眺めるフンザの山も素晴らしくいいもんだな。

筒から流れ出る温泉はちょうどよかったがインダス川まで険しい崖を降りるときはこわかった。インダス川ほとりにあったフンザ温泉？。

桃源郷カリマバードの子どもたち
2004年4月6日火曜 はれ朝9時20℃ いい天気昼15時29℃ カリマバード
　ホテルで朝飲んでいる「ローカルティ＝フンザティ」はここで獲れた「山茶」らしい。少しジャスミンの香り、わたしは砂糖をたっぷり入れて飲む。急須に3杯分入って50円チト高いなー。ホテルの中庭の椅子で引っかけて破れたズボンを直しに出かける。いつのも食堂のおやじさんにズボンの修理屋を聞いて見た。おやじさんはそこで働く少年に「連れて行くように」指図

してくれた。

　ほころびを直すその店は閉まっている。老人がやって来て扉を開けた。「いくらぐらい」かかる？「20 ルピー 40 円」いつもの調子で両手を合わせて「20円」に負けてと合掌ポーズ。すると「ノー」と言うしぐさで扉を閉めようとする。あーイヤイヤ「40 円でいいから」しかし「ノーノー」としぐさ。値切られたことがよっぽど頭にきて気にくわなかったのだろう。結局ダメだった……。

　最初この老人が手で縫うのだろうと思っていたら中にぽつんとミシンが置いてあった。二軒目を少年に連れて行ってもらった。「いくら」「80 円」えーあそこの店は 40 円と」言ってたよ。「40 円で OK」小さい穴も含めて 4 ヵ所指で示して頼んだ。夕方取りに来るからと少年と食堂に戻る。キラキラ目を輝かせている少年は 11 歳と話す。5 ルピーを少年に渡して「ありがとう」

　午後 3 時頃子供たちの再び撮るためオートバイで出かける。前回子供たちを撮ったはずの写真が写っていなかったのだ。気になって撮り直しにやってきたのだが……子供たちがいるかどうか。村の一本道を走る。「ここだったかな？」いないなー。ゆっくり走っていると女の子二人が走って来た。前回撮った女の子だ。オートバイを停めて「前回撮った写真」が「ダメだった」ので「また来たよ」

　日本語で手話のしぐさで話す。だんだん子どもたちが集まり 10 人ぐらいになった。グループ分けの世話役は年長の女の子だ。どこの国でもリーダー的な子供がいるものだなー感心する。とっかえ引っかえ場所を変えて写真をとる。1 時間ぐらいでフイルム 36 枚一本分撮ってしまった。隣りのご主人がお茶でも飲んでいかないかと声をかけてくれる。のどが渇いていたのでおじゃました。

　土間にはたき火で炊く窯などが見える。じゅうたんを引いてある部屋に案内されたが「外の方」がいいと断り……ご主人と外で話しし
ながら過ごす。

ギルギットまで働きに行ってるらしい。しかししばらくティが出てこない「次に行くところがある」からと別れる。旅人でホテルはにぎやかになったシンガポール、ドイツ、あとはヨーロッパ人？が泊まっているようだ。夕食は宿「こしょう」さん食堂へ。

　昼間「こしょう」ホテルの道路を挟んで上段にある5つ星ホテルにビールを買いにいく。さすがに立派なホテルである。小瓶のビールしかない、5本買った。高いが仕方ない。本「旅」野田知佑著12時近くまでかかり読み終わる。夕方ウルタル山に雲が出て来た。

恥ずかしそうな顔で写真に応じてくれたかわいいカリマバードの子供たち

2004年4月7日水曜　小雨冷たい雨　小雨　一時くもり　カリマバード

　どんより曇った朝、ぽつぽつと雨が降り出した。冷たい雨だ……まわりの山を雲が包み込んでいる。午前中日記を書き終えた。商店街に出てポストカードを買いに出かける。100枚買うからと1枚10ルピー20円を8ルピー16円負けてもらう。いつもこの店には地元の人が4、5人集まって顔見知りになっている。オートバイに着いている温度計と湿度計を見て「今日は」「晴れ」

とか教えている。

　例の安食堂でスープ、肉煮込みを持参した一人用鍋に入れてもらう、120円。午後自宅に電話を入れる「4月4日のNHKの放送どうだった」「ずーっと聞いていたけど高校野球中継で聞けなかった」とカミさん「あーそう残念だった」やっぱり考えてみると甲子園大会の高校野球は延々といつまで続けているんだものなー。日本にいる時など当たり前だと思っていたんだもの仕方ない。

「旅の話など」聴けなくても仕方ないことだと思う。日本にいる時はいつも「番組」の「勝ち組」の甲子園大会を聞いてたり見たりしていたのだ。電話を終わってホテルに戻る途中ポストカードの束をわたしに渡した、持ち帰るのを忘れていたと思っていたらプレゼントするとのこと……20枚ありがとう。全部で123枚書くことになる。……なんだ……プレゼントではなかったことがあとからわかりお金を払う。

桃源郷と言われるカリマバードの子供たち

　夕食はいつものようにホテル「こしょう」へ。きのうから100から120円に上がったと「こしょうさん」20円お金が足りないのであした持ってくるから……。きょうの夜は全部で8人。韓国女性3人のうち一人は1年以上の旅を続けているとか……あとの二人は海外協力隊員とか話している。日本人5人はすべてバックパーカー達。本2冊借りて帰る。「夏のやみ」開高健著。「群青」北方謙三著。

2004年4月8日木曜　くもり肌寒い15℃ぐらいか　昼18℃だった　カリマバード

　朝方寒いどんより雲におおわれている。雨は落ちていない。午前中も午後もハガキ書き……とりあえずあて名だけを書いて……中身はあとから時間をかけて……。意外と書いたなー90枚……あと50枚……チかれたービー。

2004年4月9日金曜　くもり　晴れたり曇ったり　カリマバード

　ハガキを書きながら……中断して写真屋さんに写真をとりに行って見る……。フィルム2本分1200円。出来上がりはまずまず……さらに焼き増しを頼んだ。これで子供たちに写真を渡せる、12日出来上がり。カリマバード商店街の一番上にあるレストラン「デジュウ」が開店する。そこのレストランの「看板」を「日本語」で書いてくれとジャダビルさんに頼まれる。あした書くことで別れる。

　日本人ツアー客が次から次とやってきている。ラワルピンディで会ったガイドのお兄さんとばったり会う。日本人ツアーを連れてきていると話す。小雨の中夕食は「こしょう」さんへ。テレビはイラクで日本のことなにかあったらしい……くわしくはわからない。

2004年4月10日土曜　くもり寒い　8時15℃　昼20℃　カリマバード

　午前中11時にハガキの「あて名」書き終わる152枚。これからは本文を書かなければならない……。どんより曇って肌寒い、ズボン下2枚、アノラックを着る。今何度ぐらいだろうか？ぐずついた天気今日で4日目。チャダビルさんに白酒615ルピー1300円前金を渡す。ワイン一本をおごると言って

いたけどまだ持ってきていない。NHK から電話がかかって来た……。

　放送予定だった「地球ラジオ」4月4日は高校野球が延びたためダメだったと。送った原稿を読んでもらった。雑談の中で放送に「旅人5人で5分ぐらい」とか……聞く。エーそんなに「短いの」。せっかくレポートを書いて送っているのだが聞いてる人はわかるのかな……。レポートをまとめて放送しているらしい。わたしのイメージとしては5人分の世界地図をそれぞれ用意する……。

　その地図にこれまで旅して来たところは赤線で示して現在地に〇をつけて……これをもとに放送に使ってもらえたらと思うが……どうなっているのだろうか。わたしの受けた感じでは普通の旅人と同じようにとられているような感じがした。NHK から次は4月14日に電話を入れてもらうようにした。頼まれていたレストランの看板作り、午後に2時間かけて「串焼きうまいよ」など日本語で書き終わる。まずまずの出来上がり。

　*4月9日のテレビニュースの件はイラクでフリーライター3人が人質にとられて3日以内11日まで自衛隊を引き上げなければ殺すとのことらしいくわしくはわからない。

フンザ地方イスラムのお祭り
2004年4月11日日曜　くもり一時はれ昼薄日さす　カリマバード

　ここんとこ5日連続でぐずついた天気、はっきりしない。午前中ハガキ10枚、午後からイスラム？のお祭り？カラコラムハイウェイ道路は全面交通止。その写真を撮りに出かける……。村の生活道路を通って先回りしたら集団の祈りが始まっている場面に出会う。白い流しの服を着た集団は道路を埋め尽くして座っている。世話役みたいな若い人たちに写真を撮っていいかと許可を得ながらシャッターを押す。

　くもりの中から薄日が差してきた。このあとパレード見たいなデモみたいにも見える行進が始まった。胸をたたき……クサリのついたナイフ5、6本

を胸から背中に打ちつけながら歩く……背中は真っ赤に「血」で染まっている人も数人いる。5 キロぐらいの行進は続いている。夕方自宅家内に「NHKラジオ放送はどうだった」と電話を入れた。「長谷川スクールとかの話し……聞きとれたけど 1 分ぐらいだったかな」

「すごいね有名人になったねー」と家内。みんな聞いてくれていればいいのだがなー。世界に放送されていると思うとなんとなくうれしくなり自慢したくなる。昼食抜きだったので腹へった。17 時頃からキュウリ、トマト、きのうの残り牛の串焼きで飲み始め 19 時にいつもの「こしょう」ホテルに食事に行く。

イスラムのお祭り?カラコラムハイウェイを全面ストップして集会が開かれていた

子どもたちに写真を渡すことができた
2004 年 4 月 12 日月曜　くもり　くもり　カリマバード

　相変わらずベッドから手を伸ばしてカーテンを置けるとくもっているきょうで 6 日目。2F のレストランできょうもハガキ裏面書き……午前中 30 枚。午後子供たちの写真焼き増しを取りに行く。写真を撮った子供たちに渡すた

めその場所に向かう。前回お茶でも飲んでと「言ってくれた」家に寄る。ご主人がいたので写真の子供たちの名前聞きながらメモした。そうこうしていると子供たちが集まって来た。

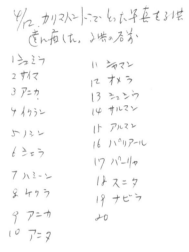

いつも撮りっぱなしだった写真をここでは子供たちに渡すことが出来てホッとした。喜んでくれたのでうれしかった

　集まって来た子供たちに手渡した。写真を撮ってもそのままの方が多かったので今回は手渡し出来てホッとする。いつもより気持ちが晴れる。子どもたちの喜びの声がうれしかった。昼間ビューホテルに寄った時日本人ツアーが10数人来ていた。オートバイで来ていると話すとみんなビックリ驚いていた。ふと思いついて希望者だけでも夜希望者だけ広間で「旅の話し」をしたい。

　ホテルのオーナーには了承をえてOKになった。日本人ガイドさんにも説明して「よかったら」ということでツアーのみなさんに食事のときに話してくれるとのこと。夜8時に再びビューホテルに行く。ロビーは空っぽ・だれーもいない。日本人ガイドさんが来た。ツアーのみなさんに「お話はしました」……が、あした朝4時起床とかで全員もう休んでいるらしい。ええーそんなに朝が早いんですか……。

　そんなに朝早かったらやむをえない……それでなくとも疲れているだろうから。そんな過密なツアー……そんなスケジュールの中に突然「旅の話」をと言われても無理な話であったろう。自分は自慢ばなしでいいかもしれないが聞く相手のことなど考えない「勝手なこと」だったのだ。これからやめよう。はずかしい……すみませんでした。

2004年4月13日火曜　くもり空　うっすらと光が届く　寒いさむい　カリマバード

　きょうもくもり、きのうよりは少し暖かい。きのうビューホテルに来ていた日本人ガイドさんの話によると三日前9日か10日カリマバードからギルギットに戻る途中、マイクロバスに落石が直撃して突き抜けて日本人女性二人が亡くなったと……他にも怪我されている人がいるかもと聞いた。カラコラムハイウェイは本当にいつ何が起きるかわからない道路でもある。お二人のご冥福をお祈りします。

　1秒……早いか、遅いかで難を逃れたかもしれないのにな一気の毒な事故だ。もしかしたらダルバルホテルに泊まられていた、道の途中で話した女性

かもしれないなー。合掌。午前中午後ともハガキ書き残り 75 枚……いやい
やなかなか進まない・ホテルのレストランのテーブルを借りて書いている。

**2004 年 4 月 14 日水曜　晴れ　すっきり青空　晴れ　気持ちいい　カリマ
バード**

　朝からすっきりの青空、7 日ぶり……やっぱり気持ちいい。ハガキ書き 9
時からはじめる。NHK から電話 10 時に約束の時間。レポートの報告である。
レセプションの前で電話を待つ。予定通り NHK から電話が来た。ここんと
こ「一週間」のこと、「一日の食事」と「いくら位かかる」のか、「相棒オー
トバイのこと」について報告……。途中電話が切れて……おお一大丈夫かいな。

　しばらくするとまたかかって来たので「おおよかったー」となる。夕方ハ
ガキ書き残り 35 枚アー疲れるなー。腕が痛くなるなー。18 時から食前酒。
きのうの残りの焼き鳥屋の肉、キュウリ、トマト、などで終わらせて……晩
飯はきょうも「こしょう」さんへ。

フンザ・カリマバードの郵便局

2004 年 4 月 15 日木曜　はれ　午後 2 時 22℃　カリマバード

　今日も朝から青空やっぱりこれでなくちゃー……。8 時から残りのハガキ
書き今日中に終わらせたい。約束していた 10 時に NHK から電話が入った。
頼まれていたアンケートはまだ出来上がってないのでした 4 時電話して
もらうように頼む。午後 2 時前ハガキ書き終了。あー終わったぁーよくやっ
たー・疲れたなぁー。郵便局に持って行く 160 枚× 22 ルピ＝ 7040 円。イ
タリアで送った料金と同じ一枚 44 円だった。

　お金が足りないので両替屋で 100 ドルをルピーに両替。1 ドル 55 ルピ。
自分で切手を貼る切手 2 枚づつ……終わったのが閉店間際の 16 時 5 分前。
発送する準備が終わり晴ればれすっきりした気持ちになった。夕食「こしょ
うさん」ホテルへ……二人だけだった、みなさんはどこへいったんだろう。

カリマバードの焼き鳥屋さん

2004 年 4 月 16 日金曜　くもり　うすくもり　16 時 20℃　カリマバード

　ハガキ書きも終わり発送してすべて終わった、NHK へのレポートも書き終わったので気持ちはゆっくり。しかし今日はくもり、またイヤな天気が続くのかいな。きのうの青空が 一転白い雲に変わってしまった。NHK のアンケートを書き始める。「トラブル……の項」なんだか面倒くさくなった。以前まとめてある報告文がある……それをきのうの夜見つけていたのでそれを使うことにする。約束の時間どうり 16 時に NHK から電話が入る。

　①旅先で出会った人たち
　②旅のトラブル
　③旅でこだわっていること
　④旅に出たい人へのアドバイス
　⑤その他

「地球ラジオ」に出演している 5 人

　1・自転車でアフリカ走行中→フジさん男性
　2・自転車でベトナム走行中→オオイソさん男性
　3・夫婦の旅、今南米の旅 →フジワラ夫婦
　4・女ひとり旅、これから南米→カタオカさん女性
　5・オートバイひとり →松尾清晴松尾60歳以外は30才台の旅人たち

　カリマバードの商店街をちょっとすぎた高台にある焼鳥屋さん、ここでは「シシカバフ」というらしい。きょうはいつもより肉のかたまりが大きい串刺しだった。1本40円今までよりうまい感じ。ホテルに持ちかえりトマト、たまねぎ、ショウガ（100円）を切ってつまみにしてフンザの酒をお湯割りにして飲む。夕食は「こしょう」ホテル一食100円が120円に値上がり。食事に来た人今日は8人。

2004年4月17日土曜　小雨　くもり　小雨　カリマバード

　白い雲になっているきょうもダメだなー。ニベアを歯みがきと間違えた。口をすすぎ歯みがきしながら外に出る。小雨が降っている今日のくもりはそんなに寒さを感じさせない一週間前のくもりとは違うようだ。きのうレポートを書きながら窓の外を見ているとエサを食べている猫の周りにカチガラスが集まっていた。羽根は白と「黒」と思っていたら翼の黒の部分はきれいな「深い青」になっている。

　猫の喰い残したエサを狙っているのだろう……か。「アフリカ旅物語」田中真知著を一日中ベッドの中で読みながら過ごす。フンザの住宅は木と土と石で四隅を囲み木枠の窓を入れる。屋上はコンクリートかトタン屋根。一階住居……かまど、部屋、じゅうたんを敷いた部屋、寝室。牛、ヒツジ、ニワトリなどは屋上か、隣りに造られた小屋で飼われている。

　現在造られている住宅はコンクリートのブロックを積み上げて造られている。カリマバードで一番の高級ホテル「ダルバル Danbar」は村の中腹にデンと建てられたお城見たいでもある、夜街灯は屋敷を取り囲んでいる。

桃源郷
小さい小川の流れる脇では木陰の下で家族連れがなごやかにくつろいでいた

2004 年 4 月 18 日日曜　はれ　気持ちいい　カリマバード

　きょうも天気はダメかなーとカーテンを開けると青空になっている。丘の
上のお墓に上がって……石の上に腰かけてゆっくりスッキリした回りの山々
を眺める、寒さも感じない。いいなーこの景色。何度来てもいい眺めをカメ
ラにおさめホテルからいつも見ていていいなーと思っていた一段下の畦道を
歩く細い畦道。畦道に沿って小川が流れて民家も小川に沿って建っている。
道下にも民家がある。

　地元の人たちがおだやかに流れる空気の中数家族がくつろいでいる。小川
からプラスチックの容器で庭木に汲み上げている少年とおじさん。隣りには
牛と牛小屋もある。出会った子どもたち二組の写真など撮ってホテルに戻る。
予定していた 16 時に NHK からの 5 月 1 日電話での生出演のことについて
電話……話し中にまたもや切れてしまった。あーあーしばらく待つがかかっ
てこない。

　今まではすぐに折り返してかかって来ていたのになー。あきらめてホテルから買い物に出かける。出かけている間に NHK から電話が来たとホテルのスタッフ。通信手段は電話のみ。NHK にはこちらから電話した。オートバイのボックスのカギが折れてボックスが開かなくなってしまった。困ったな。スペアーキーはラワルピンディのアリタフに預けてある。携帯に電話してハイトップホテルまで送ってもらうしかない。

　日本語の出来る○○さんに事情を話してアリタフの携帯に電話してもらうように話した。彼はアリタフと話してくれた。20 日まで届くだろうとのことのようである。どのようにして送ってくれるのだろうか……バスで送ってくれるのか？子どもたちが梅に似たあんずの実を食べていたのでわたしもほしくなった。まだ青い若く苦いがあんずの実を取って来てもらって塩漬けにした。

カメラフイルム現像に出す
2004 年 4 月 19 日月曜　くもり ギルギットは温かい 夕方風が舞い上がっていた　カリマバード〜ギルギット

　ネットを打ちにギルギットまでオートバイで行く。朝 7 時 40 分出発、ギルギットには 10 時過ぎに……意外と早くついた。前回、前々回と泊まった「ニューツーリスト、コテージ」に荷物を置いて昼飯スパゲティ。フイルムをコダックに出してその途中確かめていたネットカフェへ 12 時 10 分。日本語で見ることは出来るが「打てない」。ホームページ、E メールも何件か来ていた。

　ホームページ「地球の旅」掲示板は佐賀の実家・こんにゃく屋の甥っ子の智ちゃんに作ってもらっている。「クリック」すればすぐ見られる「これまでより」見やすく新しくなっていた。ありがたい。約 2 時間ちょっとネットをやって (200 円) コダックカメラ屋に行き写真を受け取る。3 本分 1800 円。さらにあと一本追加注文。さっきのネット屋と違うネット屋に寄ってみた。

　日本語で打てるネット屋である。1 時間ぐらい日本語で打っている最中「停

電」あっつ……。文章が台無しになってしまった。1 時間分 100 円だと・「ふ
ざけんな」と店主に文句をいうが、店は長い文章など関係ないのだ、料金は
時間なのだ。あーぁがっくりしてホテルに戻る。日本人 3 人がいた。カリマ
バード「こしょう」ホテルのレストランでいつも会っていた人達だ。

　ここホテルのオーナーケイコさんはまだ日本から戻っていない 5 月 7 日
に戻るとスタッフは話す。自転車で中国～ネパール～インドを走って来たす
ごい人もいた。ここギルギット八百屋で梅に似たものを見つける「デルドル」
というみどりの実だ。500g10 円を買って塩漬けにした。

ギルギット市内の商店街この一角にネット屋もある

落石で日本人ツアー客犠牲に
2004 年 4 月 20 日火曜　強い雨ふり　雨本ぶり　午後雨やむ　ギルギット

　ゆうべ 10 時過ぎに寝る。ドミトリー 6 ベッドに 5 人、隣りの部屋に 1 人
計 6 人すべて日本人が泊まっている。夜中夢の中……雨足の音・やんだよう
だ。朝がたまた振り出した大きな音を立てて降って来た、8 時過ぎに起きる
と外は本ぶりの雨だ。一階で「風のナウシカ」の漫画を読む……若い人たち

はほとんど知っていているようだ。「風のナウシカ」を知らないのはおれだけかも。

　カリマバードに泊まっている人から9時頃電話が入った。きのうここに来た3人の友だちだ。名前は知らない、聞こうともしない、聞きたくもないどうでもいい人たち。その人たちに伝えてくれとのこと。彼女の話によると「カリマバード～ギルギット間」ガケ崩れでバスが動かない今日ギルギットには行けないから」とのことだった。あ、又ガケ崩れか……。この宿今また停電……しょうがない一階で本でも読むか。

　ゆで卵、スパゲティを注文して昼飯とする。「風のナウシカ」宮崎駿著、ナウシカはギリシャの王妃の名前らしい「風の谷」はここら辺・フンザ地方ではないかとささやかれているようだ。きのうからの雨でギルギットから南の方も一ヵ所ガケ崩れしているらしい。そう言えばたまたま、日本人女性と結婚しているダバルさんのいるギルギットのトラベル会社に寄った。2004年4月11日に落石が小型マイクロバスを直撃一瞬にして日本人女性二人が犠牲になったことについて話しを聞くことが出来た。

　ガイドとしてここのトラベルの人も同じバスに同乗していたとのこと。う
しろから二番目の座席に座っていた 60 歳ぐらいの男女だった……亡くなっ
た二人を日本まで送る飛行場まで見送ったと。「運命」とはいえ……なんと
もむごい旅になってしまったものだ。カリマバードのホテル前で立ち話した
方でなければいいが……確か北海道から来たとは話されていたので……。

2004 年 4 月 21 日水曜　くもり　20℃　ギルギット〜カリマバード

　きのうの雨はきのう午前中でやんだ。10 時頃宿、ニューツーリスト、コテー
ジを出る。ネット屋に寄る。これからしばらくネットがないので「連絡」が
とれないとメールで知らせた。12 時にギルギットを出て 14 時 40 分にカリ
マバードに着いた。ここに来たら晴れている。ハイトップホテルには日本人
旅行者女性二人が来ていた。三重県鈴鹿から来た新沢さん達。しばらく三人
はレストランで話す。

どこを見ても岩肌に延々と続くみどりの線。最初気にも留めていなかった。実は生
活の水路だとわかったのはずーっとあとだった。それにしてもすごいこと考えるこ
とだとだだとつくづく驚く

断崖あり、ガケ崩れあり険しい道のカラコルムハイウェイ

中国国境に向かうのにしたがって山岳道路は崩れてくる断崖が続くカラコルムハイウェイ

再びパキスタンに来てから１カ月、もうすぐトータル４カ月になる

2004 年 4 月 22 日木曜　くもり　カリマバード

　フンザ、カリマバード、ここ一カ月の天気晴れの日が少ないな。晴れは12日間。午前中・午後も布団にもぐって本を読んで過ごす。「アフリカ物語」田中真知著。くわしく調べてアフリカ人の人種についてとか、共同通信社の記者のこととか、「顔は黒いが心は白よ」のくだり、ジンバブエの最後はよかった。ここカリマバードは建築ラッシュ、木と土とセメントすべて人間の手だけで家やホテルすべてを作り上げている。

　オートバイのカギを預けているアリタフ（ラワルピンディ）から電話あり・ラワルピンディのホテルリージェントホテルに届けてホテルからそっちに送るとのこと……ヒルトップホテルのスタッフは23日11時頃着くと言っていた。ラワルピンディにあるホテル「レージェントホテル」のオーナーはフンザ・カリマバード出身らしい。酒が切れる……日本語の出来るアリヤスさんを探した。しかし出かけているようだ。

　PCO の人に頼むと PM6 時頃までに確保すると言う。17 時 30 分ごろ PCO に行くが閉まっている。焼き肉屋に行くとアリヤスさんがいた……さっそく白酒二本買ってもらうように頼んだ……あーよかった！焼き鳥屋でくし刺し 5 本（50 円）を買ってホテルに戻る。わずかに残っている白酒を飲みながら……小梅に似たデルドル（dildru）の塩漬けを舌つづみに飲み始める。6 時半頃アリヤスさんは白酒 2 本を届けてくれた。

　あーよかった……ありがとう……。7 時過ぎなぜかゲリになってトイレに駆け込む。いつもより遅く「こしょう」宿に 7 時半につく。きょうはだれーもいないゼロだ……。スタッフの人がきょうは食事やってない……だれもいないからと……。しょうがないそのまま「本」を返して新たに新しい「本」を借りてホテルに戻る。近くの安食堂でスープとチャパティを食べて終わり。

　一時帰国後パキスタンに戻ってから一カ月、イランから入国してからトー

タル3カ月になる。頭を洗い身体も洗うがなんだかお湯がぬるいなー。

2004年4月23日金曜　くもり　午後から晴れて気持ちいい　カリマバード

　ゆうべ腹がゴロゴロ……明け方4時頃までウツラウツラ8時過ぎに起きる。熱いお湯が出る風呂場で四日間着た下着を洗う。朝いつものようにフンザ茶を二階のレストランで飲む。レストランには三重県から来ているというきのう話した日本人女性二人が朝食を食べていた。二人はきょう氷河……いや違う。グルミット方面に出かけるとのこといっしょに記念写真に収まる。気をつけて……

　午後から陽がさしてきた。頼んでいたオートバイのカギの「スペアキー」11時頃には着くときのう言っていたがまだ着かない。再度ラワルピンディのレージェントホテルに電話を入れてもらう。「22日レージェントホテルの人がカギを持ってカリマバードに向かっている」とのこと。いつになるやら心配だ。「インド怪人旅行記」本を読み続ける4人の旅物語、気取らない、かざらない本音に近い書き方は肩が凝らない。

　夕方200ドル両替を日本語の出来るアリヤスさんに頼む。最初56.5ルピーで両替できると言ったが56でしか出来なかった。前回は55ルピーで両替した。ここの両替屋、ホテルはどこも55ルピーだったので56ルピーはよしとする。夕食は「こしょう」ホテル。カナダ人、日本人二人だけで3人だった。

2004年4月24日土曜　はれ　はれ　29℃　カリマバード

　カラッと晴れ上がったいい天気。さてきょうはどうするか。午前中いつもの墓の見晴らしの丘に上がる。写真をひと通り撮ったあと……ひょっこり現れた千葉のイズミさんという人と出会う。千葉銚子の人でシジミの漁をしていると話されていた。海外旅行は10年ぐらい前から年に3カ月ぐらい旅して帰り……の繰り返しとかすごい人もいるもんだなーと思う。

　午後1時頃ホテルのスタッフは「オートバイのカギ」が「エンバシーホテル」についたと知らせてくれる。さっそくオートバイで取りに行く。ついた

らすぐに「カギ」を持ってきてくれた。おーあーよかった。これでスストに行けるぞ。しかしどのようにしてカギが届いたのだろうか……？。ラワルピンディのホテルのスタッフがカリマバードに向かうバスの人に頼んだのだろうか？。……どうかはわからないが……。ありがとう。

　イリヤスさんが今日でお酒は「買えなくなる」と言う、あわてて2本注文した。ゆうべ9時までに持ってくると言っていたイリヤスさん10時過ぎになって白酒2本を持ってきてくれた。「酒造りの人」が「マイペース」で「遅くなったと笑いながら話す。酒はこれで4本確保だ。

カリマバードの高台の上からは周りのすべての山々を見ることが出来る。ここの高台はお墓の場所

2004年4月25日日曜　はれ　いい天気　暑いぐらい　12時29℃　カリマバード〜ススト

　去年11月ジープで行った「ススト」その時地元の人は「ソスト」とは発音してなかったな。その「ススト」に向かう……約100キロぐらいの距離。ペトロール（ガソリン）を満タンに入れて11時カリマバードを出る。ここなら泊まってもいいなと思っていた比較的走りやすい平坦の道グルミッ

ト村を通過……これから不安の残る道びくびくドキドキしながら走る。大きくカーブして回り込んだところに氷河が出て来た。

　パスーを通過。山肌に「WELLME TO PASU」の歓迎文字を受けながらあせらず写真におさめてゆっくり走る。3ヶ所、4ヵ所ガケ崩れ一旦止まって充分に確認してジャリ道の迂回道路を抜ける。橋げたの低い橋を渡ってすぐ「エエッ」雪崩で道がふさがれている。雪崩は川までせり出している。どうするんだ……。しばらく停まってまわりのようすを見る。車が走った足跡は川の中に向かっている。

中国国境に向かうカラコルムハイウェイ。パキスタン最後の村「ススト（ソスト）」（地元の発音）につく。あと８０キロで中国国境フンジュラブ峠

　どうなっているのか歩いて確かめる。石がころころした河原に車の足跡がある。意を決して河原に降りていく。ちょっと無理だなー。どこを走っていくのかわからなくなった。オートバイを停めてどこを通るか探しているとうしろからジープが来た。ジープの運転手は「おれのうしろをついて来い」みたいなことを言ってくれた。「サンキュウ」「スロースローで頼む」と運転手に告げる。ジープのうしろについて河原を走る。

「ヤベー」水の中にも入って行く……ひっくり返らないように慎重に走る。最後はジャリの斜めの土手をローギアーで登りきり元の道に戻る。ジープはそのまま走り去った。距離にして河原の迂回道路は500mぐらいだったろうか。いやー一時はどうなることかと思ったがどうにか乗り越えること出来ホッとした。

オートバイの腹がつかえてスタンドがずれるとオートバイを停められなくなる、それだけが心配だ。まぁひっくり返らずにすんでほっとした。しかし帰りが心配だな。スストに近づいたら少し涼しくなる。スストに14時ちょっと前についた。100キロを3時間かかったことになる。去年ジープで来た時よりスストはなんだか閑散としている。カリマバードで聞いていたホテルへ。「エー」「改修工事ためクローズ」に……。

そのホテルが紹介してくれたホテルへ「ハウマッチ」1350ルピ2700円「エエッ」「高い」「ノーノー」そのホテルからさらに紹介してくれた三軒目のホテルへ。「ハウマッチ」「250ルピ・500円」「ノー」連泊するから「150ルピ・300円」でお願い……「150ルピ・300円」で「OK」になったので泊まることにする。いやーホテルは閉まっているところが多くて最悪の場合は高い2700円の宿に泊まるはめになる所だった。

軽くビールを飲んで散歩がてらトコヤに入る……がいつのまにかそのまま寝入っていた。床屋代40円。スストはパキスタン最北の最後の村。商店街は100mぐらいの長さ両サイドにホテルや住宅。中には店先にビリヤード2台を屋外に置いてあり夢中でゲームしている地元の人たち。食堂や生きたニワトリをつぶして売る店、八百屋、電気屋さんなどが並んでいる。近くにはきれいな川が商店街の東の方に流れている。

晩飯はチキンカリー＋ジャパティ＝200円。持ってきたトマト、キュウリ、たまねぎ、ショウガでつまみを作る。泊まっているホテルの真上に北斗七星、「三日月」の月ってこんなに明るかったかな……。ピーナツを買ったらなんと米粒ぐらいの小さいのが何個か入っていた。作る人の努力に報いた

いとピーナツも大きくなろうと努力したのだろうが小さいまま。そのピーナ
ツを眺めていたらなぜか涙が出て来た。

2004 年 4 月 26 日月曜　はれ　10 時 20℃　はれ 14：00　30℃　はれ　ス スト

　ガソリンスタンドは一軒しかないススト。快晴の天気 8 時過ぎにガススタ
ンドに向かった……5 キロ先左側にポツンとスタンドがあった。周りには民
家もないのにどうしてこんなに離れたところにあるのだろうかと不思議に思
いながらオートバイを停めた。店の人が出て来た「ペトロール」「フィニッ
シュ」……と。エー、これじゃ、フンジュラブ峠までの往復はどうしても足
りない。

　ススト に戻ってどこかに「予備」のペトロールを持っていないか停まって
いる車のドライバーに聞いて回る。「ノー」「ノー」すべてヂーディルのため
軽油を使っている車ばかりだった。どうするか……？。カリマバードまで戻っ
て引き返す？か。それじゃどっち道予備タンクが必要になるしな……。カリ
マバードの泊まっていたホテルに事情を電話で話したあと、ジープで 20 リッ
ター運んでもらうように頼んでみた。

「OK」「OK」との返事。9 時前だった。12 時過ぎにススト には着くはずと
ススト のホテルの人。どうにかメドがついたので近くを散策してみる。スス
ト の東側に流れているのはフンジュラブ川と言うのだろうか。木の橋はワイ
ヤーロープで吊ってある……自動車ぐらいは通れそうな橋。河原の石を拾っ
ておみやげにしよう。そう言えばこれまでもあっちこっちの国でも石をおみ
やげに拾ってきている。ただの記念になる。

　拾った石に年月日、場所の名前を書き入れてきた。11 時半頃カリマバー
ドの「ハイトップホテル」に「いつ頃出たのか」と電話を入れた。「11 時に
出た」ススト に「14 時頃には」着くだろうと。エーなんだー、電話したあ
とガソリンタンクを「すぐに」出してくれたとばかり思っていたのに……な
んだ。しかも電話の声は明るい。困っているわたしのことなど眼中にないよ

うだ。まぁホテルだって都合もあるのだろうから。

パキスタン北の果てスストは山に囲まれているカラコルムハイウェイ最後の村・なんとなく活気がある村を感じる

　いつもの自分勝手な考え思い入れ。「そんな考えじゃダメ」といつも偉ぶってることとは逆で「自分さえよければすべてよし」。問題は天気だ、こんないい天気が続くとは思えない……風が吹くと涼しい・川の上ではもっと涼しかった。外にいると暑いぐらい、いい天気。しかしこれからの天気を考えると気が気でない。何しろ6000mを越える山々の中ばかりだからいつ急変するかわからない。

　ガソリンが14時についてからフンジュラブ峠まで行けるかどうか。しょうがないペトロールが届いてから……どうするか考えることにしよう。14時ジャストにハイエースが到着。乗客の下りたあと車上に積み込まれた荷物の中から20ℓポリタンクに入ったペトロールが下ろされた。そうだったのかおれはてっきりホテルの車で来るものだと思っていたが違った。

　カリマバードのペトロールスタンドでポリタンクにペトロールを入れてス

ストに向かうマイクロバスに積み込んでくれたのだ 50 ルピ 100 円運送代を支払う。きょうフンジュラブ峠に行くことをあきらめる。12 時過ぎに「こんにちは」と日本人男性が現われる。日本から日本の農業技術を教えるためにこここススストに来ていると話す北海道出身の O さん。主として果樹園栽培を指導するため 3 月初めから来ているとか……。

きょうよかったらわたしがお世話になって泊まっている「農家」に「泊まりに来ないか」とすすめられる。さっそくおじゃますることにした。フンザ方面に 10 キロぐらい戻った所に点々と建っている農家についた。7 人家族の農家だった。じゅうたんを敷いた小ぎれいな部屋に O さんと泊まる。8 時頃から家族といっしょに食事しながら……ここの長男は近くの仲間 3 人で今年 5 月日本・長野果樹園の研修に行くと話す。

O さんの指導で日本語を一生懸命に覚えている最中であるらしい。カマドのある居間兼寝床の板間で 10 時頃まで過ごす。でかい湯沸鍋で沸かしたお湯で身体を洗う……スッキリした。あした大丈夫かな、天気は……。

パキスタン最北端ススト小学校訪問
2004 年 4 月 27 日火曜　小雨　くもり　晴れて来た　ススト

朝から小雨……フンジュラブ峠行きをやめる。やっぱり天気がいい時に行きたい。11 頃からくもりの中 O さんの案内で村の中を歩く。静かで落ち着いた農家の家でお茶をごちそうになる。さらに村長さん宅でも軽食とお茶をごちそうになり……子供総出で畑仕事の人たちとも話しをすることが出来た。15 時過ぎから急に陽がさしてきた。おおーこのまま晴れてくれーい。

日本では見られない風景、カメラを持ちだして撮る小学校にも向かって教室や子供たちそして学校の先生も集合写真で撮らせてもらった。いい記念になるな。山の中に入って村長さん達は大木の切り倒しに向かったのでその切り出しなど見せてもらった。夕方頼んだ鶏肉、たまねぎ、タバコ買ってきてもらったが次の朝、泊まっている長男は朝方まで寝ないでコンクリートブロックの仕事を続けていた。

　そのことをＯさんの置き手紙で知った。泊っている長男に忙しい中、頼みごとを終わらせてからブロックの仕事を朝まで続けたと……悪いことをしてしまったようだ……Ｏさんはレポートを日本にFAXで送るためギルギットへ向っている。

元気で人なつっこくやさしさを感じるススト小学校の子供たちと先生

ススト小学校授業

どこを見ても日本では見られないススト周辺の風景

寒いパキスタン最北部ススト

お世話になったスストの人たち

カラコルム最終チェックポイント

2004 年 4 月 28 日水曜　8 時 11℃小雨　はれ 20℃　はれ涼しい　ススト

　O さんの置き手紙を読みながら「そうか、そうだったのか……」知らず知らずのうちに迷惑をかけていたのか……申し訳ない。8 時に泊めてもらったシャラファトさん宅を小雨の中スストに向かう。スストに着くと晴れて来た。10 時前フンジュラブに向かう。向かう前に何人にも雪はないかと聞いて回った誰もが「雪はない」との返事ばかり「OK」だと言う。ガソリンは運んでもらったポリタンクから満タンに入れてある。

　残りのガソリンはホテル前のお店（アムチャドさん）に預けてある。この方も日本の農業研修に行く 3 人のうちの一人である。約 30 キロ走った所にチェックポイント・ボーダーがあった。パスポートを預ける。中国国境フンジュラブ峠まで行く人はみんなここにパスポートを預けていくことになっている。ここのポリスは最後のボーダー近くは雪が積もっていて「ダメ」みたいなことを言う。入場料 4$500 円を支払う。

チェックポイントから静かなさびしい岩山・じゃり道をしばらく走るとここからフンジュラブ・インターナショナル公園の入り口

チェックポイントから静かなさびしい岩山・じゃり道をしばらく走るとここからフンジュラブ・インターナショナル公園の入り口

　なんだか不安になって来たが行けるところまで行って見よう。ここまで来るまでも5、6ヵ所ガケ崩れが起きていた。転んだ時は起こせないのでますます不安になってくる。ガケ崩れが出て来たがどうにか通れそうだ。日陰になっているところは凍っている場所も出て来た。「やべぞー」ゆっくりゆっくり走るジャリの道を越えて進む。ガケ崩れがまた出て来た。この先はやっぱり雪が両サイドに積もっている。

中国国境フンジュラブ峠崖崩れで断念

　車は一台も行き合わない……一人だけかいな。転んだら終わりだな……。フンジュラブ峠は最後のところで急な登りのカーブが続く。前回（去年11月）ジープで来た時に確認している。一年中パラパラと小石が落ちてくる落石現場にさしかかった。向う時わからずに通り始めて「あーっ」と気づいて……そのまま走りぬけた。危なかったなー。大量に崩れ落ちた岩のくず。乗り越えることは出来ないなー。

この岩崩れはどうにか乗り越えたがこの先のガケ崩れは乗り越えることが出来なかった

　とてもこれ以上進めない雪もちらちら降って来たので引き返すことにす

る。狭いじゃり道で折り返すためそろりそろり少しづつ前進とバックを繰り返してUターンする。戻ろう……左の山に動くものあり、なんと雪崩が起きている山が静かに静かに動いている。テレビで見る雪崩とは違う不気味に山そのものが動く感じだ。そう言えばここらあたりに「雪豹」がいるとガイドの人が話したっけな。

この先はガケ崩れが山になっていて乗り越えることが出来なかった。この先はフンジュラブ峠4900mだが雪が残っていて行けなかった

がけ崩れが一年中続いている一箇所

　雪豹がいないかゆっくりジープを走らせた所でもある。再び一年中落石が続く場所に来た。一旦止まってようすを見る。山の上の方を見ると土けむりが上がっている。小石がころころと落ちてきている。ここまで障害物はあるのだろうが直接山の頂上から落ちてきているのかもと思う。しばらく待って土けむりがおさまったのを見て一気に走りぬけるつもりが落石の場所はわき水を含んだじゃり道で立ち往生。

　ローギアーでどうにか通り抜けた。心臓がドキドキ。傍には川が堰止められないように頑丈な柵が造られている。ブルドーザーが来た。通りすぎた

後安全な場所に停まって見学する。待っている間にヒツジ飼いの人たち5、6人とヒツジ5、60頭を引き連れて落石現場を小走りに登っていった。これから先は草もなにもない山奥に向かっていったいこれからどこに行くのだろうかなー……いったいどこに泊まるのだろうか？

一年中一日中、いつでも落石が続いているのでブルドーザーがいつも待機している落石現場

　ブルドーザーには二人乗っていて一人は降りて現場を走りながら通り過ぎて「OK」の合図でブルも動き出した。一日に何回かは落ちて来る土砂を取り除くためブルドーザーが待機しているようだ。これでも5月1日フンジュラブ開通して車は通ることが出来るだろうか……。ボーダーでパスポートを受け取りススト に着いたのは14時を過ぎていた。何回か立ちごけしそうになったその踏ん張りと緊張で腰が痛む。

　ウーン疲れたベッドで横になる。ボーダーで行き違いになったジープにヨーロッパ旅行人5人が乗っていた。フンジュラブ峠まで行くのだろうが、おそらく無理だと思う。その結果を知りたかったがススト でそのジープを見ることはなかった。ボーダーを越えてから肌寒くなってきた。夕方ホテルの

がけ崩れが一年中続いている一箇所

近くの日本語の出来るオイル屋さんでお茶を誘われていた。ホテルの人が
「ジャパン」「二人」が来ていると呼びに来た。

　カリマバードでいっしょだったイズミさんとヤマギシ君の二人だった。食
堂の裏側に建っているホテル・同じ部屋に三人で泊まることになり、11 時
頃までしゃべる。

自分一人だと静かすぎて転んだ
ら終わり……雪も降って来た。
こわくなって折り返して……戻
ろう

カラコルムハイウェイ

チャブルソン村　　　中　国
　　　　　　　　　　　カシュガル
　　　　　フンジュラブ峠
　ススト　　　　　クンジェラブ峠
　　　　　　　　　　4900m
　　　ハスー　　カラコルム氷河
　　　フンザ　　グルミット
　カリマバード
　ガルガの石仏　フンザ川
　　　キルギット　　　カラコルム　ハイウェイ

　　チラス　　チラスの岩絵

　＊現在カリマバード～パスーの間は土砂崩壊でダムになっているようだ
(2012年)

スストから村営バスでチャプルソン
2004年4月29日木曜　小雨　くもり　くもり　ススト～チャプルソン

　昨夜トイレに3回起きるなにが当たったのだろうか。外は雨の足音がする。
8時過ぎに又トイレに起きる。外は相変わらず雨が降っている。きょう近く
の村まで2時間ぐらいかかって行けるところがあるとイズミさん。戻ろうと
思ったカリマバードの方面は雨　模様のようだし、あした戻ってこられると
のことなので14時発のジープでチャプソルン村に行くことにした。イズミ
さん、ヤマギシ君の3人で向う。100ルピ200円。

9つの村で所有のジープで最後の村チャプルソンへ

　オートバイはホテルに荷物はアムシャドさんの雑貨屋に預けた。14時20
分発、村チャプルソン（Chapuruson）に向かう。スストから北に2、3キロ
走って左に小さい橋を渡る。グランドキャニオンみたいな谷に入る。その中
腹に無理やり造った道、ジープ一台がようやく通れる断崖絶壁を進む。おー
こわい……路肩が見えないから余計にこわい。途中橋が見えた……写真を取

りたいと運転手に頼むと OK の返事。

チャプルソン村の人たちの足はジープ二台だけ、ススト まで一日一往復

　地元の人が一人ついて来てくれた。村を結ぶ橋なのだろうか手すりのない木造の橋は今にもこわれそうだ。ついて来てくれた地元の人とジープの進む道と離れている道をどんどん歩いてジープと合流。ジープには全部で10人ぐらい乗っている。一人、二人降りて行く、そして村に着くたびに頼まれた荷物を下ろして進む。9つ目の最後の村に着いた。農家の土塀のゲストハウスに入る。

パキスタン最北・最後の村チャプルソン。電線・電信柱もここで終わっていた。この先はアフガニスタン

　18時になっている。ここは最後の村チャプルソンらしい。この先30キロぐらいでアフガニスタンの国境がある。その先はタジキスタンの国である。いわゆるパミール地区だと村の人の話。周りは雪をかぶった山に囲まれて寒い、ここは標高3700m。ジャガイモと麦少しのあんずがとれるとか村の人の話し。ジャガイモとライス、ススト で買ってきたニワトリを煮込んでもらって食べる。

　村にはブルーとレッドの色ジープ二台。あすの朝は早い6時に出るジープに乗らなければならない。往復一日一便だけの村の足のジープである。これ

を交互にススト まで走らせているのだ。村人たちの足である。ススト は最後
の村かと思っていたがカラコラムハイウェイから外れたスストの北にまだ村
があったのだ。

馬を使ってサッカーみたいなことをして争っていた最後の村チャブルソン

2004年4月30日金曜　くもり　夕方日差しが出て来た　チャブルソン

　5時半に起きてジープに乗る準備を終わらせて小便に外に出た。赤いジー
プが50m先に停まっている。いっしょに帰るイズミさんと「あれはススト
に向かうジープ」じゃないの……。今5時45分だから戻ってくるのでは
……変な予感だ。荷物を背負って道路に出た。もしかしたらさっきのジープ
じゃなかったか？。イズミさんは北へ、わたしは南に歩いて、聞いてみよう。

　こんな朝早くから畑仕事をはじめている農家の人たち。「ススト・ススト・
ジープ」と聞くと「今日は終り」「あすだ・あす」と言ってるように聞こえ
る。あーやっぱり行ってしまったんだ。二人は顔を見合わせて苦笑い……。
おれたちの常識が間違っているんだよ。30分前後は「定刻の時間帯のなのだ」
と思うしかない。荷物を持ってあと一泊するヤマギシ君が残っている宿に戻

る。寒いのでふとんにもぐりこむ。

地元の子供たち

　昼間天井に貼ってある布をビニールと取り替える。電機がついたように明るくなった。これで本が読める。畑で仕事していた農家の家でティとチャパティをごちそうになった。戻って来た宿に宿の奥さんはここでティとチャバティを造りにやって来た。そのチャバティとティを食べたあと夕方まで「司馬遼太郎の世界」ふとんの中で読む。これは日本人旅行者が置いて行った本だった。

　夕方薄日がさして来たので村の外れまで歩いてみた……もう民家はない。マンモスみたいな牛を放牧しているところを過ぎて行く、電信柱もさっきのところでおしまいになっている。この先あと数十キロでアフガニスタンらしい……おそらく国境事務所などは設けられていないのではないかとひとりで想像する。帰り道おじさんにお茶を飲んで行けと誘われる。鉄砲をかついだ青年に出会った。青年はカリマバードでおまわりをやっていると言う。

　わたしのオートバイもカリマバードで見かけたと歩きながら話す。そして

あしたカリマバードに戻るとも話す……。それじゃ……とわたしもあしたスストに戻るのでゲストハウスの前でジープを停めて「合図」してくれるように頼んだ。また通過されたんじゃ困るのだ。夜には宿のご主人がギルギットから戻って来た。日本人の農業指導者オクヤさんもいっしょだった。

　オクヤさんはここチャプルソンから嫁いでいる農家に向かって行った。（日本に研修行くススト・チャラファトさんの奥さんの実家と聞く）夕食はご主人が作ってくれた。外には半月が出ているあしたは天気も回復しそうだ……9時にふとんに入る。

寒かったパキスタン北部・最後の村の最後の集落のホテル。地元楽器を使って子ども二人は一生懸命に歌ってくれた。チャプルソンの宿

村営バス土砂崩壊でストップ
2004年5月1日土曜　雪だチャプルソン　くもりススト　くもり寒い　チャプルソン～ススト

　5時に起きた。雪が降っている周りの畑は雪で真っ白になっている。きょうは乗り遅れないようにイズミさんと早めに道路に出た。5時40分ジープが来た……村の外れまで行ってUターンして戻ってくるのだろう。戻って来

たジープに二人で乗りこみススト に向かう。ひとり、二人と乗り込んでくる。
「ヤー」きのう会ったポリスの人も乗って来た。小さいジープは30分しな
いうちに満席になる。

　乗ってもスストに向かう人は5、6人だろうと思っていた……。1時間走っ
た所で30人ぐらいになる。荷物を載せる車上にも人が乗る。運転席4人、
婦人専用席5人、そのうしろに子供入れて6人、一番うしろの向かい席に9
人ぎっしりと押し込まれている。さらに車の上に4、5人合わせて30人近
い人が乗っている。ジープの力は強いが2、30キロのスピードで走る。

帰りには２４、5人ジープの屋根の上にも乗っていた

　断崖絶壁の道は恐い……車内は笑い声、運転手は冗談が好きらしい「どっ
と」笑いが起きる。女性専用の席は途中赤ちゃん連れの女性が下りたあとは
年配の女性が一人乗っている。こうなれば女性専用もあったものじゃない。
「オォー」どよめきが起きた。わたしの席から前は見えない……対向車でも
来たのか？。ジープは止まった。なんと土砂崩壊は山盛りになって道をふさ
いでいた。

　土砂で山になっているので子供、女性を除いて全員降りた。こんなにも大勢乗っかっていたのかと笑う。スコップ一個に二本のロープそのロープを引っ張って土砂取り除きにかかる。地元の人は一向にあわてない、土砂崩壊はいつものことなのだろうか。30分ぐらいかかって土砂の山はジープが通れる低さになった。運転手は勢いつけて駆け上がる、がダメだ。バックして勢いつけて再び駆けあがった。

　今度は乗り越えることが出来た。男たちはジープに乗りこむ。ススト に着いたのは9時半だった。さっそく荷物を預けている雑貨店に行く。そして日本語の出来るオイル店の「サルワル」さんにNHKへの取り次ぎをお願いする。「OKOK」「ノンプレグラム」こころよく引き受けてくれた。5、60m離れたPCO（電話取り次ぎ店）に行って「オイル店の番号」を「NHKに伝え」折り返しオイル店に電話してもらうように話した。

「NHK地球ラジオ」「旅でござんす」の電話生中継は「あした日曜13時から」だと思っていたが「きょう土曜」だと言うことが電話してわかった。「へー」知らなかったー、間にあってよかったなー。14時にNHKからの電話を「オイル店」で待つことになる。NHK地球ラジオは世界同時放送。国によっては真夜中とか明け方の放送になる。日本時間夕方6時30分はパキスタン午後2時30分なのだ。

　2時までまだ時間がある。その間150ルピ300円で「OK」してくれたのでホテル「スカイビレッジ」にホテルを替えた。小ぎれいで気持ちがいいし本も読める。14時サルワルさんの「オイル店」でNHKからの電話を待つ。地球ラジオに出演している人たちが交代で旅先から電話で生中継する。今日はわたしの番、それも初めての経験だ。NHKから電話が来たスタッフのYさんからだ。

「サハラ砂漠を自転車」走っている旅人の話を聞きながら受話器を持ちながら待つ。いま聞こえている旅人のレポートが終わったら「マツオ」さんの「出番ですよ」とNHKスタッフのYさん。「さー今度は旅に勇気を与えてくれ

る60歳のマツオキヨハルさん、パキスタン・北部ソストから」と後藤繁栄<ruby>しげはる</ruby>アナウンサー。ソスト周辺のこと、旅に出るきっかけ、言葉のこと、オートバイを起せないことなど不安なこと。

　旅のコツなど後藤繁栄アナウンサー・結婚し荒川から大輪香菊<ruby>かぎく</ruby>さんになったアナウンサーの交互の質問に答える。約5分……わたしには10分ぐらいに長く感じた。NHKラジオ中継のこと自宅に電話を入れていた。終わったあと気になったので感想「どうだった」と自宅に電話を入れた。「うん、もう少し相手の言ってることをよく聞いてからちゃんと答えた方がいい」と……家内は話してくれた。冷静なかーちゃんだな。

　そう言えば日本からの声がちょっと遅れてくる感じだったので「間」がわからなかったように感じたなー。やっぱり上がってしまっていたようだ。まぁ初めてだからしょうがないと、も家内は言う。東京の「ふるさと佐賀・嬉野吉田会」の原史郎さんから「ラジオを聞いた」と電話があったらしい。なにせ世界同時放送なのだ、はじめてのラジオ生出演は気持ちをうきうきさせてくれてまわりに自慢したくなるほどうれしかった。

　晩飯はホテルの前の生きてるニワトリ専門店で一羽300円を買ってさばいてもらった。米、たまねぎ、トマトあとは塩だけで味付け、圧力鍋を借りて炊く。出来上がりはまずまずの味。量が多くてこれじゃーあした、あさっての分もできた。

2004年5月2日日曜　はれ　ススト

　10時にNHKから電話が入ることになっているのでオイル屋のサルワルさん宅でティを飲みながら待つがかかってこなかった。12時頃オイル屋さんがホテルに来て「電話が来た」今度「ホテルに電話する」とサルワルさん。ついに電話は来なかった。昼と夜は夕べいっぱい作ったニワトリご飯を食べて終わりにする。寒いなー風邪気味でクシャミばかり出て鼻水もでる。

　夕方ススト小高い丘に上がってみた。こんなところにも民家が何軒か

建っている。スストの村を眺めながら急斜面を下りる。あしたスストを離れよう。

2004年5月3日月曜　はれ　ススト〜カリマバード

　5月1日開通と聞いている中国との国境フンジュラブ峠の開通は雪が残っていてまだ先のようだ。いつになるのかわからない雪解け待ちだ。10時にカリマバードに向かって出発。久しぶりに快晴になり気持ちがいい。走り出すとやっぱり風の冷たさを感じる。10キロぐらい走った村に来た。お世話になった村人の人たちに感謝の気持ちでクラクションを鳴らした。

　村の外れに偶然にも農業指導員日本人「オクヤ」さんを見つけた。オートバイを停めてお世話になったことを告げた……お互いに「気をつけて」とあいさつして別れる。パスーを過ぎたあたりから雲行きがあやしくなった。小雨が……谷には雨模様がくすぶっている。カッパを着ようかと考えるがそのまま走り続ける。気になった場所に来た。雪崩で道がふさがれて迂回道路は川原になっている場所だ。前回より荒れているなー。河原に降りる斜面のジャリみちはジグザクになっている。

　前はこんな道じゃなかった……間違って通りすぎたのか……引き返して手前から降りるか……オートバイを戻すのが面倒。じっくり「降り道」を詮索してみると、どうにか降りられるだろう……決心してジャリ道に入って降りて行く、ゆっくりじっくり慎重に少しづつ降りる。最初のカーブに着く前急斜面に来た時用心しながらブレーキをかけたがズズーッっとジャリとともにあっという間にひっくり返ってしまった。

　起こそうとするがビクともしない。しょうがない車が来るまで待つしかない。11時5分。逆さになっているがガソリンタンクからガソリンは漏れてはいない。車が走っている「オーイイー」聞こえないようだ。ここは迂回道路ではないから気づかないようだ。小型トラックはわたしとは違う迂回道路を走っている。上を見ると雪崩の道を4人の青年が歩いている。「ソーリー」「起こすのを」「手伝ってくれーい」日本語で叫んだ。

　若い青年4人に手伝ってもらいそろそろ河原に下りきった。青年の一人は
途中から「おれに任せろ」とばかりエンジンをかけオートバイにまたがって
運転する、水の流れる小石の場所、砂の場所など5人で支えながら元の道に
戻すことが出来た。のどがカラカラになっている。ああーよかった。4人に
は「ありがとう」とタバコを渡した。青年たちはハイキングに行くところだっ
たと話した。いやー本当にありがとう。

　それにしても偶然にも通りかかってくれたので助かったなー。11時35分。
胸をなでおろして走りだす。そこからの道は問題なく走れた。天気も晴れて
来た。カリマバード・前回泊まったホテル「ヒルトップ・hill top hotel」に
13時前に着いた。久しぶりに夕食後シャワーを浴びて頭を洗いさっぱりし
た。あー気持ちがいい。本を読みながら10時過ぎに消灯して寝る。

　ススト の宿は4、5軒あるようだった……これまで食堂のうしろにある宿に泊まっ
　ていたが300円と安くしてくれたのでこの「スカイビレッジ」ホテルに替えた

　ススト にバスで送った「ガソリンタンクどうした」とホテルのスタッフ。
アーそのまま置いてきてしまった。ポリタンク代払ってごめん。夕食前にこ

のあたりに実っている日本の「小梅」の「いとこ」みたいな「ドルデン」と言う「青い実」を塩漬にけした。あした食えるので楽しみだ。

カリマバード商店街のお店の看板造り

2004年5月4日火曜　快晴 陽ざしが強い　しかし雲にかくれると寒さを感じる　カリマバード

　スッキリした快晴の朝だ。6時にお湯を出しっぱなしにしてためたお湯で洗濯ものをポリの桶に着ける。少し残っている石鹸を塗りたくって……。7時ころから本を読み8時になって桶に入れていた洗濯ものを洗う。青空の庭に干した。ここのホテルの中庭には芝生があり普段でも気持ちのいいガーデンで見晴らしもいい。

開店する地元レストランに頼まれてわたしと日本人二人で作りあげた日本人向け看板。日本人の旅行者が多いと言うことでしょうね……

　9時過ぎに近くのレストランから看板を書いてくれときのう夕方頼まれていた。早目に行って終わらせようとその店に行く。そこの青年とペイント屋に行きブルーとホワイトの2本、筆を1本買う。ペイントを混ぜ合わせ「うすいブルー色」にして看板文字にした。「眺めのいい峠茶屋」へようこそ」

レストランからは隣りの村アルチットを眺めることが出来る。静かなレストランなのだ。

　ギルギットでもいっしょだった。自転車で旅を続けている名古屋から来ている日本人男性にも声をかけてきた。彼は「バルチット古城」を描きメニューも書いた。「アリおじさんの作った自慢のフンザ料理などいろいろアリ「舛」←一升枡の形」。その下には「静かにくつろげるヒデン・レストラン」と書く。1m×2mぐらいの看板、このレストランに会う看板を造りあげ、出来は上々自画自賛。

　終わってからティをごちそうになった。午後ホテルの部屋で本を読む。さてあと何日ここにいるか……あしたかあさって6日にはギルギットへ戻ろう。カリマバードからスストまでガソリンを運んだ「ポリ容器」はホテルのアリさんのものだったのだ。スストに置いてきたというよりスストのお店の人にあげてきたのだ。日本語のできるアリヤスさんに取りに行ってもらおう……アリヤスさんにハイエース代200ルピー渡した。

　その前にこれから「ポリ容器」を「取りに行く」からとスストの店に電話したが通じなかった……仕方なくあきらめる。「ドルデン」小梅ににたもの塩漬けした梅にはかなわないがなかなかの味だった。

2004年5月5日水曜　はれ20℃　カリマバード〜ギルギット

　きょうも風はなく快晴の朝、10時頃地元の写真屋に現像を頼みに行く。この写真屋には現像機械はまだ入っていない。4月25日ごろ入ると話しには聞いていたが……ここに頼んで2日間は待てない、ギルギットに戻る決心をする。ホテルに戻りチェックアウトを告げる。その前にスタンドの位置がうしろにさがっている。おとといじゃりみちで引っかけたのが原因だ。大きなハンマーを借りて叩き直しにかかった……。

　なんと叩いているとサブのスタンドが吹っ飛んでしまった。ホテルのアリさんは途中の町アリマバード（カリマバードじゃない）で溶接するようにア

ドバイス、「OK」。長い間お世話になりました。ここカリマバードには3度も行ったり来たりしたのでトータルで一ヶ月半近くいたことになる。荷物をまとめて12時5分ホテルを出発。アリマバード（カリマバードじゃない）の街について3度聞きながら溶接屋に着いた。

ブリキを加工するところだった。言葉が通じないから取れてしまったスタンドの「鉄棒」を見せる。10分もしないうちに溶接してもらった。おおー早く終わってよかった。10ルピ＝20円と言う。地元のヤツがそばに寄って来て20ルピと地面に書いた。あんたには「関係ない」。10ルピを主人に渡して「ありがとう」の合唱ポーズ。おとなしそうなご主人だった。12時半ギルギットに向かう。

天気は上々……これまで2回通った道だ、しかし少し様子が違う。土砂崩れのあとを片付けた跡がところどころに残っている。何カ所か土砂崩壊が起きたのだろう。

14時30分ギルギットについた。本通りにある「パークホテル」とその隣りのホテルに値段を聞き交渉したが250ルピ500円以下にはならなかった。部屋も汚く、フトンもうす汚く、あまり気持ちは進まなかったがニューツーリストコテージ（ケイコハウス）安いのでガマンできる。今回もお世話なることにした。

顔見知りのスタッフが迎えてくれた。日本人は3人で別々の部屋にひとりづつ入ることになった。夜9時頃から3人でインターネットに行く。久しぶりに見る画面……どんな人からメッセージが届いているか楽しみだ。メールはひとりだけ、旅の便りだった、なんだーこれだけか……。ホームページは意外にも中学校、高校の同級生、そしてふるさと嬉野の山下さんからも届いていた。

やっぱり初めての人からの便りはうれしいものだ。ギルギットについたことを報告した。11時に閉店と店の人。2時間70ルピ140円。シュラフとフ

トン一枚で充分のようだ。ベッドに入り本を読み続ける「アラスカ風のような物語」星野道夫著。

2004年5月6日木曜　はれ21℃ 12：00　30℃午後はもっと上がっているはず　ギルギット

　快晴、朝から気持ちがいい。夜中もシュラフとフトンでカリマバードのようには寒くはない。どちらかと言うと心地よいあたたかさだ。午前中「アラスカ風のような物語」読み終わる。次の本「歳月」司馬遼太郎著。第一版はわたしが28歳の時だから30年以上も前だ。もっと早くこういう本を読んでおけばと思う……すでに遅し。

　わたしのふるさと、佐賀出身「江藤新平物語」である。昼間、きのう行くからと話していた洗車屋に行く、「料金いくら」150ルピ300円。エエーッ、ノーノー。じゃー200円。ノーノーそんな料金だったら宿代と同じじゃないか。宿の水を使って自分で洗うことにした。洗車してやるとやっぱり自分の気持ちまでスッキリする。新たに日本人2人が泊まりに来た。これで5人になる。陽ざしが強烈だ。タオルと靴下を洗う。

　昼飯はスパゲティと缶詰のマグロがのったもの……70ルピ140円。夕食は18時過ぎバザールで買ったニワトリの足……一本20円×3＝60円。これをつまみに早々と呑み始めて20時過ぎにはネット屋に行きたい。ネット屋朝10時からやっている、昼間1時間100円、夜は60円と安いのだ。きょうも11時までやって140円。

2004年5月7日金曜　くもりといってもあたたかい　ギルギット

　6時に目が覚める。そのまま司馬遼太郎本を読む。陽ざしをさえぎる雲が出てちょうど本を読むのにはいい天気。これならきょう出発するかとも考えるが……気持ちが整っていないので本を読み続ける。佐賀人の性格について触れられている……「あとさき考えずの行動……」自分にあてはめてみると……言い当てているのかもしれないなー。司馬さんの文章（ほん）はわたしには読みやすくてわかりやすい。

　1年だけのオートバイの「カルネ」の期限切れが気になる。あと一カ月を切って6月5日までになっているのだ。カルネとは「オートバイのパスポート」といった方がわかりやすいだろうか。延長手続きをどこの国でするかカルネを見る。午後から風が強くなる……イヨイヨ雨になるのか。あした出発しようと思っているのに！。

トラックスタック、わき道かろうじて抜けた

2004年5月8日土曜　朝19℃　昼29℃　ギルギット〜ペシャン

　ペシャンに着いたのは17時30分頃。朝ギルギットを出たのは7時30分。昨夜は雨足の音を聞いて……あーきょうはダメだなーふとんの中で思う。目が覚めたのは6時前だった。外に出て空もようを見るとうん、雨はやんでちょこっと青空ものぞいている。大丈夫だな。ニューコテージホテルを7時5分前に出て途中ティとチャパティをくってから出発した。

　ケイコさん日本に戻って「近いうちに帰る」とスタッフから聞いていたが「ケイコさん」とは今回も会えなかった。（風のたよりによると日本で働いているとか……ずーっとあとから聞いた）ガソリン入れて7時35分にギルギットを出発。しばらく走って9時頃オヤッ急に渋滞、ガケ崩れか？両方の車、トラックが停まっている。オートバイを停めて並んでいる車を抜いて歩いて現場へ15分ぐらい歩いて500mぐらいだろうか。

　トラックがスタックしている。うしろの車軸が折れてにっちもさっちもいかないようだ……。ぬかるんだ赤土にはまってしまっている。もう一時間過ぎた、トラックが停まっている脇はどうにか通れそうだったなー。現場にいた運転手たちは川沿いを通れとすすめてくれたがちょっと落ちそうでヤバイ・ヤバイ。反対側の岩崖の狭いがドロドロの道を手伝ってもらいどうにか抜けだした。やったーぞー、フー。

　靴もオートバイも泥だらけになってしまった。自分ひとりだけ申し訳ないと思う。これが罰あたりになったのか道の真ん中に水たまりをゆっくり走り抜けようとしたが水で見えないデコボコ道で「ドン」とオートバイの腹にあ

たってスタンドの軸がうしろにずれてしまった。あーしまったなーこれでま
たもや停まっても降りられない程になってしまったか。まぁいいやと走り続
ける。靴は泥だらけになったまま・どうも気持ちが悪い……。

車軸が折れてスタックしてしまったトラック。脇は盛り上がった赤土の泥道、皆さ
んに手伝ってもらいひとりだけ通り抜けた。もっともオートバイだけしか抜けられ
ない幅だった。このあとどうなったのだろう……

転倒、転倒……助けを待つ

　沢の水が出て来たので慎重に停まり靴を洗う。出発しようとした瞬間グ
グーと倒れかかった……おおーどうにか持ちこたえることが出来そうだった
が、うーんダメだった。2回ほど起こしにかかったがやっぱり起こせない。
しょうがない車が来るのを待つしかない。車を待つこと15分ジープの人が
来た……加勢してもらって起こした。このあと沢水がとうとうと流れだして
いるところにきた。

　真ん中なら大丈夫だろうと抜けようとしたら……かえって荒れている道
だだ。アーッツ……沢の水の流れている真ん中で、またもや転倒……車が
来るまで流れているまま待つしかない。洗車するのにはちょうどいいあんば
いの沢水だ。洗い終わったころ前からジープが先頭でトラック部隊5台ぐら

い続いてやって来た。兵隊さんの車だった、強力な助っ人にホッとする。

一回目転倒ジープの人に起こしてもらった

二回目転倒沢水の流れる真ん中……兵隊さん達のジープ、トラック隊に起こしてもらった

　笑いながらやって来て、なんと起こす前に「写真を撮らせてくれ」と隊長らしき人。記念写真を撮ったあと兵隊さんが起こしてくれた。ありがとう。もしかしたらこの部隊はスタックしているトラックの援助隊だったのかも。ペシャンに着いたのは17時半。ホテルについてすぐにスタンドを直しに出かける。溶接屋でスタンドを直して50ルピ100円だった。すぐに直せてホッとする。ホテルは200円。

　夕方ぽつぽつ雨が降ってきていたがすぐにやんだ。夜も半そでシャツ一枚で充分の暖かさだ。21：30寝る。

みたび首都ラワルピンディに戻る
2004年5月9日日曜　晴れ　6時19℃　12時30℃　ラワルピンディ14時40℃　ペシャン〜ラワルピンディ

　6時前に起きた。天気は回復していい天気なりそうだ。甘いティを一杯飲んで出発しよう。宿の真下はインダス川の支流がトウトウと大きな岩にぶつかりながら音を立てて流れている。夜中には音は聞こえなかった……疲れていたのだろう。地元の人や子供たちが玄関前に停めているオートバイを興味ありそうな目で見つめている。

　7時15分スタート、2回目の道なので不安はあまりない。緊張するきのうまでのようなけわしい道は終わっている。ペシャンに別れを告げてインダス川の橋を渡り大きい山4つぐらい登っては下り登っては下りの繰り返しだった。山あいの麦畑は黄色く収穫の時期だ。機械ではなくて収穫は手作業で始まっている。わたしも子どもの頃カマを使って刈り取りをさせられてチカチカした穂が腕に当たって痛かった。

　その麦の刈り取りの隣りでは牛に鋤を引かせて耕している。これでいいんだよなー。「モミすり」脱穀は金具を打ちつけた動輪を足で踏み台で動輪を回して脱穀していた。麦殻は小山なっている。足踏み動輪、脱穀機は日本でもどこの農家にあったものだからなつかしい。下手すると「膝」を挟むこともあるので注意しなければならなかった。

これでいいのだ……機械を使うようになれば機械代を払うため生活に追われることになるものだ。大分走って平らの道になってきた。きょうはだいたい予想通り走れたようだ。途中の町では例の「突飛」に引っかからないようにスピードを落としてさらにオートバイの腹が当たらないように斜めに乗り越えて走ってきた。カラコルムハイウェイの終わりに近づいた。ここまでくればもう安心だ。

暑いラワルピンディに 13 時 30 分着いた。常宿「リーゼント」ホテルに戻る角の「フレッシュマン」ホテルでビール 10 本を買った。一カ月と 10 日ぶりにホテルに着いた。ホテル前にある「ヤマハオートバイ屋」にアリタフさんがいた。さっそくあいさつだ「だいぶ待っていたような」話だった。ホテルのスタッフも明るい顔はみんなで迎えてくれた。スタッフにあいさつしていると日本人女性も来ていると話す。

しばらくして現れたその人は「オートバイの旅」に「驚いている」ような顔、熊本出身でナリマツさんと言う女性。いまは八王子住まいとかメールなどメモってくれた。わたしも自慢の名刺を差し上げた。カメラ屋にフイルム 10 本現像を頼みに行く。1 本 520 円＝ 5200 円。ここラワルピンディはやはり暑いなー。

> ひとりごと……イスラムの祈り
>
> 最初はマレーシアのクアランプールの街でイスラムの祈りの音楽を聴いたのが初めてだった。走り始めるオランダに向かう途中寄った国。夜中に拡声器を使い突然流れてくる音にびっくりした。あれから 3 年半の旅。イスラムの祈りにもだいぶ慣れて今ではまったく気にならず夜も寝むれる。
>
> 朝 4 時頃からは始まるメロディーは一日 5 回らしい……失礼だとは思うがおれには民謡のような……お経のような……長唄のようで……浪曲のようにも聞こえる。時には演歌調にも……ある時は石焼きイモの出だしにも聞こえる。子供の頃春のさくらの花が咲くころ、聞こえてくるサーカスのメロディーにも聞こえる時もある。まったく似ていてひとりで笑う時もある。
>
> お祈りのメロディーは国よって、同じ国でも地域、地区によっても少し違うような

感じを受ける。そう言えば若い女性たちは顔をおおっている。ある所では女性を見かけない時もあったなー。ほんとうかどうか……見たわけではないが、海水浴ではイスラム国の若い女性も水着姿ではしゃいでいたと聞いたこともあった。わかるような気もしないでもない。

健康な人だったら暑い時はきものを脱ぎたくなるし泳ぎたくもなるのではないか……と思う。なにか抑えつけられているとは思わないが、自然のかたちがいちばんいい。
……イスラムのことわからずに勝手なこと書いてすみませんね……

2004年5月10日月曜 朝9時もう30℃近い 12時40℃を指している ウーン 暑い　ラワルピンディ

　朝から太陽の光がさしこむ……6時に起きる。顔を洗ってひげをそり……本でも読むかと本を手にする……しかし、きょうすませなければならないことが……頭に残っている。
　　①ドルの両替……どこでする
　　②ネパールビザの取り直し
　　③インターネット
　　④ウォッカーを買わなければ（ビールだけじゃもたない）
　　⑤カルネの延長についても
　　⑥写真も取りに行かなければ……

　本を手にするが開くことが出来ないまま……。9時過ぎに出かけることにする。両替はホテルで1$＝57、100$を両替する、5700ルピ。一度行ったことのあるネパール大使館へ……忘れてしまっている。大使館村の入り口にあるポリスにメモしてもらって向った。ええーなんと大使館は取り壊されて半分以上がれきの山になっている。どこへ行った……どこへ移ったのか。

　ネパール大使館の前にいた人が「郵便物」を探して移った場所を探してくれたが郵便物はなかった。仕方ない帰ることにした。ネット屋に向かうが10時半でまだ開いてない。しょうがない「フレッシュホテル」でウォッカー1本500ルピ1000円買ってホテルに戻る。ビールを飲みながら11時半昼食スパゲティを注文。写真屋に行ってフイルム現像（一本160円）＋写真代

（5200 円）。

　夕方 6 時頃インターネット屋に行き戻ると 22 時を過ぎた。アリタフとハルファン二人が来た。食事にいっしょに行こうと誘う。めしの前にビールがないと！部屋に戻りビールにウォッカーを入れて一気飲みで済ませて外で待っているアリタフの車で 3 人で食事に出かける。ホテルに戻ったのは 0 時を過ぎていた。夜中にのどが渇き半リッターの水を飲んだ、飲んだ……暑い夜だ。ゆっくり写真見るひまもなかった。

2004 年 5 月 11 日火曜　はれ 9 時 30℃　10 時頃 40℃をさしている　ラワルピンディ

　リーゼントホテル 6 時に起きる扇風機の音が大きい……一晩中壁に向けて回していた。工業用のものだ。8 時 30 分日本大使館に行く。どうしていいのかカルネの延長について「パキスタン側」に問い合わせてくれるように頼んでみよう。大使館村入口の近くにある日本大使館グルーっとひとまわりして玄関に入る。

　中年の女性が対応してくれた。用件のひとつ「日本大使館の名をかたらずに「カルネの延長が出来るかどうか電話してほしい」とお願いする。「そんなこと、自分でやるんじゃないですか」「そうだが、わたしはパキスタン語は話せないので相談に来ました」担当の者がいないので 10 分ぐらい待ってほしい、どうしますか」わかりました「わたしはこれがわかればいいので待ちます」

　館内にある一カ月前の日本の新聞を読みながら待った。高橋尚子選手がさいたま市民マラソンに市民といっしょに気楽に走っている写真が出ていた。30 分近くたっても音沙汰がない。さっきのお願いしたいことを話した。「まだ戻ってきていない」「そうですか」そして「私の一存では出来ないので……」と使いなれた言葉が出て来た……。黙って外に出る。

　最初顔を見たときからかかわりたくない態度ありありだった。言葉使いか

らしてそう思わざるを得なかった。「出来る、出来ない」よりも誠意のことなのです。うまくとりあってくれるのか……それともダメなのか昨夜考えていた。やっぱり日本大使館に来るんじゃなかった「結果」になった。危険情報だけコピーして見せてくれたがすぐ返した。

　もっていってもいいと言われたが「そんなもん」形式的にやっててと思う。パキスタンの人たちの温かさのある環境の中にあってなぜ学ぼうとしないのだろうか、この人たちは。恥ずかしさなどということも感じない大使館の女性になってしまった……いや元々人間的言葉を持ち合わせてもいないに人だったかもしれない。見知らぬ国で頼りにしていたのにわたしのくやしさなど到底気づかないだろう。

　いや、いつものことだから「平気のへいた」で日々暮らしているのだろうと一人勝手に思う。それに比べると日本アラスカ領事館の人たちには心打たれた。交通事故で入院……その時からこれからのことやさまざまのことをていねいに教えてくれた。なんだか、なんともかゆところに手が届く申し訳ないように親切にしてもらった。恩着せがましさなどまったくなくて普段のままで接してくれたことを思い出す。

　その人の持つ人柄……国を離れた遠い国で頼りにしていた大使館そこに寄ったのに……さびしく出て行かざるを得なかった。これから日本大使館に寄るのはよそう……気分を害するだけだもんなー。このあとアフガニスタンビザがどうなっているのか……申請してすぐに即日発給だったら考えなおしてもいいが、日本大使館の「レター」が必要になったらしい。レターを取るのに1、2日かかる。

　ペシャワールでパーミッションを取らなければならないし、パキスタン・リターンビザも必要になる。やっぱりアフガニスタン行きはきっぱりとあきらめがついた。夕方ネット屋を1時間ちょっとやってホテルに戻る。アリタフとハルファンが待っていた。夕食は外で買ってきたものをわたしのホテルに持ち込み話しがら食べた。パキスタンのことそしてこれまで「お世話になっ

たね」と日本語で話した。「ノー」「ノー」とアリタフ。

2004年5月12日水曜　ラワルピンディ

　午前中写真屋。ヤマハオートバイ屋に寄ってゴムひもの修理。いらなくなったサスペンション、プラグなどおいてくる。アリタフにはオイル交換、オイルフェイルターの交換を頼む。そして水冷ラジエターウォーターを買ってきてもらって補充する。お金はいらないと今回も受け取ってもらえなかった。夕方7時頃ウォッカーを買いにいく……もう閉まっているのではと思っていたが開いていた。地元の人も来ていた。

　イスラム圏でも中には飲む人がいるんだなー、わたしのようにアル中の人間からするといてもおかしくない。そのあとインターネットに寄って21時ホテルに戻る。アリタフの「いとこ」の子供たち4人を連れてやってきた。いったん帰国した時子供たちに日本の「100円ショップ」でいろいろな「おもちゃ」をまとめて買ってきた。きょうはお別れにやってきてくれたのだ。アリタフは最後まで気を使ってくれた、ありがとう。

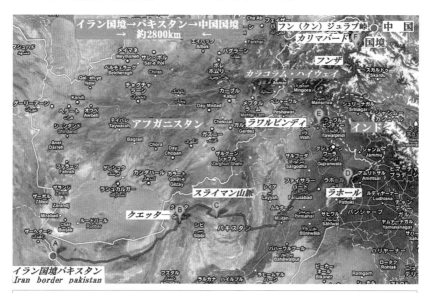

トータルで4カ月過ごしてきたパキスタン

　約４カ月過ごしてきたパキスタンともきょうでお別れになる。思い出に残るパキスタンの旅だった。パキスタンのみなさん大変お世話になりました。ありがとう。

シベリア横断・中央アジアの旅……おわり

あとがき

　シベリア横断一万キロは長かった。一カ月ほど走って初めて出て来た標識モスクワまでの距離2340km、にほっとする。それでもまだ北海道～鹿児島のまだ長い距離だ（笑）。国の名前さえ知らない見ず知らずの中央アジア未知の国への不安と期待。ビザは普通2日～一週間でとれるのだがトルクメニスタンビザは21日間かかる。その間大体の予定を立ててウズベキスタンではこれから進む国のビザ8ヵ国の申請を終わらせた。

　中央アジアの国々は物価が安くて本当に助かった。ビールいっぱい40円、食堂の料金も安くてわたしにとってはありがたかった。タジキスタンに向かう緑のない山寂しい不気味さを感じる道路。ウズベキスタンからトルクメニスタン国境では丸一日足止めを食らった。パキスタンのクエッタでは日本大使館員に列車で移動する予定だったがゲリラの攻撃が予想されガード雇ってジープできた「一人でのオートバイ旅」は危ないと脅かされた。

　パキスタンでは人々の気持ちのやさしさにはまって動きが止まってしまった。一時帰国して気持ちを入れ替えた。戻ったパキスタンは大雨でパキスタンカラコルムハイウェイでは道路が陥没そっくり道路が消えていた。暑いときは42、3℃になるときもあったが。人のやさしさで過ごしやすいパキスタン4カ月の生活だった。このあとインド～ネパール～中国チベット～オーストラリアと続く。

2023 年 6 月 30 日

世界の国境

ヨーロッパ編

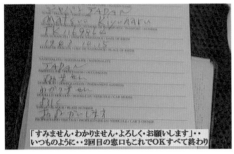

「すみません・わかりません・よろしく・お願いします」・・
いつものように・・2回目の窓口もこれでOKすべて終わり

国境の手続き

イタリアとアフリカ・チュニジア

アンドラとフランス、ピレネー山脈の吹雪

アンドラとフランス

スペインとポルトガル

ドーバー海峡・トンネル列車係員スタッフ

ドーバ海峡トンネル列車に乗り込むのは二回目

↑フランスとイングランド、ドーバー海峡トンネル↑

↓

中東編

イランとパキスタン

アゼルバイジャンとジョージア

イランとアルメニア

ギリシャとトルコ

ジョージアとアゼルバイジャン

ジョージアとトルコ

UAE とオマーン

UAE とオマーン（飛び地）

トルコとレバノン

トルコとイラン

パキスタンとインド

トルクメニスタンとイラン国境。イラン側

トルクメニスタンとイラン

パキスタンと ↕ フンジュラブ峠

パキスタンと中国国境「フンジュラブ峠」4900m。
歩いていると頭がふらふらしてきた（2003年11月16日）

パキスタンと中国国境「フンジュラブ峠」4900m。歩いていると頭が
ふらふらしてきた。中国管理事務所には誰もいなかった。
この標識から右側通行になる。（2003年11月16日）

2003年10月↑

アゼルバイジャンとジョージア

↓2014年6月

2001年2月↑

ギリシャとトルコ

↓2015年5月

ギリシャからトルコ入国二回目同じ場所（2001年・2015年）前回
写真は撮ることができなかったが今回は国境係官が撮ってくれた

トルコとシリア

東欧編

モルドバとルーマニア

ウクライナとモルドバ

アルバニアとモンテネグロ

モルドバとウクライナ

モルドバとルーマニア

モルドバとルーマニア

ウクライナとモルドバ

エストニアとフィンランド（フェリー）

セルビアとマケドニア

ブルガリアとセルビア

セルビアとマケドニア

ポーランドとウクライナ

マケドニアとアルバニア

マケドニアとコソボ

モルドバとルーマニア

当時ユーゴスラビア（今セルビア）と
ルーマニア国境（2001年）

リトアニアとポーランド

←ユーゴスラビア（セルビア）とルーマニア

北欧編

フィンランド、ノルウェイ、スウェーデン
三ヵ国の国境。

フィンランドとノルウェイとスウェーデン

フィンランドとノルウェイ国境
これからノルウェイに向かう

フィンランドとノルウェイ

ロシア・中央アジア編

ジョージアとロシア　コーカサス山脈

↑ロシアとカザフスタン↑

↓ベラルーシとリトアニア↓

ロシアとモンゴル

モンゴルとロシア

モンゴル・ウランバートルからロシア・ウランウデに戻る・・モンゴル側ゲート。ロシアに結構待たされた

モンゴルとロシア

ウズベキスタンとトルクメニスタン国境。ここの緩衝地帯800m。朝から夕方まで一日中行ったり来たり待たされた。ウズベキスタン旅行者に事前に連絡していなかったのが原因。

ウズベキスタンとトルクメニスタン

丸一日ここの国境で待機夕方ようやく入国できたウズベキスタンとトルクメニスタン国境。

ウズベキスタンとトルクメニスタン

カザフスタン・アルマティからキルギス国境・キルギス側

カザフスタンとキルギス

カザフスタンとキルギス国境キルギス側

カザフスタンとキルギス

キルギスとウズベキスタン国境。三回目でようやくウズベキスタン国境「オシOsh」に着いた

キルギスとウズベキスタン

キルギスとウズベキスタン

北米・中米・南米編

アメリカとメキシコ

ニカラグアとコスタリカ

メキシコとグアテマラ

グアテマラとニカラグア

アメリカとカナダ

カナダとアメリカ・アラスカ

コロンビアとエクアドル

ブラジルとベネズエラ

ペルーとチリ

ペルーとボリビア

ボリビアとペルー（チチカカ湖）

アジア編

インドとネパール

タイとカンボジア

タイとミャンマー　　　　　　　　　　　　タイとカンボジア

タイとミャンマー　この国境では入国できず　　タイとラオス　入国できず

タイとラオス　入国できず　　　　　　　　タイとラオス

タイとラオス

※黄色線は松尾
が書き入れたも
の

↑北朝鮮と韓国の「軍事境界線」（※国境ではない）↓

韓国と北朝鮮の「軍事境界線」（※国境ではない）

アフリカ編

スペインとモロッコ

モザンビークとジンバブエ

広大な国立動物公園・・・タンザニアとケニア国境表示

タンザニアとケニア

ザンビアに抜ける道は山道でわたしのオートバイ
では無理、タンガニーカ湖を船で渡ることにした
ブルンジ首都ブジュンブラ港イミグレーション

ブルンジとザンビア（タンガニーカ湖）↑
タンザニアで降ろされる ↓

ザンビア国境に入る。手続きはここまで
付いて来てくれたタンザニアの係官が
やってくれたのでありがたかった。

小さい港から誰もいない道路をザンビア
の国境まで必死になって走った。ここで
トマトを買った 2007.11.27

ブルンジとタンザニア　　　　　　タンザニアとザンビア

ジンバブエとボツワナ

マラウイとタンザニア　　　　　　　　タンザニアとザンビア

ブルキナファソとマリの国境についた
これからブルキナファソの出国手続き
をすませてポールの見えるマリ側に入
って行く

2008・04・04

マリの国境手続きを終えて、この建物
の裏に回ってみたら係官の休憩所で
カヤをつってあった。

2008・04・04

ブルキナファソとマリ

ニジェールからブルキナファソに向かう
（ロープ一本の国境はめずらしい）ニジェール

セネガルからモーリタニア

ニジェールとブルキナファソ　　　　　セネガルとモーリタニア

モーリタニアから西サハラの国境についた。これからモーリタニアの出国手続き。待っている間にわからないだろうと写真を撮ったら係官が見ていたようだ。「ノーノー」わたしの「オートバイ」を撮っていた、説明かろうじて没収にはならなかった。

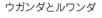

先に見えているのは ルワンダの国境。ツチ族とフツ族の民族の争いで60万人～100万人の虐殺が行われた（1994年）と伝えられている。入国した後、親を亡くしたツチ族の青年、女性たち何人にもあった。

モーリタニアと西サハラ　　　　　　　ウガンダとルワンダ

ルワンダとブルンジ

ベナンとニジェールの国境についた。これからベナン出国手続きをする。見えるのはニジェール川を渡るとニジェール

ベナン出国手続を終えてニジェール川を渡りニジェール入国手続きに入る。ニジェールでかわいい女の子がレモン？を売りに来ていた。

ベナン出国手続を終えてニジェール川を渡りニジェール入国手続きに入る

ベナンとニジェール

セネガルとマリ

タンザニアとケニア

ケニアとウガンダ

スワジランドとモザンビーク

↑↓ガーナとトーゴ↑

チュニジアとイタリア

訪問国一覧

1	日本出国 Japan Start	2000-10- 9	
2	マレーシア Malaysia	10-11	
3	オランダ Netherlands	10-13	
4	ベルギー Belgium	11- 6	
5	フランス　カレー France ドーバートンネル列車	11- 8	
6	イギリス England	11- 8	↓フェリー
7	フランス　パリ France	11-19	
8	スペイン Spain	12- 6	
9	ポルトガル Portugal	12-12	
10	スペイン Spain　ジブラルタル	12-24	↓フェリー
11	アフリカ・モロッコ Africa-Morocco	12-24	↓フェリー
12	スペイン Spain	12-26	
13	アンドラ Andorra	2001- 1- 5	
14	フランス（南フランス）France	1- 7	
15	モナコ Monaco	1-10	
16	イタリア～シシリ島 Italy ～ Siciliana　パーリ	1-10	↓フェリー
17	ギリシア Greece	1-29	↓フェリー
18	トルコ Turkey	2- 8	
19	シリア Syria	3- 3	
20	ヨルダン Jordan　アカバ	3- 7	↓フェリー
21	エジプト　ヌエーバ Egypt	3-12	
22	イスラエル Israel　ハイファ	3-28	↓フェリー
23	キプロス Cyprus	4- 9	↓フェリー
24	ギリシャ Greece	4-11	
25	ブルガリア Bulgaria	4-15	
26	マケドニア Macedonia	4-22	
27	アルバニア Albania	4-24	
28	モンテネグロ Montenegro	4-25	
29	クロアチア Croatia	4-26	
30	ボスニア・ヘルツェゴビナ Bosnia and Herzegovina	4-28	
31	クロアチア Croatia	4-30	
32	ユーゴスラビア（セルビア）Yugoslavia（Serbia）	5- 1	
33	ルーマニア Romania	5- 3	
34	ウクライナ Ukraine	5- 9	
35	ハンガリー Hungary	5-13	
36	クロアチア Croatia	5-18	
37	スロベニア Slovenia	5-18	
38	イタリア　ベネチア Italy	5-20	
39	オーストリア Austria	5-23	
40	スロバキア Slovakia	6- 1	
41	チェコ Czech	6- 2	
42	ポーランド Porland	6- 2	
43	リトアニア Lithuania	6- 7	

44	ラトビア Latvia	6-10	
45	ロシア・モスクワ Russia サンクトペテルブルク	6-14	
46	エストニア Estonia　タリン	6-22	↓ フェリー
47	フィンランド・ヘルシンキ Finland	6-23	
48	ノルウェイ Norway	6-28	
49	スウェーデン Sweden	7-14	
50	デンマーク Denmark	7-27	
51	ドイツ Germany	7-30	
52	オランダ Holland Netherlands	8- 1	
53	ルクセンブルク Luxembourg	8- 5	
54	ドイツ Germany	8- 6	
55	チェコ Czech	8- 7	
56	ドイツ Germany	8- 9	
57	オーストリア Austria	8-10	
58	スイス Swiss	8-10	
59	リヒテンシュタイン Liechtenstein	8-11	
60	スイス Swiss	8-14	
61	フランス・リヨン France	8-26	
62	オランダ Holland Netherlands	9- 5	
63	アメリカ・ニューヨーク America USA	9- 6	
64	マンハッタン Manhattan 同時ビル爆破事件	9-11	
65	日本帰国 Japan Back	9-17	
66	アメリカ USA ニューヨーク 10/30 キーウェスト	10-15	
67	メキシコ Mexico	11-19	
68	グアテマラ Guatemala	11-28	
69	エルサルバドル El Salvador	11-29	
70	ホンジュラス Honduras	12- 1	
71	ニカラグア Nicaragua	12- 2	
72	コスタリカ Costa Rica	12- 3	
73	パナマ Panama	12- 6	
74	コロンビア Colombia	12-11	
75	エクアドル Ecuador	12-15	
76	ペルー Peru　クスコ、1/1 マチュピチュ	12-22	
77	ボリビア Bolivia　チチカカ湖	2002- 1- 7	↓ フェリー
78	ペルー Peru　チチカカ湖	1- 9	
79	チリ Chile	1-10	
80	アルゼンチン Argentina　1/25 ウシュアイア	1-21	↓ ヨット
81	チリ Cheli　プエルト・ウィリアムズ	2- 3	↓ ヨット
82	アルゼンチン Argentina	2- 6	
83	ウルグアイ Uruguay	2-27	
84	ブラジル Brazil	3- 1	
85	パラグアイ Paraguay	3- 3	
86	ブラジル イグアスの滝 Brazil ブラジリア、アマゾン川	3-14	
87	ベネズエラ　5/12 カラカス Venezuela	5- 8	

88	コロンビア　ポゴタ Colombia	5-17	
89	メキシコ メキシコ Mexco ➡ 6/4 カリフォルニア半島	5-17	フェリー
90	アメリカ　サンディエゴ USA	6- 8	
91	カナダ トロント Canada 7/12 ニューファンドランド	7- 2	
92	アメリカ アラスカ USA（交通事故）〜 8/24 ハワイ	7-27	
93	日本帰国 Japan Back	10-10	
94	日本→トルコ Japan → Turkey（P.11）	2003- 3- 4	
95	トルコ→ヨルダン Turkey → Jordan（P.11）	3- 5	
96	ヨルダン→イラク Jordan → Iraq（P.12）	3- 9	
97	イラク→ヨルダン Iraq → Jordan（P.14）	3-11	
98	日本帰国 Japan Back（P.14）	3-12	
99	日本出国 Japan Start 富山・伏木港（P.18）	6-20	↓フェリー
100	ロシア Russia　ウラジオストック（P.19）	6-22	
101	モンゴル Mongolia　ウランバートル（P.48）	7- 6	
102	ロシア Russia　ウランウデ（P.61）	7-15	
103	カザフスタン Kazakhstan　8/16 アルマティ（P.103、114）	8-12	
104	キルギス Kirghiz　ビシュケク（P.120）	8-21	
105	ウズベキスタン Uzbekistan　9/5 サマルカンド（P.132、144）	8-27	
106	タジキスタン Tajikistan　ドウシャンベ（P.161）	9-19	
107	ウズベキスタン Uzbekistan　ブハラ（P.163）	9-21	
108	トルクメニスタン Turkmenistan　アシガバード（P.170）	9-25	
109	イラン Iran　10/3 テヘラン（P.181、192）	9-29	
110	アゼルバイジャン Azerbaijan　10/6 バクー（P.195、197）	10- 5	
111	グルジア（ジョージア）Georgia（P.204）	10- 9	
112	トルコ Turkey（P.211）	10-11	
113	イラン Iran　タブリーズ（P.213）	10-13	
114	パキスタン Pakistan　10/29 イスラマバード（P.223、242）	10-20	
115	中国・北京 China Beijing（P.299）	12-15	
116	日本帰国 Japan Back（P.299）	12-15	
117	日本→中国北京 Japan → China Beijing（P.300）	2004- 3-22	
118	パキスタン Pakistan（P.301）	3-22	
119	インド India	5-13	
120	ネパール Nepal Kathmandu	5-22	
121	中国　チベット（西蔵）China Tibet	9-1 〜 9-30	
122	ネパール Nepal Kathmandu	9-30	
123	インド India	10-26	
124	タイ　バンコク Thailand Bangkok	12-12	
125	日本帰国 Japan Back	12-18	
126	タイ Thailand Bangkok	2005- 2- 2	
127	ブルネイ Brunei	2- 9	
128	オーストラリア Australia Perth	2-10	
129	ニュージランド New Zealand	3 21	
130	オーストラリア Australia	4- 5	
131	ブルネイ Brunei	6- 9	
132	タイ　バンコク Thailand Bangkok	6- 9	

133	日本帰国 Japan Back　次期待機中	2005- 6-17	
134	日本出発　Japan Start	2007- 6-19	
135	中国　上海 China Shanghaig	6-19	
136	モルジブ Maldives	6-20	
137	南アフリカ　ダーバン South Africa Durban	6-20	
138	スワジランド Swaziland	7-12	
139	モザンビーク Mozambique	7-25	
140	ジンバブエ Zimbabwe	8- 2	
141	モザンビーク Mozambique	8- 7	
142	マラウイ Malawi	8- 8	
143	タンザニア Tanzania	8-16	
144	ケニア Kenya	8-31	
145	エチオピア Ethiopia	9-12	
146	ケニア Kenya	9-21	
147	ウガンダ Uganda	10- 3	
148	ルワンダ Rwanda	10-10	
149	ブルンジ Burundi　タンガニーカ湖	10-16	フェリー
150	タンザニア Tanzania	10-27	
151	ザンビア Zambia	10-28	
152	ジンバブエ Zimbabwe	11-10	
153	ボツワナ Botswana	11-11	
154	ナミビア Namibia	11-18	
155	南アフリカ　喜望峰 South Africa ケープタウン	11-29	
156	ナミビア Namibia　ナミブ砂漠	12-16	
157	南アフリカ アグラス岬 South Africa ケープタウン	12-23	
158	レソト Lesotho	2008- 1-16	
159	南アフリカ South Africa	1-18	
160	ヨハネスブルグ〜ケニア〜ガーナ	1-28 / 1-29	
161	ガーナ Ghana Accra	1-29	
162	トーゴ Togo	3-13	
163	ベナン Benin	3-20	
164	ニジェール Niger	3-24	
165	ブルキナファソ Burkina Faso	3-30	
166	マリ　バマコ Mali Bamako	4- 4	
167	セネガル Senegal Dakar	4-11	
168	モーリタニア Mauritania　ヌアクショット	4-18	
169	西サハラ Western Sahara	4-22	
170	モロッコ　カサブランカ Morocco Casablanca	4-27	
171	スペイン　バルセロナ Spain Barcelona	4-30	
172	スイス Swiss	5-11	
173	タイ　バンコク Thailand Bangkok	5-12	
174	ベトナム Vietnam	5-25	
175	日本帰国 Japan Back	5-26	
176	日本出発 Japan Start　下関港	11- 4	フェリー

177	韓国プサン Korea　一周	11-5 〜 11-22	↓ フェリー
178	日本帰国 Japan Back 次期待機中	2008-11-22	
179	日本出国 Japan Start	2011- 8-22	
180	中国　北京 China Beijing 経由	8-23	
181	朝鮮民主主義人民共和国（北朝鮮）North Korea	8-23	
182	日本帰国 Japan Back　次期待機中	2011- 8-27	
183	日本出国 Japan Start	2014- 2-16	
184	中国　南京 China Nanjing	2-16	
185	中国　昆明 China Kunming	2-17	
186	アラブ首長国連邦 United Arab Emirates（UAE）	2-18	
187	オマーン Oman	3- 1	
188	アラブ首長国連邦　ドバイ United Arab Emirates（UAE）	3- 3	
189	オマーン Oman Muscat	3- 5	
190	アラブ首長国連邦　ドバイ United Arab Emirates（UAE）	4-27	↓ フェリー
191	イラン Iran	5- 3	
192	アルメニア Armenia	5-16	
193	ジョージア（グルジア）Georgia	5-26	
194	アゼルバイジャン Azerbaijan	6-20	
195	ジョージア（グルジア）Georgia	6-24	
196	ロシア　コーカサス山脈 Russia Sochi Musscat	6-29	
197	ベラルーシ Belarus	7-22	
198	リトアニア Lithuania	7-27	
199	ポーランド Porland アウシュビッツ	7-30	
200	ウクライナ Ukraine チェルノブイリ	8- 6	
201	モルドバ Moldova	8-13	
202	ハンガリー Hungary ブダペスト	8-20	
203	オーストリア Austria	8-26	
204	ドイツ Germany	8-29	
205	ベルギー・フランス Belgium-France	8-30	
206	イギリス England	8-31	フェリー
207	アイルランド Ireland	9- 1	↓ フェリー
208	イギリス・スコットランド Scotland	9-17	↓
209	フランス France	9-21	
210	ベルギー Belgium	9-21	
211	ドイツ　ミュンヘン Germany	9-23	
212	スイス Swiss	9-29	
213	イタリア　ミラノ Italy Milan	10-10	
214	モナコ Monaco	10-13	
215	フランス・ニース France Nice	10-13	
216	イタリア　ミラノ Italy Milan	10-29	
217	日本帰国 Japan Back	2014-11- 4	
218	日本出国 Japan Start	2015- 2- 2	
219	イタリア　ミラノ Italy Milan	2- 3	↓ フェリー
220	アフリカ・チュニジア Africa Tunisia	2-22	↓ フェリー

221	イタリア　シシリ島 Italy Sicily	5- 8	フェリー
222	ギリシャ Greece	5-10	
223	トルコ Turkey	5-12	フェリー
224	レバノン Lebanon	5-22	フェリー
225	トルコ Turkey	6-11	
226	ブルガリア Bulgaria	6-25	
227	マケドニア Macedonia	6-26	
228	コソボ Kosovo	6-26	
229	セルビア Serbia	6-28	
230	ボスニア・ヘルツェゴビナ Bosnia and Herzegovina	7- 1	
231	クロアチア Croatia	7- 3	
232	スロベニア Slovenia	7- 3	
233	ハンガリー Hungary	7- 5	
234	スロバキア Slovakia	7- 5	
235	ポーランド Porland	7- 6	
236	リトアニア Lithuania	7- 7	
237	ラトビア Latvia	7-18	
238	ロシア　モスクワ Russia	7-19	
239	モンゴル Mongolia	8- 4	
240	日本帰国 Japan Back	8-11	
241	モンゴル Mongolia	8-18	
242	ロシア　サハリン Russia Sakhalin	8-20	フェリー
243	日本帰国　稚内 Japan Back	2015- 9- 8	
244	日本出国 Japan Start	2017- 4-26	
245	タイ　バンコク Thailand Bangkok	4-26	
246	ミャンマー Myanmar	5-19	
247	タイ　タチレク Thailand	6- 6	
248	ラオス Laos	6-19	
249	カンボジア Cambodia	7- 3	
250	ベトナム Vietnam	7- 6	
251	カンボジア Cambodia	8- 7	
252	タイ Thailand	8- 8	
253	日本帰国 Japan Back	8-20	
254	日本出国 Japan Start	9- 1	
255	フィリピン Philippines Manila	9- 1	
256	パプアニューギニア Papua New Guinea	9- 3	
257	フィリピン Philippines Manila	9- 9	
258	マレーシア Malaysia	9- 9	
259	シンガポール Singapore	9-11	
260	スリランカ Sri Lanka	9-14	
261	マレーシア Malaysia	9-22	
262	タイ　バンコク Thailand Bangkok	9-29	
263	ネパール Nepal	10- 4	
264	ブータン Bhutan	10- 7	
265	ネパール Nepal	10-12	

266	マレーシア Malaysia	10-12	
267	日本帰国 Japan Back	2017-10-13	
268	日本出国 Japan Start	2019- 6-27	
269	メキシコ Mexico	6-27	
270	ドミニカ Dominican	6-28	
271	スパニオラ Hispaniola	6-29	
272	ジャマイカ Jamaica	6-30	
273	パナマ Panama	7- 2	
274	キューバ Cuba	7- 2	
275	メキシコ Mexico	7- 9	
276	日本帰国 Japan Back	2019- 7-11	
277	日本出国 Japan Start	2019- 9-10	
278	タイ　バンコク Thailand Bangkok	9-11	
279	カタール Qatar	9-12	
280	クウェート Kuwait	9-13	
281	バーレーン Bahrain	9-15	
282	トルコ　イスタンブール Turkey Istanbul	9-15	
283	スウェーデン　ストックホルム Sweden Stockholm	9-15	
284	ノルウェイ　オスロ Norway Oslo	9-15	
285	アイスランド Iceland	9-15	
286	チェコ Czech	9-20	
287	ロシア　モスクワ Russia Moskva	9-20	
288	タイ　バンコク Thailand Bangkok	9-22	
289	日本帰国 Japan Back	2019- 9-23	

オートバイでこれまで走ってきたルート 19年・140ヵ国・39万キロ

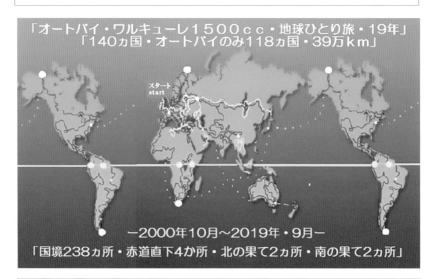

地図の左側にもアメリカ大陸を描いた「世界合併地図」
アフリカと南米が意外に近いことが分かる

南米ブラジルにいたとき、旅人とあった。「アフリカ」からやってきたと話す。「なんでわざわざ遠い所から来たの！」と真剣に私は話した。世界地図は日本が真ん中にあるのが私の頭に浮かぶのでした。で合併地図を作ったのです。言ってる意味わかってもらえるでしょうか。

〈著者紹介〉

松尾清晴（まつお　きよはる）

1943 年（昭和 18）10 月 15 日
佐賀県嬉野市嬉野町吉田両岩生まれ
鹿島実業高校（定時制）卒業
国鉄・肥前鹿島駅・東京駅・浦和車掌区・上野要員機動センター
などを経て、2000 年 10 月退職

家族：妻・長女・長男・次男
住所：熱海市下多賀 431－3－805 号
メール：bikenomatsuo@gmail.com

**オートバイ地球ひとり旅
シベリア横断・中央アジア編**

定価（本体1600円＋税）

乱丁・落丁はお取り替えします。

2023年7月17日初版第1刷印刷
2023年7月17日初版第1刷発行
著　者　松尾清晴
発行者　百瀬精一
発行所　鳥影社 (www.choeisha.com)
〒160-0023 東京都新宿区西新宿3-5-12トーカン新宿7F
電話 03-5948-6470, FAX 0120-586-771
〒392-0012 長野県諏訪市四賀229-1(本社・編集室)
電話 0266-53-2903, FAX 0266-58-6771
印刷・製本　シナノ印刷
© MATSUO Kiyoharu 2023 printed in Japan
ISBN978-4-86782-036-0　C0095

松尾清晴 著　全7巻予定

ワルキューレ 1500cc

オートバイ地球ひとり旅

笑われて・笑わせて・道に迷い・親切に泣いた！
駆け抜けた 19 年・140 ヵ国・39 万 Km ！

①巻　ヨーロッパ編（既刊）

2000 年 10 月〜 2001 年 8 月
西欧、南欧と巡り、中東も経由して東欧、北欧へ

②巻　アメリカ大陸編（既刊）

2001 年 9 月〜 2002 年 10 月、2003 年 3 月
NY で 9.11 同時爆破テロに遭遇、アラスカで大怪我
中米・南米最南端、北斗七星と南十字星を一緒に見る

③巻　シベリア横断・中央アジア編（本書）

2003 年 3 月〜 2004 年 5 月
シベリアを横断し、中央アジアへ
パキスタンに長期滞在し、フンジュラブ峠を目指す

④巻　アジア・オセアニア編

2004 年 5 月〜 2005 年 6 月
エベレストで人生最高の感動を味わう

⑤巻　アフリカ編（既刊）

2007 年 6 月〜 2008 年 4 月
決死の覚悟でサハラ砂漠を突っ走る

⑥巻　朝鮮半島編　70 歳記念編

2008 年 10 月（韓国）・2011 年 8 月（北朝鮮）
2014 年 2 月〜 2015 年 9 月（走り残した国を中心に）
70 才を記念して各地をめぐり再度のシベリア横断へ

⑦巻　東南アジア編

2017 年 4 月〜 2019 年 9 月
最後の地・東南アジアへ

鳥影社